영성과 경건

나용화 지음

기독교문서선교회

Spirituality and Piety

By
Yong-Wha Na, Th.D.

1999
Christian Literature Crusade
Seoul, Korea

저자서문

저자는 3년 전 동료 교수들의 강권에 못 이겨 영성 신학에 관심을 갖고서 신학교에서 강의를 맡게 되었다. 스스로 생각해 볼 때 영적으로 너무나 미비하다고 여겨져 한여름철 20일 금식기도를 무등산 기도원에서 해보기도 하였고, 50일간 아침 금식기도를 하면서 그 기간에 40일 특별 새벽기도회를 교회에서 인도해 보기도 하였다. 그리고 Lectio Divina에 대한 글을 읽고서 신학교에서 신학생들과 함께 성경말씀 묵상훈련도 시도해 보았다. 기도와 말씀 묵상훈련이 영성을 위해 얼마나 유익한가를 스스로 체험해 본 것이다. 이로써 이론과 실제를 접목시켜 보았다.

아직 충분하게 갖추어지지는 않았지만, 신학교에서의 강의를 위해 교재가 필요하다고 생각되어 50일간의 기도중에 그동안 사용해 온 자료들을 정리하여, 앞으로 내용을 더 보충할 수 있게 되기를 희망하면서 부족하지만 책을 출판하게 되었다.

그동안 영성 신학을 강의할 수 있도록 배려해 주고 격려해 준 개혁 신학 연구원의 손석태 박사님과 홍인규 박사님에게 먼저 깊은 감사를 드리고, 강의 진행 과정에서 좋은 제안과 통찰을 얻게 해 준 목회학 박사(D. Min.) 과정의 여러 목사님들과 신학 연구원의 많은 신학생들에게 감사 드리며, 부록으로 실을 수 있게 귀한 글을 허락해 준 안양대학교의 강경림 교수님에게 감사 드린다. 그리고 기도로 후원해 준 광주 애양교회 성도님들과 아내와 아들, 딸에게도 깊은 감사를 드리며, 특별히 원고를 타이핑해 준 딸 희경에게 감사하고, 졸저를 출판하는 일에 수고를 아끼지 아니한 CLC 박영호 목사님과 여러 직원들에게 각각 감사를 드린다.

1999년 10월
저자

머리말

　　1980년대부터 로마 카톨릭 교회뿐만 아니라 개신교 교회 안에서도 활발하게 다루어지고 있는 영성 신학은 성경적으로 그리고 신학적으로 적합한가? 개혁 신학의 전통에서 볼 때 '영성'(Spirituality)이라는 용어 자체가 적절한가? 그리고 실제로 종교개혁자인 칼빈이나 그 이후의 칼빈주의 신학자들이 '영성'이라는 용어를 신학적으로 사용한 일이 있는가? 혹, 그 용어를 사용하지는 않았어도 '영성'이나 '영성 운동'에 그들이 관심이 있었고, 중세 교회의 영성 운동의 전통을 적극적으로 수용하였는가?
　　오늘날 21세기를 대비하여 영성 신학이 여기 저기에서 활발하게 개진되고 있음에도 불구하고, 일부 개혁 신학의 전통에 서 있는 교회와 신학자들 사이에서는 '영성'이라는 용어 자체의 신학적 적합성에 의문을 가지고 있으며, '영성 훈련'이나 '영성 계발'의 가능성에 대해서도 이의를 제기하고 있다. 다시 말해서, '영성', '영성 신학', '영성 훈련', '영성 계발' 등에 대하여 부정적 입장을 가지고 있다.
　　그러나 종교개혁자 칼빈의 경우를 보면, 그는 중세 교회의 관행대로 기도를 믿음의 주요한 연습(the chief exercise of faith)으로 이해하고 기도생활을 해 왔었고, 6세기에 시작된 베네딕트 수도사들의 성경 묵상과 기도의 방법인 Lectio Divina를 대체적으로 수용하여 성경을 읽고 묵상하였다. 칼빈은 적어도 기도의 훈련(연습)과 말씀 묵상의 훈련을 통한 경건생활을 강조하였고, 스스로 모범을 보였다. 그래서 그가 『기독교강요』에서 강조하여 가르쳤던 '경건'과 '성화'는 내용상 '영성'과 상통하고 있다.

따라서 비록 로마 카톨릭 교회와 오순절 성령 운동파 및 남미 해방신학자들과 일부 개신교 신학자들과 목회자들 사이에서 영성 운동이 신학적으로 개념상 그리고 방법론상 비성경적인 요소들이 있어서 문제이기는 하지만, 역사적으로나 신학적 전통으로 볼 때 이 운동 자체는 성경적 근거를 가지고 있다. 따라서 '영성'의 개념을 개혁 신학에 기초하여 잘 정립하고 방법론을 성경적으로 체계화시킨다면, 불건전한 악령의 운동이 극성을 부리는 가운데 맞고 있는 21세기를 대비하여 이 영성 운동은 시대적으로 아주 필요한 것이다.

이 같은 역사적 시대적 필요에 따라, 저자는 먼저 영성의 개념을 다방면으로 살피면서 칼빈과 개혁 신학의 입장에서 진술하였고, 특별히 삼위일체 하나님과 하나님의 형상면에서 영성 개념을 소개하였다. 그리고 하나님을 만나는 경험의 종류와 특징을 소개하되, 칼빈과 개혁 신학의 전통에 서 있는 조나단 에드워즈의『신앙과 정서』(The Religious Affections)에 체계적으로 진술되어 있는 영성의 특징들을 요약 소개함으로써, 그릇된 영성을 경계함과 동시에 칼빈주의 전통의 영성을 소개했다.

또한 영성 운동이 성령으로 말미암은 운동인 까닭에 성령의 은사와 열매와 관련하여 영성을 살폈다. 그리고 이 시대의 악한 사상이나 영과의 영적 전투와 대결이 사상적 성격을 지니고 있기 때문에 기독교 세계관과 관련지어 영성을 살폈다.

뿐만 아니라, 영성 운동은 훈련을 통하여 발전되기 때문에 영성 훈련의 필요와 바른 활용과 성경적 영성 훈련을 기술하고, 칼빈과 개혁 신학이 전통적으로 사용해온 훈련 방법 중 대표적으로 중요한 말씀 묵상 훈련인 Lectio Divina와 믿음의 연습인 기도를 다루었다. 특별히, 로마 카톨릭 교회나 오순절파 교회와 일부 개신교회가 '능력 영성'(power Spirituality)만이 진정한 영성인 것처럼 주장하는 경향이 있기 때문에, 하나님과의 날마다 동행하는 삶이나 죄와의 끊임없는 투쟁을 통해 자신을 부인하고 십자가를 지는 삶과 관련지어 생활 영성(the Spirituality of everyday life)을 소개하고자 경건생활에 대하여 진술하였다. 그리고 영성 신학이 개혁 신학의 전통과도 깊이 관련되어 있음을 확실하게 하기 위하여 기도와 경건생활은 칼빈의 가르침과 모범을 소개하였다.

끝으로 영성을 위한 특별 프로그램으로 40일 새벽기도회에서 가정생활을 중심으로 말씀을 묵상하고 기도하여 영성을 교회적으로 훈련할 수 있게 하였다.

부록으로는, 기독교 영성에 대한 개혁 신학자의 비판적인 글을 실음으로써 독자로 하여금 영성 신학에 대한 일부 개혁주의 신학자들의 부정적 입장을 접할 수 있도록 하였다. 그리고 익명의 성도의 시를 통해서 성숙한 영성의 아름다움을 느낄 수 있도록 하였다. 성숙한 영성은 너무나도 아름답고 생동감이 있으며 진한 사랑으로 충만해 있다.

목 차

저자서문
머리말

제1장 영성의 개념 15

1. 영성의 정의 — 17
   (1) 세속적 영성 · 17
   (2) 로마 카톨릭 교회의 영성 · 19
   (3) 개신교 신학자들의 영성 · 21
   (4) 칼빈과 개혁 신학의 영성 · 23

2. 영성의 요소 — 26
   (1) 거룩(또는 경건) · 28
   (2) 근신 · 29
   (3) 의로움(또는 공의) · 32

3. 영성의 필요 — 33
   (1) 인간의 본질상 필요 · 33
   (2) 구원론상 필요 · 35
   (3) 종말론상 필요 · 35

(4) 종교개혁의 신학적 전통상 필요 · 36
   (5) 종교 혼합주의 현상 때문에 필요 · 38
   (6) 일상생활상 필요 · 38
   (7) 영성에 대한 편견들 때문에 필요 · 39
   (8) 한국교회의 신학적 양극화 현상 때문에 필요 · 40

 4. 삼위 하나님과 하나님의 형상 면에서 본 영성 ——— 40

제2장 하나님의 경험과 영성 ……………… 45

 1. 하나님을 경험하는 방법 ——————— 45
   (1) 하나님은 우리 주위에서 일하고 계신다 · 45
   (2) 하나님은 사랑의 관계를 추구하신다 · 47
   (3) 하나님이 주도하신다 · 49
   (4) 하나님이 말씀하신다 · 50
   (5) 하나님은 하나님의 사람들에게 말씀하신다 · 52
   (6) 하나님의 뜻에 맞게 조정한다 · 54
   (7) 하나님과의 만남은 순종을 요구한다 · 55

 2. 하나님 경험의 종류 ————————— 57
   (1) 회심의 경험 · 58
   (2) 황홀한 경험 · 58
   (3) 시각적 · 청각적 경험 · 59
   (4) 직관적 경험 · 60
   (5) 경이로운 경험 · 61
   (6) 사랑의 경험 · 62
   (7) 일상생활에서의 경험 · 63

 3. 하나님 경험의 공통된 특징 ——————— 64
   (1) 오직 하나님께로부터 말미암는다 · 64
   (2) 경외의 요소가 포함되어 있다 · 65
   (3) 어려운 순종과 헌신을 요구한다 · 65
   (4) 객관적인 검증이 필요하다 · 66

제3장 참된 영성과 거짓된 영성 ········· 67
1. 참 종교의 정서 ─────── 67
(1) 성경에 나타난 종교적 정서 · 69
(2) 바울의 정서 · 72
(3) 참된 종교의 방편과 표현 · 74

2. 참된 종교적 정서의 거짓된 표증 ─── 79
(1) 강렬한 정서 · 79
(2) 강렬한 신체적 반응 · 79
(3) 열정적 열변과 뜨거운 감정 · 80
(4) 성경에 대한 감정적 반응 · 80
(5) 멋진 사랑 · 81
(6) 회심체험 · 81
(7) 헌신적 노력 · 82
(8) 외형적 증거 · 82

3. 거룩한 정서들의 두드러진 표증들 ─── 83
(1) 정서의 원천 · 83
(2) 정시의 표증 · 83
(3) 정서의 목적 · 84
(4) 정서의 기초 · 84
(5) 정서의 형성 · 85
(6) 정서의 확실성 · 86
(7) 정서의 결비성 · 87
(8) 거룩한 정서의 특이점: 성품의 변화 · 87
(9) 균형있는 성장 · 88
(10) 실천적 생활 영성 · 88
(11) 구원의 진실성을 위한 증거: 실천 · 90

제4장 성령과 영성 ········· 93
1. 하나님의 종말론적 축복과 성령 ─── 93

2. 성령과 영성 ──────────── 96
   3. 성령의 은사와 열매 ────────── 99
   4. 성령의 은사와 열매를 위한 방법 ─── 103
   5. 성령의 은사와 교회의 직분 ────── 106

제5장 기독교 세계관과 영성 ────── 109
   1. 나는 누구인가? ────────── 110
      (1) 피조된 인격체이다 · 110
      (2) 하나님의 형상이다 · 111
      (3) 하나님의 사랑받는 자이다 · 112
   2. 나는 어디에 살고 있는가? ────── 113
      (1) 아름다운 곳이다 · 113
      (2) 하나님이 주관하시는 곳이다 · 114
      (3) 모든 것이 선하다 · 115
   3. 이 세계는 무엇이 문제인가? ───── 116
   4. 문제에 대한 해결책은 무엇인가? ─── 117
   5. 구원받은 성도에게 무슨 일이 있게 되는가? ── 118
      (1) 믿음과 회개 · 118
      (2) 칭의와 성화 · 120
      (3) 구속의 목적과 영성 · 121

제6장 영성 훈련 ─────────── 123
   1. 영성 훈련의 필요 ────────── 123
   2. 영성 훈련의 바른 활용과 거짓된 활용 ── 125

  (1) 내적 훈련 · 125
  (2) 외적 훈련 · 131
  (3) 단체 훈련 · 133

 3. 성경적 영성 훈련 —————————————— 134

제7장 Lectio Divina와 영성 ························ 137

 1. Lectio Divina의 원리 ———————————— 138
  (1) Lectio Divina의 정의 · 138
  (2) Lectio Divina의 성경적 근거 · 139
  (3) Lectio Divina의 기본 요소와 목적 · 140
  (4) Lectio Divina의 필요 · 141
  (5) 영성 계발을 위한 거짓된 방법과 참된 방법 · 142

 2. Lectio Divina의 방법 ———————————— 143
  (1) 준비: 마음 집중 · 143
  (2) 성경말씀 읽기: 하나님의 말씀 듣기 · 143
  (3) 말씀 묵상: 되새김 · 145
  (4) 기도: 하나님께 대한 반응 · 148
  (5) 명상: 하나님께로부터 오는 평온함 · 149

 3. 결론 ——————————————————— 151

제8장 기도와 영성 ······························· 153

 1. 기도의 정의 ————————————————— 155
  (1) 기도의 본질 · 155
  (2) 기도의 목적 · 157

 2. 기도에 있어서 삼위 하나님의 역할 ——————— 158
  (1) 성부의 역할: 기도를 들으시며 응답하신다 · 158

(2) 성자의 역할: 중보자이시다 · 159
　　　(3) 성령의 역할: 기도를 활성화시킨다 · 160

　3. 기도와 하나님의 말씀 ─────────────── 162
　　　(1) 기도는 하나님의 말씀에 의해 문이 열린다 · 162
　　　(2) 기도는 하나님의 말씀에 의해 틀이 형성된다 · 163
　　　(3) 기도는 하나님의 말씀에 의해 지배된다 · 164

　4. 기도의 필요성과 동기 ─────────────── 164
　　　(1) 기도의 필요성 · 165
　　　(2) 기도의 동기 · 166

　5. 기도의 법칙 ─────────────────────── 167
　　　(1) 첫째 법칙: 경외하는 마음으로 · 167
　　　(2) 둘째 법칙: 진심과 열정으로 · 168
　　　(3) 셋째 법칙: 하나님 앞에 겸손하게 · 169
　　　(4) 넷째 법칙: 믿음과 확신을 가지고 · 170

　6. 기도의 내용 ─────────────────────── 171
　　　(1) 기도의 내용을 제한하는 요소들 · 171
　　　(2) 주기도에 나타난 기도의 내용 · 172

　7. 기도의 실제 ─────────────────────── 174
　　　(1) 공적 기도의 필요성과 교회당의 중요성 · 174
　　　(2) 노래와 일상언어 사용 문제 · 175
　　　(3) 기도의 시간과 인내심 · 175

　8. 기도와 만인 제사장직 ───────────────── 176

　9. 결론 ───────────────────────────── 177

제9장 경건생활과 영성 ·················· 181

　1. 경건을 위한 인생의 목적 ─────────────── 182

2. 경건을 위한 신령한 신앙적 방법 ————————— 185
    (1) 오직 하나님의 말씀으로 · 186
    (2) 자기를 부인하고 십자가를 지는 훈련 · 189
    (3) 기도의 훈련 · 194

3. 칼빈의 경건생활 ———————————————— 197
    (1) 칼빈의 일상생활 · 198
    (2) 칼빈의 가정생활 · 200
    (3) 칼빈의 목회생활 · 201
    (4) 칼빈의 사회생활 · 205
    (5) 칼빈의 경제생활 · 207

4. 결론 ——————————————————————— 210

제10장 가정생활과 영성 ————————————— 213

1. 가정의 기초 ———————————————————— 214

2. 행복한 남자의 영성 ————————————————— 218

3. 행복한 여자의 영성 ————————————————— 220

4. 행복한 자녀의 영성 ————————————————— 223

5. 행복한 노인의 영성 ————————————————— 226

6. 행복한 가정의 비전 ————————————————— 229

부록(Ⅰ): 기독교의 영성과 성화에 대한 소고 ————— 235
부록(Ⅱ): 단 한 번뿐인 첫사랑을 찾습니다 —————— 263

제1장

영성의 개념

　로마의 식민통치하에 있던 이스라엘은 정치·경제적으로 암울한 상태에 있었을 뿐 아니라 종교적으로 공허한 상태에 있었다. 하나님의 계시는 없고, 대신 형식적이고 위선적인 율법주의의 굴레가 이스라엘 백성들을 영적으로 저주와 형벌 아래 가두어 놓았다. 이때 하나님의 계시와 성령으로 충만한 세례 요한이 등장하여 회개를 선포하고 하나님께 돌아오도록 재촉했는가 하면(눅 3:2-3, 8; 마 3:1-12), 성령과 권능으로 충만하신 예수 그리스도가 오시어 천국복음을 전하시고(눅 4:14-21; 마 4:17; 5:1-12), 이스라엘 백성을 죄와 율법의 굴레에서 해방시켜 하나님 앞에서 자유와 생명을 누리게 하셨고(요 8:32; 10:10), 부활승천하신 후에는 성령을 예루살렘교회와 여러 교회에 부어 주시어 성령의 충만과 은혜를 체험하게 해 주셨다(행 2:1-4, 33). 이로써 세례 요한과 예수 그리스도 및 그의 사도들을 통해서 이스라엘의 암울한 역사 속에 성령의 역사와 하나님의 다스림이 강하게 나타나 이스라엘 백성이 영적으로 각성하게 되었다.
　이러한 성령의 역사는 초대 교회 안에서 지속되었으나, 중세 교회 시대에 접어들어 교회가 세속 권력으로 말미암아 세속화됨으로써 영적 생명을 상실하였다. 다만 부분적으로 몇몇 수도원들을 중심으로 영적 생명과 성령의 역사가 이어져 내려왔을 뿐이다. 이같이 영적으로 침체된 중세 교회를 개혁하기 위해 일어난 종교개혁 운동은 하나님의 말씀의 권세와 하나님의 은혜와 자유를 선포함으로써 성령의 강한 역사와 하나님의 임재를 교회로 하여금 체험케 하였다.

그러나 이 종교개혁 사상이 합리주의의 영향을 받고 또 교리 논쟁에 빠져 죽은 정통주의로 변질되자, 교회는 또다시 경건의 능력을 상실하게 되었다. 또한 세상이 허무주의에 사로잡히기도 했다. 이에 성령으로 충만한 예수님의 사람들이 나타나 경건 운동과 성령의 부흥 운동을 일으켜 교회는 또다시 영적 부흥을 체험하였다. 하지만 20세기 초반과 중반에 일어난 양차 세계대전을 통해 인류는 전쟁의 황폐 속에서 인간성뿐 아니라 신앙과 영성마저 상실했다.

이에 60년대 다시 성령의 은사 운동이 교회 안에서 부분적으로 일어났다. 그렇지만 21세기를 목전에 두고 컴퓨터와 인터넷 등 정보통신이 급속도로 발달되면서 사람들의 정서가 크게 황폐되어 가고 있다. 비인간화, 자아 해체 또는 자아 분열과 자폐증과 같은 정신질환도 나타나고 있다. 그리고 정보의 홍수 속에서 긴장과 강박관념에 시달리고 하루의 생활이 너무나 바쁘고 늘 쫓기는 가운데 살아가기 때문에 사람들은 지치고 피곤하다.

그런가 하면 이 시대의 젊은이들은 악령에 관심이 많을 뿐 아니라, 그들의 마음이 악령에 사로잡히는 경향이 심화되고 윤회사상에 근거하여 삶과 죽음을 넘나드는 일에 흥미를 갖고 있다. 무당과 점쟁이들의 예언의 말에 젊은이들이 현혹되고 있다. 그리고 힌두교와 불교뿐만 아니라 허무주의에 뿌리를 두고 있는 뉴에이지 운동이 젊은 지성인들을 사로잡아 악한 사상의 노예가 되게 하고 있다. 젊은이들 사이에 급속하게 확산되고 있는 이 뉴에이지 운동은 기독교의 하나님이 이제는 그 종말을 맞이했다고 주장하는 바 성령과 진리를 거스리는 반기독교적 사상이다.

이와 같은 여러 가지 이유 때문에 지금은 사람들에게 건전한 영성이 필요하며, 교회는 성경적으로 체계를 세워 성령을 통해 사람들의 영성을 충족시켜야 할 시대적 사명을 가지고 있는 것이다.

1. 영성의 정의

영성이 무엇이냐고 물으면 쉽게 대답하지 못한다. 그렇다고 해서 영성에 대해 전혀 모르고 있는 것도 아니고, 영성을 가지고 있지 않는 것도 아니다. 다만 개념 정리가 제대로 안 되어 있는 것이다. 세속적 철학자들이 말하는 영성과 로마 카톨릭 교회가 말하는 영성, 일부 개신교 목사와 신학자들이 말하는 영성이 각각 다르고, 칼빈과 개혁 신학이 말하는 영성이 개념상 차이가 있다.

(1) 세속적 영성

세상 사람들이 말하는 영성은 어떤 사람의 사상이나 이념을 좋게 여겨 그것을 위해서라면 생명까지도 바칠 각오로 그 사상이나 이념에 철저하게 지배를 받아 사는 것을 가리킨다.[1] 예를 들면, 소크라테스의 정신과 세계관과 그의 삶의 스타일을 배우고 그 정신을 실천하며, 이를 위하여 장기적인 엄격한 훈련을 쌓아 자기의 것으로 삼아 산다든지, 또는 공산주의를 받아들여 그 사상에 철저하게 지배를 받아 지금까지 그 사상을 모르고 살아온 과거를 후회하고서 조직적인 훈련을

---

[1] 참조, 오성춘, 『영성과 목회』(장신대, 1997), pp. 43-49. 오교수는 세속적 영성과 기독교적 영성을 비교하면서 영성을 정신적인 것으로 이해하고 있다. 또한 소크라테스나 예수의 삶을 본받는 것과 엄격한 자기훈련을 강조하고 있다. 그래서 세속적 영성과 기독교적 영성 간에 본질적 차이점이 오교수에게는 없어 보인다 (pp. 45-46).

통해 이제는 공산주의자가 되어 사는 것이 세속적 영성이다. 따라서 세속적 영성은 역사적인 인물이나 세속적인 정신이나 사상을 받아들여 인간적인 수련을 통해 자기 나름대로의 사람됨을 추구하는 인본주의적인 영성인 것이다. 다시 말해서, 세속적 영성의 경우는 어떤 사상이나 정신에 따라서 극기 훈련이나 수양을 통해 자신의 성품이나 삶을 바꾸려는 인간적 노력이다.

엄격하게 말하자면, 세속적인 영성은 인간의 정신이나 이념과 관련된 인간적인 수련이기 때문에 영성이라기보다는 정신성이라고 해야 할 것이다. 기독교적 영성은 인본주의적인 정신성이 아니라 성령 안에서 살아 계신 예수님과 인격적 교제를 나눔으로써, 하나님의 임재를 경험하고 하나님의 은혜에 감사하며 하나님께 영광을 돌리고 즐거워하는 바 성령 충만한 삶이다. 다시 말해서, 기독교적인 영성은 인간의 정신이나 극기 훈련과는 성질이 전혀 다른 것으로서, 하나님의 임재와 살아 계신 그리스도와의 교제 그리고 성령 충만과 관련이 있으며 하나님의 영광을 목적으로 하는 것이다. 세속적 영성이 인간적 정신의 지배를 받는 데 반하여, 기독교적 영성은 성령의 충만과 지배를 받는다는 점에서 질적으로 다르다.

정신과 관련해서 세속적 영성은 정신적인 것, 곧 지식적인 것을 선하게 여기고, 물질적이고 육체적인 것을 저급한 것으로 간주하는 경향이 있다. 그래서 스토아철학이나 중세 수도원은 금욕주의를 장려했다. 그러나 이 같은 이원론적인 세속적 영성과는 달리 성경적 영성은 인간을 영육통일체로 이해하고 있기 때문에 영과 육, 정신적인 것과 신체적인 것을 대립적인 것으로 보지 않으며, 육체적 노동이나 재물 자체를 결코 천하거나 악하게 보지 않는다. 기독교적 영성은 죄의 법 아래 있는 육적 사람(고전 3:1-3)에 대하여 성령으로 인도함을 받는 사람을 두고 영적 사람이라 한다(롬 8:1-9).

세속적 영성의 영향을 받는 중세 교회가 영적인 것과 정신적인 것을 혼동하는 경향이 있었기 때문에, 칼빈이나 그 이후의 신학자들은 영성이라는 용어보다는 경건이라는 용어를 선호하였다. 그래서 칼빈의 『기독교강요』는 경건을 아주 중요하게 다루었다.

(2) 로마 카톨릭 교회의 영성

9세기의 수도사인 칸디두스(Candidus)와 13세기의 토마스 아퀴나스 등은 영성을 육체성 또는 물질성과 대립되는 정신성으로 이해하기도 했으나, 20세기에 접어들어 로마 카톨릭 교회가 다시 사용하기 시작한 영성은 하나님에 대한 그리스도를 통한 신비적 관조 또는 하나님을 만나는 체험을 통한 그리스도의 완덕(完德)에 이르는 것으로 이해되고 있다.

현대 로마 카톨릭 교회에서 영성을 대변하는 사람 가운데 토마스 머튼(Thomas Merton, 1915-68)이 있다. 머튼은 불란서 태생으로 27년간 트라피스트 수도사로서 미국 켄터키의 겟세마네 수도원에서 활동했다. 그는 제2차 세계대전이 일어나자 현대인의 영적 정신적 고갈 상태를 한탄하고서 그 같은 위기를 극복하고자 영혼 깊은 곳에서 하나님과의 만남 체험을 강조하게 되었다.[2] 그는 끊임없는 관상(또는 명상)을 통해서 하나님과 깊은 영적 교제를 나누고, 그 교제 가운데서 하나님의 눈으로 역사를 보며 역사 변혁과 사회 구조 갱신에 적극적인 관심을 기울였다. 이것이 머튼의 영성이다.

머튼의 영성은 그의 기도에 잘 나타나 있다. 그는 기도를 세 단계로 구분하였다. 첫 단계는 자아 성찰의 기도이다. 이 기도는 자아의 눈으로 자신을 성찰하며, 인간의 뜻이 지배하는 기도이고, 자아가 기도의 주체이다. 둘째 단계는 묵상 기도이다. 이 기도는 세상과 단절하고 하나님의 뜻을 구하는 데 적극적이나, 아직도 자아가 살아 있는 상태이다. 셋째 단계가 온전하고 참된 기도 곧 관상 기도이다. 이 기

---

[2] 참조, 오성춘, 상게서, pp. 65-68.

도는 인간적인 일체의 뜻을 포기하고 자신을 비우고 정화하여 성령의 뜻과 일치하려는 기다림의 기도이다. 이 기도는 마음의 기도로서, 하나님이 영혼 깊은 곳에 임하여 온갖 잡념을 제거하고 인간 전존재로 드리는 기도이다. 그래서 이 기도는 인간의 죄성을 발견하고 참회하며 영혼을 정화하고 뜨거운 하나님 사랑을 체험하므로 평화와 기쁨이 충만하다. 이 기도에서는 하나님을 가까이 할수록 하나님의 눈으로 세상을 볼 수밖에 없으며, 그래서 세상을 갱신하는 일에 적극 참여하게 된다.

머튼의 관상기도는 그의 저서『가장 완전한 기도』에 잘 나타나 있다. 머튼은 평신도가 일체의 형상 숭배 같은 것을 배제하고, 오직 시편 말씀을 주로 묵상하며 그리스도 중심으로 하나님을 사랑하고 만족하는 기도를 드릴 것을 강조하고 있으나,[3] 드 멜로의『하느님께 나아가는 길』에 소개되어 있는 로마 카톨릭 교회의 기도 방법과 관련지어 보면, 불교나 힌두교 그리고 뉴에이지 운동의 정신집중 방법과 무아 상태에서의 관상 방법에 크게 의존하고 있는 것이다.[4] 즉 성령의 인도하심보다는 인간의 정신의 집중과 각성에 중점을 두고 있다.

그리고 리차드 포스터의『기도』에 비추어 보면, 머튼의 삼단계 기도는 성경적으로 적절하지 못하다. 포스터에 의하면 자아성찰의 기도는 회개의 기도로서 예수 그리스도의 대속의 은혜와 공로를 근거로 하며, 묵상기도는 하나님의 선하심과 공의로우심을 맛보아 하나님을 감사 찬양하는 기도이고, 머튼의 관상기도 대신에 포스터는 이웃을 위한 중보기도를 강조한다.[5] 이로 보건대 머튼의 자아성찰의 기도와

---

[3] 토마스 머튼, 『가장 완전한 기도』, 오무수 역(성바오로, 1994), pp. 25-28.
[4] 참조, A. 드 멜로, 『하느님께 나아가는 길』, 이미림 역(성바오로, 1998), pp. 11-40.
[5] Richard J. Foster, *Prayer*(Harper San Francisco, 1992). 이 책은 송준인이 번역하여 두란노에 의해 출판되었다.

묵상 기도는 성경적 근거가 약하고, 관상기도는 방법적인 면에서 비기독교적인 색채가 짙다. 다시 말해서, 머튼의 관상기도는 성경 말씀 중심이자 그리스도 중심인 듯하나 방법상 비기독교적이고 중보기도가 빈약하게 보이는 것이다. 이런 까닭에 로마 카톨릭 교회의 영성은 불교나 뉴에이지 운동과 혼합된 느낌을 주고 있다.

(3) 개신교 신학자들의 영성

멕코믹 신학교에서 강의를 맡고 있는 감리교회 목사인 노만 샤우척에 의하면, 기독교 영성은 신적 영광을 스스로 포기하고 낮고 천한 사람이 되신 나사렛의 가난한 자 예수님과의 영적 교제와 그 교제를 통해 경험하는 삶의 변화이다. 이 영성은 하나님께서 낮은 자리로 찾아와 만나 주심으로 가능한 하나님의 은혜의 선물이다. 이 영성은 성령으로 말미암아 열매 맺는 영적 성품 계발인 회개와 성화를 강조하기보다는, 예수님을 인격적으로 본받는 가운데서 계발되는 성품과 삶의 변화를 강조한다.

샤우척이 말하는 삶의 변화는 총체적인 것으로서, 육체적 정신적 건강 회복과 자기 반성을 통한 이웃과의 관계회복 및 새로운 윤리적 삶의 결단과 공의 실천을 통한 사회 참여와 샬롬 공동체 회복이다. 샤우척이 말하는 기독교 영성은 성령의 사역이나 말씀 묵상과 기도에 대한 강조가 약하고, 가난한 자와 자신을 동일시한 예수님을 본받아 사는 삶과 사회참여에 초점이 맞추어져 있다.

옥스퍼드 대학에서 강의하고 있는 존 맥쿼리에 의하면, 인간의 자기 초월의 영과 성부와 성자에게서 나오는 성령의 만남을 통해서 인간의 자아가 변화되어 그리스도를 따라 사는 삶이 영성이다. 인간은 하나님의 영을 분배받는 까닭에 자아를 초월하는 역동성을 가지고 있는데, 이 인간의 영이 자아 밖으로 나아가 황홀경에서 성령, 곧 성부와 성자로부터 밖으로 나와 있는 하나님의 영과 만남으로써 윤리적 성격의 변화를 체험하게 되는 바 이것이 곧 기독교 영성인 것이다.

맥쿼리가 주장하는 기독교 영성 개념은 성령을 성부와 성자와 분리되어 있는 분으로 보고 있을 뿐 아니라, 인간의 영도 육체와 분리되어 있는 요소로 보고 있는 것이다. 구약의 요엘서를 인용한 사도행전이나 요한복음 그리고 바울의 서신에 보면 하나님의 성령이 사람의 몸, 즉 전인격체로서의 사람 안에 임재하여 거하신다(욜 2:28-32; 행 2:17-21; 요 14:23; 고전 3:16; 6:19). 또한 성도의 성품의 변화와 관련된 성화는 성령의 열매로 나타나며, 성령의 은사인 방언이나 예언은 교회를 섬기는 일을 위해 주어진 것이다. 그러나 맥쿼리는 방언이나 예언과 같은 황홀체험을 통해 인격적 변화가 있다고 말하고 있으나 그 같은 황홀체험은 모든 성도가 보편적으로 할 수 있는 것도 아니고, 또한 그 체험이 반드시 인격적 변화를 가져오는 것도 아니다. 예컨대 고린도교회는 방언을 하며 황홀한 체험을 했으나 아직도 육신에 속한 자와 같았다(고전 3:3). 사실상 맥쿼리가 말하고 있는 영성은 역사 참여의 삶을 강조하고 있다.

예일대학에서 교육학을 강의하는 아이리스 컬리에 의하면, 기독교 영성은 하나님과의 관계, 고난 당하는 이웃과의 관계 그리고 황폐되어 가고 있는 생태계와의 관계를 회복하는 것이다. 컬리의 영성 개념은 남미의 해방신학의 입장에 기초하고 있다.

장신대의 오성춘 교수에 의하면, 기독교 영성은 하나님과의 인격적 관계요, 그리스도와의 관계의 삶이며, 성령의 능력으로 사는 삶이다. 하나님의 생명이 우리의 모든 삶의 차원에 흘러 넘쳐 하나님께 영광을 돌리며 사람들에게 유익을 주는 삶이요, 하나님의 눈으로 세상을 보고 성령의 인도를 따라 살며 하나님의 생명의 삶에 자신을 참여시키는 삶이 곧 영성이다. 다시 말해서 하나님과의 만남을 통해 초월적 경험을 가지며, 이로써 자아가 변화하고 역사 속에 주체적으로 참여하는 것을 두고 오성춘 교수는 기독교 영성으로 보고 있는 것이다.

오교수는 성경말씀 묵상과 기도훈련 그리고 성찬예식 등 기독교의 전통적인 은혜의 수단과 관련지어 기독교 영성을 논할 뿐 아니라, 이 사야의 영적 각성이나 1907년 평양 대부흥 운동의 성령체험을 통한 인간의 죄성 발견과 참회를 강조하기는 하지만, 빌립보서 2장의 '자기를 비워'라는 문구를 오해하여 남미의 해방신학적 관점에서 받아들이고 있기 때문에, 그의 영성 개념은 성경적으로나 신학적으로 볼 때 정통적인 것 같으면서도 정치신학적인 것이 혼합되어 있다.[6]

(4) 칼빈과 개혁 신학의 영성

하나님의 형상으로 창조된 인간은 본질상 사슴이 시냇물을 찾기에 갈급하듯 하나님을 갈망하며(시 42:1-2), 하나님이 없으면 결코 그 무엇으로도 만족하지 못하고(전 3:11; 시 23:1-2), 예수 그리스도의 대속적 은혜를 알고 그 안에 거할 때 영생을 얻고(요 6:55-56; 17:3) 성령으로 충만할 때 생명을 풍성하게 누리게 되어 있다(요 7:37-39). 하나님의 사랑을 알고 그리스도의 대속적 은혜를 알며 성령의 충만함 가운데 성령의 인도를 받아 풍성한 삶, 곧 영생을 누리는 것이 기독교적 영성이다.

이 성경적 영성은 칼빈이 강조하는 바 경건과 통한다. 어원상 '사랑을 입다' 또는 '사랑을 알다'는 뜻을 가지고 있는 경건은 하나님의 임재 앞에서 아버지 하나님의 사랑을 알고서 하나님께 감사하고 찬양하며 신뢰하고 순종하는 삶이다. 다시 말해서, 하나님을 아버지로 알고 신뢰하고 사랑하며 하나님을 또한 만유의 주로 알고 경외하고 순

---

[6] 참조, 오성춘, 상게서, pp. 49-76; Norman Schawchuck, *How to Conduct Spiritual Life*(Mashville, Upper Room); John Macquarrie, 『영성에의 길』, 장기천 역(전망사), pp. 62-78; Iris Cully, 『영적성장을 위한 교육』, 오성춘, 이기문, 유영문 역, p. 75.

종함으로써, 그에게 영광과 찬양을 돌려 드리고 그를 즐거워하며 만족하는 삶이 곧 경건이요 영성이다.[7]

구원론적으로 보면 이 성경적 영성은 성화와 통한다. 칼빈이 가르치는 바 기독교 생활, 곧 성화의 으뜸가는 규칙은 자기를 부인하고 날마다 자기의 십자가를 지는 것이다(『기독교강요』Ⅲ. vii, viii). 따라서 성령 하나님께서 우리의 마음의 감정뿐만 아니라, 손과 발 그리고 우리의 전 존재를 주관하시도록 하여, 하나님 앞에서 자기를 부인하고 날마다 자기 십자가를 지며 살고, 우리가 영적 존재로서 하나님 아버지를 열린 마음으로 사랑하고 예배하며, 사회적 존재로서 이웃과 서로 섬기고 사귀며 사랑을 나누고, 땅과 자연 만물에 대한 청지기로서 자연을 사랑하는 가운데서 거룩하고 흠이 없이 사는 삶이 곧 성화요 영성이다.

이 성화는 성부 하나님이 그의 말씀으로 우리를 깨끗하게 하시고, 성자 하나님이 그의 피로 우리를 씻으시며, 성령 하나님이 우리를 그리스도와 신비한 연합을 이루게 하고, 믿음을 통해서 그와 함께 십자가에 못박혀 죄와 세상에 대하여 죽게 하며, 그와 함께 죽은 자 가운데서 부활하고 하나님 우편에 앉게 하여(엡 2:4-6) 하나님께 대하여 살게 하므로(롬 4:11) 가능하게 될 뿐 아니라, 성령께서 우리 속에서 사랑과 양선과 인내와 절제 등 열매를 맺어 우리로 거룩케 하신다.

이렇듯 경건과 성화와 내용상 통하는 기독교적 영성은 복음을 듣고 성령으로 거듭나고 죄를 회개하며 자기를 부인하고 그리스도를 믿음으로 하나님과의 친밀한 관계를 회복하여 성령의 충만과 지배를 받아 하나님을 삶의 중심에 모시고 생동력(Spiritual vitality)을 가지

---

7) F. L. Battles, tr. & ed., *The Piety of John Calvin*(Grand Rapids, Baker Book House, 1978), pp. 7-8, 15-20; 요셉 리차드, 『칼빈의 영성』(기독교문화협회, 1997), pp. 131, 134, 146.

고 살므로써 하나님의 형상이 우리에게서 나타나게 되는 것을 두고 말한다. 다시 말해서, 기독교적 영성은 하나님 말씀의 묵상과 기도를 통해서 그리스도를 믿고 죄를 회개하며 성령으로 충만하여 하나님의 임재와 사랑을 깊이 느껴 우리의 삶의 중심에 그리스도가 살아 계시는 가운데 하나님 중심으로 하나님의 영광을 위하여 열정적으로 순종하고 헌신하여 사는 것이다. 그러기에 하나님 중심의 영성이란 하나님께 영광을 돌리며, 큰 기쁨과 열심과 활기를 가지고 교회 안에서 뿐 아니라 일상생활에서 하나님을 높이며 성령의 인도에 순종하고 하나님을 즐거워하는 것이다.

이로 보건대, 성경에 기초하고 있는 바 칼빈과 개혁 신학의 영성은 하나님의 임재를 마음 깊이 느낌으로 거룩한 경외심을 가지고 하나님 앞에서 행하며, 순수하고 변함없이 하나님의 위엄과 은혜와 사랑을 알므로 변화된 삶을 사는 것을 의미한다. 다시 말해서, 이 기독교적 영성은 하나님의 임재 앞에서 그리스도와 신비한 연합을 이루어 성령의 충만과 지배와 인도 가운데서 하나님의 영광을 위하여 사는 역동적이고 활기찬 삶이요, 하나님의 형상을 회복한 삶이며, 하나님의 자녀로서의 성숙한 삶이다. 그런 까닭에 이 영성은 인본주의적이거나 개인주의적이거나 감정주의적인 것이 아니라, 신본주의적이고 공동체적이며 윤리적이다.

요약하자면, 칼빈과 개혁 신학의 영성은 경건과 성화와 상통한다. 이 영성은 하나님의 말씀 묵상과 기도의 훈련을 통하여 성령으로 충만한 가운데 우리의 삶의 모든 영역에서 하나님의 임재와 사랑과 통치를 깊이 경험하여 죄를 회개하며, 자기를 부인하고 날마다 자기의 십자가를 지며, 우리의 삶의 중심에 그리스도가 살아 계시고, 하나님의 영광을 위해 순종하고 헌신하여 열정적으로 활기차게 살되, 감사하고 사랑하고 찬양하며 하나님을 즐거워하며 사는 삶이다. 이 영성에 의하면, 성령이 우리의 마음을 움직이기에 감정과 의지가 작용하며 하나님의 임재와 통치를 인하여 역동적이고 열정적이며, 그 성격이 공동체적이기에 교회를 세우고 선교에 헌신적이며 자연 만물의 구속(救贖)과 자유에 관심을 갖고서 행동한다.

웨스트민스터 소요리문답이 가르치는 바 인생의 제일되는 목적에 비추어 볼 때, 하나님 중심의 기독교적 영성은 먼저 하나님께 영광을 돌리는 것이다. 하나님과의 내적 관계에 있어서 뿐 아니라 우리의 일상생활 가운데서 성령의 인도와 능력과 사랑을 힘입어 믿음으로 살아서 하나님께 감사와 찬양을 돌려 드린다. 모든 일에서 하나님의 영광을 나타내며 사랑의 하나님을 감사하고 찬양한다. 둘째로, 범사에 하나님을 인정하며 성령의 인도에 순응하고 하나님으로 만족한다. 그리스도인은 내세를 소망하는 중에 범사에 하나님의 창조 질서에 감사하고 만족하며 즐거워해야 하는 것이다. 이 같은 영성은 성령이 우리를 그리스도와 연합시키고, 그리고 우리가 말씀묵상과 기도와 같은 은혜의 방편을 통해서 성령으로 충만할 때 가능하다.

결론적으로, 개혁주의의 성경적 영성은 성령으로 자신을 부인하고 십자가를 지는 가운데 하나님과 역동적인 관계를 생동력있게 가지며, 성령의 은혜의 방편인 말씀 묵상과 기도의 훈련을 통해 성화된 경건하고 열정적이고 헌신된 삶을 사는 것이다. 다시 말해서, 하나님의 면전에서(Coram Deo) 자기를 부인하고 십자가를 기쁘게 지며 하나님의 영광을 목적으로 삼아 성령을 좇아 살되 범사에 하나님을 항상 즐거워하고 찬미하는 열정적이고 생동력이 있는 삶이다. 따라서 영성에는 경선이나 성화의 경우보다 하나님에 대한 열정, 헌신, 삶의 생동력 그리고 훈련 등의 요소가 더 강도 높게 함축되어 있는 것이다.

2. 영성의 요소

오성춘 교수는 그의 저서 『영성과 목회』에서 기독교적 영성의 삼요소로 하나님과의 인격적 관계, 초월의 경험과 영적 각성 그리고 역사현장에의 참여를 꼽고 있다.[8] 다시 말해서, 첫째로는 하나님이 친히 먼저 찾아오시어 우리와 맺으시는 친밀한 인격적 관계이다. 우리는 이러한 하나님과의 친밀한 관계를 통해서 하나님의 임재와 사랑을 경험한다. 둘째로는 하나님은 초월적 실재이시기 때문에 그분과의 인격적 만남은 초월을 경험케 한다. 즉, 영광스런 하나님 앞에서 인간의 더러운 죄악성을 발견하며 하나님의 거룩과 영광을 보고 하나님의 뜻을 깨달아 삶의 방향을 바꾼다. 셋째로는, 성육신하신 역사적 예수님의 삶에 참여한다. 즉, 자기를 버리고 '나는 아무것도 아니다'라는 생각을 가지고서 이웃을 섬기는 종의 삶을 산다. 이로 보건대, 오교수가 말하고자 하는 영성의 삼요소는 관계, 변화 그리고 참여이다.

그러나 디도서 2:12에 근거하여 기독교적 영성의 삼요소를 고려하면 근신함과 의로움과 경건(또는 거룩)이다. 여기서 근신은 절제와 검소와 정절 등 자기를 부인하고, 세상적이고 육신적인 탐욕을 버리는 것이며, 의로움은 이웃의 권리를 존중하여 이웃에게 이웃의 몫을 돌려주는 이웃사랑이고, 경건(또는 거룩)은 세상 불법을 떠나 하나님과의 교제를 가짐으로써 거룩하게 되는 것을 각각 뜻한다.

인간은 자기를 향해서만 마음을 열고 외부를 향해서는 닫기를 좋아한다. 맹목적으로 자기를 사랑한다. 우리가 성령으로 거듭나고 성령이 우리를 하나님의 것으로 인치시며, 그리스도가 우리 안에 살아계시는 것을 알고, 또 우리가 성령의 전이라는 것을 알면 자기를 부인하고 하나님과 이웃과 자연을 향해 자신을 열어 사랑할 수 있게 된다.[9]

---

8) 오성춘, 『영성과 목회』, pp. 88-110.
9) 칼빈, 『기독교강요』 Ⅲ. ⅶ. 1-3. 참조; H. L. 라이스, 『개혁주의 영성』, 황성철 역(CLC, 1995), pp. 78-87.

(1) 거룩(또는 경건)

거룩 또는 경건은 하나님과의 관계를 두고 사용되었다. 예를 들면, 구약성경에서 고라 자손들이 비록 죽을 죄를 지었어도 그들이 하나님의 성전에 가지고 와서 성물(聖物)로 바친 향로들은 하나님께 바쳐진 사실 때문에 거룩하게 되었다(민 16:38). 다시 말해서, 어떤 물건이나 사람이 하나님께 드려져 하나님께 속하게 되면 그 사실로 말미암아 거룩해지는 것이다. 즉, 하나님과 관계를 맺어 하나님의 것이 되면 거룩하다. 그래서 비록 이방인일지라도 예수 그리스도의 것으로 부르심을 입고 하나님의 사랑하심을 입어 그의 자녀가 되면 거룩한 성도이다(롬 1:6-7). 거룩 또는 경건은 하나님의 사랑을 알고 하나님의 자녀가 되어 그를 사랑하고 신뢰하며 순종하는 관계인 것이다.

시편 86편에 보면, 경건은 하나님의 사랑을 아는 것을 가리킨다(2절). 곤고하고 궁핍한 중에서도 하나님의 긍휼(3, 15, 16절)과 인자하심(5, 13, 15절)을 덧입어 하나님을 의지하고(2절) 우러러 보며 간구하고(3, 4, 6-7절) 주의 이름을 경외하며 찬양하고 영광을 돌리는 것(11-12절)이 경건이요 거룩인 것이다. 경건하며 거룩한 성도는 곤고한 중에서도 하나님의 사랑과 긍휼하심과 진실하심을 감사하며 찬양하는 바 이것이 기독교적 영성이다.

경건한 사람은 여호와의 율법을 주야로 묵상하는 가운데서 그의 삶이 풍성하여 하나님께 범사에 인정을 받는 복있는 자요(시 1:2-3, 6), 힘과 반석과 요새와 구원의 뿔이신 여호와를 사랑하는 자이며(시 18:1-3), 목자이신 하나님이 그의 인자하심과 선하심을 따라 풍성한 삶으로 인도하시는 것을 인하여 사망의 음침한 골짜기를 비록 통과할지라도 감사하고 만족하는 자이고(시 23편), 악인이 형통하고 성도가 매일 재앙을 당해도 하나님께서 사실은 늘 함께 하시고 능력으로 붙드심을 알고서 하나님께 가까이 하는 자이다(시 73:3, 14, 23-28).

믿음의 조상이요 경건의 사람인 아브라함의 경우를 보면, 그는 본래 우상 숭배가 심한 갈대아 우르에서 하나님과 관계가 없이 살아 왔으나, 영광의 주님이 그를 친히 부르심으로 그는 하나님과 관계를 갖게 되었다(행 7:2-3). 하나님이 언약적 사랑으로 아브라함을 찾아와 만나 주신 것이다. 아브라함은 영광의 주님을 뵙게 되자 자기를 낮추고 부인하며 하나님 앞에서 그의 말씀에 순종하였다(창 12:1-5). 그는 성령으로 말미암아 하나님의 약속과 언약을 믿고서(갈 3:5-8) 하나님께 최선을 드리고 그를 경외하며(창 22:12), 하나님의 마음을 알고서 동행하며(약 2:23), 이삭을 통해서 메시야를 대망하고(갈 3:8, 16) 영원한 천국을 목적으로 삼아 살았다(히 11:13-16). 이로써 하나님과의 사랑의 언약 관계를 잘 유지하였던 것이다. 이것이 아브라함의 거룩이요 경건이며 곧 영성이다.

성도를 향한 하나님의 사랑은 성령께서 예수 그리스도의 십자가를 통해서 우리에게 알게 하신다. "우리가 아직 죄인되었을 때에 그리스도께서 우리를 위하여 죽으심으로 하나님께서 우리에게 대한 자기의 사랑을 확증하셨느니라"(롬 5:8). "하나님의 사랑이 우리에게 이렇게 나타난 바 되었으니 하나님이 자기의 독생자를 세상에 보내심은 저로 말미암아 우리를 살리려 하심이니라 사랑은 여기 있으니 우리가 하나님을 사랑한 것이 아니요 오직 하나님이 우리를 사랑하사 우리 죄를 위하여 화목제로 그 아들을 보내셨음이니라"(요일 4:9-10). 하나님의 이 크신 사랑이 성령으로 말미암아 우리 마음에 확증되는 것이다(롬 5:5). 이로 보건대, 성령으로 말미암아 우리의 마음에 하나님의 사랑이 넘쳐나 하나님을 감사하고 찬송하며 사랑하고 즐거워하는 바 이 같은 거룩과 경건이 영성의 주요한 요소이다.

(2) 근신

근신 또는 검소는 하나님의 영광의 임재를 경험하여 회심하고 변화될 때 가능하다. 예수님은 자기의 제자들에게 자신을 부인하고 날마다 자기 십자가를 지라고 하시며(마 16:24), 성령은 우리에게 절제를 가르치신다(갈 5:23). 이로써 탐욕을 버리고 세상 재물에 대하여 검소하게 사용하고 빈곤한 가운데서도 만족할 줄 알라고 하신다(빌 4:11-12). 성령은 우리로 하여금 범사에 감사하고 항상 기뻐하라 하시는 것이다(살전 5:16-22).

야곱은 본래 자기 주장이 강하고 이웃 특히 자기의 형과 아버지와 외삼촌에게까지도 마음이 닫혀 있으며, 세상재물에 욕심이 많아 얍복강 나루에서 천사와 씨름할 때에도 자기의 재물을 잃지 않기 위해 발악하여 죽을 힘을 다했으나(참조, 호 12:2-4상; 창 32:24-26), 하나님께 매를 맞은 다음(창 32:25, 참조, 창 34장의 디나가 강간당한 사건) 벧엘에 올라가 하나님을 다시 만나 하나님 앞에서 회심하고 나서는(창 35:9-15) 하나님을 철저하게 경외하고 세상 재물에 대한 집착을 버리고 하나님으로 만족했다(참조, 창 47:31).

욥의 경우를 보면 까닭없이 재난을 당하여 재산과 자녀들을 갑자기 다 잃었으나, "내가 모태에서 맨몸으로 나왔사온즉 또한 맨몸으로 그리로 돌아갈지라 주신 자도 여호와시요 취하신 자도 여호와시오니 여호와의 이름이 찬송을 받으실지니이다"(욥 1:21) 하며 하나님을 향해 어리석게 원망하지 아니했다. 그러나 고통이 상당 기간 지속되자 그는 자기의 의로움을 강변하기도 하고 답답해 하다가 영광과 권능의 주님을 뵙고서는 철저하게 낮아져 통회하였다(욥 40:1-9). "내가 주께 대하여 귀로 듣기만 하였삽더니 이제는 눈으로 주로 뵈옵나이다. 그러므로 내가 스스로 한하고 티끌과 재 가운데서 회개하나이다"(욥 42:5-6).

베드로는 예수님을 만나자 자기가 죄인임을 깨달았고(눅 5:8), 바울은 다메섹으로 예수 믿는자들을 잡아 결박지으러 가는 길에서 영광의 주님을 만나자 회심하였으며(행 9:1-9) 주님 앞에 철저하게 엎드렸다.

하나님의 성도들이 이처럼 하나님의 영광 앞에서 회심을 경험하여 자기를 철저하게 낮추는 일은 성령이 하신다(참조, 행 2:37-41; 5:30-32). 역사적 실례를 들어보면, 1907년에 평양에서 일어난 대부흥 운동은 성령의 임재에 압도되어 통회의 넘치는 눈물과 찬양의 물결 속에서 하나님을 감격적으로 체험하고 그리스도 예수의 십자가의 죽음에 나타난 하나님의 사랑에 크게 감동되었다. 성령이 충만하게 평양의 성도들에게 임하여 그리스도의 십자가의 구속의 사랑에 감동하고 하나님의 거룩과 영광 앞에서 우리 자신의 더럽고 추한 죄악성을 발견하여 눈물로 통회하게 된 것이다. 이로써 하나님 앞에서 자신들을 철저하게 낮추게 되었다.

하나님이 성령으로 우리 가운데 임하여 우리를 만나 주심으로 우리가 하나님과의 만남을 체험하고 회개하며 자신을 낮출 수가 있는 것이다. 하나님과 우리 인간 사이에는 큰 간격이 있어서 사람으로서는 하나님께 어떻게 나아갈 수가 없다(『웨스트민스터 신앙고백』제7장 1항). 성부 하나님이 그의 언약에 근거하여 예수 그리스도를 보내시되 육신의 몸을 입고 친히 이 땅에 오시어 자기 백성을 찾으셨다. 예수님은 십자가에서 죽으시고 부활승천하신 후 성령 곧 진리의 영인 보혜사를 보내어 우리 성도들 안에 친히 거하시게 하고, 우리의 몸과 교회를 성전 삼아 교제를 나누게 하셨다. 성도된 자들은 하나님을 아버지로 부르며 하나님의 자녀로서 자유와 권세를 누리며, 예수님을 그리스도로 믿고 고백함으로 죄사함과 성결함을 얻게 하신다(참조, 롬 8:9-11, 14-16; 고후 6:16-18).

그런데 우리가 성부와 성자와 성령을 지금 여기에서 믿게 되는 것은 하나님이 스스로 복음의 말씀을 가지고 계시해 주시는 까닭이요, 그 계시의 말씀이 우리와 가까이 있게 하여 마음으로 믿게 하심으로 가능하다(참조, 롬 10:8-10). 이 믿음은 공로적 행위나 금욕적 고행을 통해 결코 되는 것이 아니고 오직 성령과 복음의 말씀으로만 얻어진다(참조, 롬 10:6-7). 그리스도 예수의 사람들은 육체와 함께 그 정욕을 십자가에 못박고 성령으로 산다(갈 5:24-25). 즉, 그리스도로 말미암아 세상이 성도를 대하여 십자가에 못박히고 성도가 또한 세상을 대하여 십자가에 못박혀 죽은 것이다(갈 6:14). 그래서 성도들은 주 예수 그리스도의 십자가만을 자랑하고 그 십자가를 기쁨으로 진다. 세속적이고 정욕적인 음란과 탐욕을 버리는 것이다(골 3:5).

(3) 의로움(또는 공의)

기독교적 영성의 또 하나의 주요한 요소는 의로움 또는 공의 곧 이웃 사랑의 실천이다. 이 이웃 사랑은 우리의 일상생활과 역사 현장에서 구체적으로 우리의 손과 발 그리고 정성을 통해서 실천되어야 한다. 아무리 감격적인 성령의 은사, 예컨대 방언이나 능력행함 등을 받았다 할지라도 이웃사랑의 실천이 없으면 아무 소용이 없는 것이다(참조, 고전 13:1-2; 14:5).

성령의 충만함과 지배를 받는 사람은 그 열매인 사랑, 온유, 양선을 통해서 이웃을 내 몸처럼 사랑한다. 이웃의 유익을 먼저 생각하고 이웃의 몫을 챙겨 준다. "무엇이든지 남에게 대접을 받고자 하는 대로 너희도 남을 대접하라"(마 7:12)는 주님의 말씀과, "오직 겸손한 마음으로 각각 다른 사람들의 일을 돌아보아 나의 기쁨을 충만케 하라"(빌 2:3-4)는 바울의 가르침대로 이웃이 먼저 잘 되도록 사랑을 베푸는 것이 영성의 주요한 요소이다.

구약의 모세를 보면, 그는 어른이 되자 바로의 공주의 아들로서의 영광과 부귀와 권세를 거절하고 먼저 자기의 유대민족 곧 하나님의 백성을 생각하고서 그들과 함께 고난받기를 잠시 죄악의 낙을 누리는 것보다 더 좋아하고 그리스도를 위하여 받는 능욕을 애굽의 보화보다 더 좋게 여겼다(히 11:24-26). 누가복음에 소개되어 있는 세리장이요 부자였던 삭개오는 예수님을 믿고 영접하여 회개한 후 가난한 자들을 먼저 생각하게 되었고(눅 19:8), 오순절 날에 성령이 강림하여 충만하게 된 예루살렘교회 또한 가난한 자들을 생각하여 서로 물건을 나누며 교제하기를 즐거워한 바 있다(행 2:44-45).

우리는 하나님의 임재 앞에서 우리의 허물을 발견하게 되고, 그리스도 예수의 십자가의 희생의 죽음의 은혜를 생각하면 하나님의 사랑에 감격하여 머리를 숙이며 무릎을 꿇지 않을 수 없다. 성령님께서는 우리 안에서 회개와 성결을 이루신다. 우리가 하나님의 임재 앞에서 그리스도의 희생의 은혜를 깨닫고 회개하면 할수록 우리는 이웃을 사랑하게 된다. 이웃 사랑은 우리가 성령으로 성결케 되는 비결인 것이다(칼빈, 『기독교강요』Ⅲ.viii.). 이웃 사랑은 믿음의 진실성을 확증해 준다(갈 5:13).

참되고 건전한 기독교적 영성은 균형잡힌 삶이어야 한다. 하나님이 주신 재물을 감사함으로 받아 누리되 검소한 생활의 훈련이 필요하고, 고요하게 홀로 하나님과 교제를 갖는 데 힘쓰되 이웃사랑과 섬김에도 힘써야 한다. 그러나 이 같은 이웃 사랑이 참되려면 성령의 은사를 통해서 베풀어져야 한다(참조, 롬 12:9-13). 그리고 사회적 정의 차원에서도 고려되어야 하는 것이다.

사회 구조상 가장 연약한 자들인 고아와 과부의 권리가 보호되어야 하고(사 1:16-20; 출 22:22) 그들이 환난 중에 있을 때 돌아보아야 한다(약 1:27). 또한 선한 사마리아인의 비유에서 보면, 사회적으로 상처입은 자를 불쌍하게 여겨 치유해 주기도 해야 한다(눅 10:30-36).

3. 영성의 필요

(1) 인간의 본질상 필요

하나님은 인간에게 본래부터 영원을 사모하고 갈급하는 마음을 주셨다(전 3:11). 사슴이 시냇물을 찾아 헤매이듯이 인간의 영혼은 하나님을 만나지 못하면 절망과 공허함을 견디지 못하여 하나님을 찾는 것이다(시 42:1-2). 또한, 하나님께 영광과 찬양을 돌리며 그를 즐거워하는 가운데 예배하지 아니하면 삶의 의미와 목적을 찾을 수 없는 것이 인간이다(사 43:7, 21).

하나님이 인간에게 하나님을 아는 지식을 주었기 때문에 인간은 하나님을 모른다고 핑계할 수가 없고(롬 1:19, 21), 또한 하나님이 인간을 하나님의 형상으로 창조한 까닭에(창 1:26-28) 하나님과의 사귐이 없으면 삶이 가치가 없다. 그리고 특별히 성도는 하나님의 성령의 전 곧 예수님이 자기의 흘리신 피와 찢긴 살로 사신 성전이기 때문에(요 2:19; 행 20:28) 성령으로 충만하고 하나님을 예배해야 삶의 만족이 있는 것이다(고후 6:16; 엡 2:21; 5:18).

전도서에 보면, 인간이 재물을 아무리 많이 얻어 보아도 궁궐 같은 집을 지어 살아보아도, 아무리 좋은 정원을 만들어 즐겨도, 많은 소리꾼과 춤꾼들이 노래를 해 주고 춤을 추며 기쁘게 해 주어도, 여러 여자들과 함께 살며 사랑을 나누어 보아도(전 2:4-8), 아무리 건강하게 오래 살아보아도(전 6:3), 하나님을 경외함으로 인생이 즐거움과 만족을 누리지 못하면(전 12:1, 13, 참조, 2:24-26) 사람이 수고한 모든 수고가 다 헛되고 무익하게 된다(전 2:11).

야곱의 경우도, 그는 아름다운 여자들을 아내로 두고 살았고, 아들을 열둘이나 얻었으며, 재물도 엄청나게 모아 거부가 되었으나 벧엘에서 하나님께 회개하고(창 35장) 하나님을 온전히 만나 예배하기 전에는 그는 두려움과 절망 속에서 떨었습니다(창 32:7). "고운 것도 거짓되고 아름다운 것도 헛되나 오직 여호와를 경외하는 여자"(잠 31:10)가 하나님께 복을 받는 것처럼, 하나님을 간절하게 찾아 섬기는 자가 복이 있다(참조, 요 4:23하, "아버지께서는 이렇게〈성령과 진리로〉자기에게 예배하는 자를 찾으시느니라").

(2) 구원론상 필요

죄는 하나님과 사람간에 사이를 내고 단절을 가져 왔다. 죄로 말미암은 이 같은 하나님과의 단절을 극복하는 길은 그리스도를 통해서만 가능하고, 성령이 우리 안에 역사하여 우리를 그리스도와 신비한 연합을 이루게 함으로써 하나님과 화목된다(엡 2:13-18). 즉, 죄로 인하여 하나님과 인간 사이에 막힌 담은 예수 그리스도가 십자가 상에서 못박혀 피흘려 죽으셔서 희생제물이 되어 하나님의 저주와 형벌을 당하시고 그의 공의를 만족시킬 뿐 아니라 하나님의 사랑을 나타내심으로써 그 담이 헐리었고, 부활승천하신 예수 그리스도께서 아버지 하나님의 약속하신 성령을 보내시어 성령의 사랑의 띠로 하나님과의 언약적 관계를 확실하게 맺음으로 하나님과 우리가 화목된 것이다.

그러기에 죄인된 인간은 성령이 없이는 그리고 그리스도를 믿는 믿음이 없이는 하나님의 자녀의 권세를 회복하여 하나님과의 사귐을 가질 수가 없고 하나님을 예배할 수도 없기 때문에 구원론상 영성이 필요하다. 죄로 말미암은 하나님과의 단절을 극복하고 그리스도 안에서 하나님과의 언약적 관계를 회복하여 살 때, 하나님의 영광을 바라고 즐거워하며 하나님의 사랑을 인하여 감격하여 살게 되는 것이다 (롬 5:1-11).

(3) 종말론상 필요

종말시대의 특징 중의 하나는 이기적인 자기 사랑 때문에(딤후 3:1-2) 사랑이 식어지고(마 24:12) 경건을 상실하며(롬 1:21, 28) 사람들이 돈과 쾌락을 사랑하고 무정하고 무자비하게 되는 것이다 (딤후 3:2-5). 요즈음 우리 주변에서 일어나고 있는 끔찍한 사건들이 이에 대해 잘 말해 주고 있다. 거액의 보험금을 노려 자기의 배우자나 친인척을 살해하고, 유산을 노려 아버지를 불태워 죽이며, 경제적인 이유로 아들을 독살하거나 아들의 손가락을 가위로 절단하고 자신의 발목을 달리는 기차 바퀴에 잘려나가게 하는 등 상상할 수 없는 비도덕적인 일들이 일어나고 있는 것이다. 유고의 코소보 지역에서는 소수민족에 대한 인종 청소작업이 벌어져 수만 명이 집단 살해되기도 했다.

이 같은 반인륜적인 이기적 자기 사랑을 꺾는 길은 오직 성령의 능력뿐이다(갈 5:16). 성령이 아니고서는 인간의 돌같이 굳은 마음을 아무것도 녹일 수가 없다(참조, 겔 36:26). 성령으로 회개하고 자기를 부인하며 자기 십자가를 달게 지고 고난을 인내할 수 있어야 자기 사랑을 버릴 수 있는 것이다. 또한 종말론적으로 볼 때, 하나님은 그리스도가 피흘려 사신(행 20:28) 교회에게 성령을 보내 주시어 교회를 자기의 성전으로 삼으셨다. 성전의 목적이 하나님께서 임재하여 말씀으로 교제하시고 찬양과 예배를 받으시는 데 있으므로, 성전된 교회가 성령 충만한 가운데서 하나님과의 사귐을 갖고 하나님을 온전히 예배하는 것은 지극히 당연하다.

(4) 종교개혁의 신학적 전통상 필요

종교개혁자 칼빈과 그의 신학적 영향 아래 체계적으로 진술된 웨스트민스터 신앙고백은 경건의 신학의 진수요 영성 신학의 꽃이다. 칼빈은 개인적으로 많은 시련을 겪은 바 있었다. 신체적으로 각종의 질병, 예컨대 편두통과 사일열, 폐렴, 좌골신경통, 통풍, 치질, 위장병, 담결석 등으로 인하여 심하게 고통을 당하여 말년에는 죽음이 시시각각으로 다가오는 것을 느낄 수 있었다. 가정적으로는 결혼하여 5년여 만에 얻은 아들을 곧바로 잃게 되었고, 난산 끝에 그 아들을 얻은 아내는 산후 조리가 제대로 안 된 탓에 4년 정도 후유증에 시달리다 결국 죽음으로 해서 칼빈이 받은 상처는 너무나 컸었다. 뿐만 아니라 교회적으로도 제네바 시의회의 반대가 끊이지 아니하였고, 로마카톨릭 교회와 재세례파 및 자유주의 신학자들의 신학적 비난과 공격에 무척 시달려야 했다.

그럼에도 불구하고 칼빈은 하나님을 가장 선하시고 은혜가 많으신 아버지요 주님으로 알고 사랑하며 신뢰하고 순종하였다. 하나님으로 즐거워하고 만족했던 것이다. 그래서 그의 『기독교강요』의 중심 주제는 하나님을 아는 지식이고, 하나님 안에서 그리스도로 말미암아 성령의 감동으로 영생과 만족을 누리는 삶이 강조되어 있다.

칼빈의 신학은 경건의 신학이자, 또한 하나님의 말씀의 신학이요 기도의 신학이며 은혜의 신학이요 성령의 신학으로 알려져 있다. 그는 중세 베네딕트 수도사들의 말씀 묵상과 기도의 방법인 Lectio Divina를 활용하여 성경 말씀을 읽었고, 중세 교회의 가르침을 따라 기도를 믿음의 연습으로 이해하였다. 또한 그가 신구약성경 거의 전체를 주해하고 설교한 사실과 성경의 신적 권위와 무오성 등을 강조한 것은 하나님의 말씀인 성경을 묵상함으로 영생을 누리게 됨을 간파한 까닭이다. 그는 그의 건강 때문에도 그리고 상처뿐인 가정생활과 험난한 목회 활동을 인하여 한 순간도 뜨겁고 간절한 기도가 없이는 살 수가 없었기에, 그의 『기독교강요』에는 기도에 관한 부분(3권 20장)이 전체 80장 중 분량면에서 쪽수가 가장 많다. 그의 신학은 은혜와 성령으로 항상 가득 차 있다.

그러기에 그의 신학은 영성 신학의 꽃인 것이다. 그는 성령의 내적 사역으로 말미암은 믿음과 회개 그리고 성화와 칭의, 또한 구원의 확신 등을 『기독교강요』에서 체계적으로 설명하고 있으며, 예수님의 제자도의 핵심인 자기를 부인하고 십자가를 지는 삶과 내세를 묵상하는 가운데 이 땅에서 범사에 만족해 하면서도 검소하게 사는 삶을 동시에 강조하였다.

칼빈의 신학의 영향을 받은 웨스트민스터 신앙고백도 그것의 대소요리 제1문답이 보여 주는 대로 인생의 제일되는 목적을 하나님께 영광 돌리고 그를 영원토록 즐거워하고 만족하는 데 있음을 밝히 가르치고 있다. 이것이 영성 신학의 진수이다.

이로 보건대, 칼빈과 웨스트민스터 신앙고백의 신학적 전통을 이어 가는 데 있어서 영성 신학이 필요하다.

(5) 종교 혼합주의 현상 때문에 필요

최근에 뉴에이지 운동(New Age Movement)이 발달하면서 종교 다원주의 또는 종교 혼합주의 현상이 두드러지게 기독교 안에 퍼지고 있다. 특히 영성 신학과 관련하여 많은 교회들이 불교나 동양의 자연주의 사상과 손을 잡고 복식 호흡과 요가 또는 참선 등을 받아들여 영성 계발을 하고 있고, 명상의 기도 또는 관상기도 훈련을 시키고 있다. 또한, 하나님의 개념도 종교 다원주의 차원에서 해석하고, 성령도 일종의 기(氣)로 보는가 하면, 기도와 명상이 혼동되고 있다.

이같이 비기독교적이고 비성경적인 영성 계발을 예방하기 위해서뿐만 아니라, 교회의 성도들을 건전하게 영적으로 훈련시키기 위해서도 영성 신학이 필요하다.

(6) 일상생활상 필요

하나님은 우리의 삶의 주인이시다. 성령은 특별히 생명의 근원이시다. 성도는 때마다 일마다 하나님 앞에서 성령을 좇아 살아야 한다(갈 5:25; 6:8). 성령이 없으면 그리스도의 사람이 아니요, 그리스도의 사람이면 매일 범사에 성령의 인도하심을 좇아 행해야 마땅하다(롬 8:13-14).

성도는 세상의 소금이요 빛이며 왕 같은 제사장이요 복의 근원이다. 그래서 이 세상은 성도의 거룩한 사랑과 기도가 없이는 살아남을 수가 없는 것이다. 세상은 성도의 사랑과 기도를 필요로 하며 갈

망한다. 성령으로 충만한 성도의 사랑과 기도가 세상을 변화시킬 수 있다.[10]

소돔 고모라에 살던 롯에게는 아브라함의 사랑과 기도가 필요했고(창 19:29), 이스라엘 백성들에게는 모세의 중보기도가 필요했으며(출 17:9-12; 민 14:17-19), 욥의 세 친구들은 욥의 중보기도로 하나님의 용서를 받았고(욥 42:8-9), 이스라엘의 열왕들은 엘리야나 이사야와 같은 선지자들의 기도를 절대적으로 필요로 했다(왕상 18:41-46; 약 5:16-18; 사 37:4; 38:1-6). 이와 같이 세상은 지금도 성도들의 기도를 필요로 하기에 우리가 위해서 기도해야 하고(참조, 롬 13:1-3) 사랑으로 섬겨야 하는 것이다.[11]

(7) 영성에 대한 편견들 때문에 필요

첫째는, 영성에 대한 계층적 편견이 있다. 요즈음의 중산층의 사람들은 통제와 억제 그리고 지성적 논리를 중요시하여 감정을 자제하고 기도하는 것을 시간 낭비로 간주하는 경향이 있다. 그리고 일 곧 행동 자체를 중요시한다. 이로써 예배를 소홀히 하며 하나님과의 깊은 교제의 시간을 갖는 것을 무시한다. 그리고 일에 쫓겨 바쁘게 사는 것을 좋게 여긴다.

둘째는, 영적 훈련이나 개인적 신앙생활에 대한 편견도 있다. 영적 훈련을 자력 구원의 행위로 오해하여 거부한다. 그리고 하나님과의 개인적 만남을 반공동체적인 것으로 곡해한다. 그래서 성경을 읽고 옮겨 쓰는 훈련이나 산기도와 철야기도 훈련, 금식 훈련 그리고 각종 봉사 훈련을 율법적 행위로 오해하여 물리친다.

셋째는, 감정에 대한 편견이 있다. 감정주의와 건전한 감성을 혼

---

10) 에드워즈 헤이즈, 『네가 선 곳은 어디든지 거룩한 곳이니라』(한세), p. 19.
11) 『웨스트민스터 신앙고백』, 제23장 3항.

동하여 감성 자체를 혐오한 나머지 말씀선포와 기도와 찬송에 활력이 없고, 그래서 예배가 지나치게 단조롭게 되기도 한다.

(8) 한국교회의 신학적 양극화 현상 때문에 필요

일반적으로 말해서, 한국의 보수주의 교회들은 개인 구원을 역설하고, 자유주의 교회들은 사회구원을 각기 강조하는 성향이 있는 것으로 인식되어 있다. 그리고 오순절파 교회는 성령의 능력을 주로 강조하고 보수적인 장로 교회는 성령의 인도를 받는 삶을 강조하고 있다. 그래서 복음을 전체적으로 이해하지 못함으로써 영성이 한쪽으로 치우친다. 이제 한국교회는 균형잡힌 전체적(holistic) 영성이 필요하다.

보수주의 교회들은 개인 구원을 언급할 때 교회의 지체로서 구원을 얻는다는 사실뿐만 아니라 죄의 사회적 성격을 고려하여 사회 구조악으로부터의 구원과 질병과 재난으로부터의 구원 그리고 환경오염으로부터의 해방까지도 구원 개념에 포함시켜 강조할 필요가 있다. 한편 자유주의 교회들은 집단이기주의적이거나 인본주의적인 성격의 사회 구원을 지양할 뿐 아니라 개인의 신앙고백과 회심이 전제되는 그리스도의 신앙 공동체로서의 교회 안에서의 구원을 가르쳐야 한다.

그리고 보수적인 장로 교회나 오순절파 교회는 능력 영성과 생활 영성을 균형있게 가르쳐 성령의 능력과 은혜를 교회가 체험하므로, 성령의 능력 가운데서 성령의 열매를 맺어 하나님과 동행하는 삶을 살 수 있게 해야 한다.

4. 삼위 하나님과 하나님의 형상 면에서 본 영성

삼위 하나님의 동일 본질을 강조하여 성부, 성자, 성령이 동일 본질의 한 분 하나님이심을 앞세우는 서방 교회의 삼위 일체론과, 삼위 하나님의 각위의 고유성과 역동적 관계성(사랑의 교제, 코이노니아)를 강조하는 동방 교회의 삼위 일체론을 하나로 묶어서 말하자면, 성부와 성자와 성령 하나님은 본질에 있어서 영원성과 권능이 동일하시며 단일한 신성으로 통일(unity)을 이루되 사랑으로 서로 사귐과 섬김을 나누고 계시는 상호 교제의 관계적 공동체적 존재(a community of being)이시다.[12] 하나님은 도덕적·이성적이시되 인격적이시며 단일 인격(uni-personal)인 인간과는 달리 삼위(tri-personal)이시다. 인격적 존재이시기에 하나님은 인격적 사귐과 섬김이 필요하고, 따라서 성부와 성자와 성령 안에 위격간에 상호교제가 있으며, 이로써 서로 사랑하며 영화롭게 하신다(요 3:35; 15:10; 16:14).

하나님이 사랑이신 것은 그가 삼위일체 하나님이시기 때문이다.[13] 성부 하나님은 성자 하나님을 사랑하기 때문에 하늘과 땅의 모든 권세를 그에게 주셨고(마 28:18; 요 3:35) 또한, 그에게 심판권을 주어 세상이 그를 공경하게 하셨다(요 5:22-23). 성자는 성부를 영화롭게 하기를 즐거워하신 까닭에 자기를 십자가에 내어 주기까지 순종하셨다(요 12:27-28; 15:10; 17:4). 성부는 성자를 통해서 성령을 종말론적 선물로 보내 주시고(행 2:32-33), 진리의 영이요 보혜사이신 성령은 하나님의 택한 백성과 함께 하시고 그들 가운데 거하시며 그리스도의 가르침을 깨닫도록 인도하신다(요 14:16-17, 26; 16:13). 이렇듯 하나님은 삼위이시기에 사랑이시요 역동적인 상호적 교제의 통일체이시다.

삼위 하나님이 섬김과 사귐의 사랑의 하나님이시기에, 그의 형상

---

12) 참조, 기독교 영성신학연구소, 『기독교 영성 운동』(영성, 1999), pp. 129-131.
13) *The Complete Book of Everyday Christianity*, p. 951. S. V. "Spiritual Growth" by R. Paul Stevens.

으로 창조된 인간은 남자와 여자가 사랑으로 한 몸을 이루어 사귀며 섬길 때 온전한 사람이 되며(창 1:27; 2:24; 엡 5:31-32), 하나님의 성전인 교회도 성령의 하나되게 하심을 사랑으로 힘써 지켜야 교회다운 교회인 것이다(엡 4:2-3). 그리고 성도들에게는 서로 사랑으로 열심히 섬기며 용납하는 삶이 요구된다(롬 12:10-13).

삼위 하나님의 통일성은 그리스도인의 삶에서 이처럼 경험되어야 하는 아주 실제적인 사실이다. 그리스도인의 경험은 성부, 성자, 성령, 삼위 하나님의 사랑과 질서와 상호 의존에 참여하는 것이다.[14] 즉, 삼위 하나님의 사랑의 통일성의 신비가 그리스도인의 부부관계와 교회에서 경험된다. 제임스 휴스톤의 말을 빌리면, 삼위일체 하나님을 안다는 것은 자신을 이웃에게 내어 주는 것에서, 상호 의존함에서 한량없는 사랑을 베푸는 일에서 삼위 하나님을 본받아 행하는 것을 의미한다.[15] 그런 의미에서 혼인을 통하여 한몸을 이루는 부부와, 성령으로 그리스도와 신비한 연합을 이루고 있는 교회는 땅 위에서 삼위일체 하나님의 형상의 신비를 재현하고 있는 독특한 관계이자 공동체인 것이다.

요약하자면, 삼위 하나님이 섬김과 사귐의 사랑의 하나님이시기에, 그의 형상으로 창조된 인간도 하나님께 대해 열린 마음으로 그를 사랑하며, 이웃에 대해 열린 마음으로 자신을 이웃에게 내어 주며(요일 4:8-11), 자연에 대해서도 열린 마음으로 자연을 사랑으로 관리하며 살아야 한다. 인간은 무엇보다도 종교적 존재로서 하나님께 예배할 때 존재 가치를 발견하게 되어 있고, 사회적 존재로서 이웃을 사랑할 때 삶의 만족이 있으며, 권위적 존재로서 노동을 통해 자연을 잘 관리할 때 인간의 존엄성을 느끼는 것이다.

---

[14] 폴 스티븐스, 『현대인을 위한 생활영성』, 박영민 역(IVP, 1997), p. 101.
[15] 참조, 상게서, p. 101에서 재인용.

성자 하나님이 그의 모든 삶 속에서 성령의 충만과 권능 가운데 성부 하나님을 사랑하고 의지하며 순종하는 교제를 나눔으로 하나님의 영광을 드러내고, 그를 늘 즐거워하듯이 하나님의 형상으로 창조된 인간도 그의 모든 삶 속에서 성령으로 그리스도와의 신비한 연합을 이루어 성부 하나님을 사랑하고 순종하는 교제의 삶을 살되, 자신을 이웃에게 내어주고 서로 의지하며 사랑을 베푸는 일에서 삼위 하나님을 본받아 행하는 것이다(요일 4:12-13).

우리는 삼위 하나님과의 깊은 교제 속에서 역동적이고 열정적이며 생동력있게 하나님과 이웃과 자연을 사랑하며 사는 영성의 존재이다. 하나님의 형상으로 창조된 인간은 영적 생동감을 갈망하고 일상생활에서 하나님의 임재를 느끼고 싶어한다. 사랑이 그 갈망을 채워주는 것이다. 따라서 기독교적 영성은 오직 그리스도 예수 안에서 성령으로 충만하여 하나님 아버지와의 온전한 교제를 추구하는 전인적인 삶(holistic life)으로서[16] 하나님뿐만 아니라 이웃과 자연을 향하여 헌신하여 열정적으로 사는 삶이다.

---

16) 기독교 영성신학 연구소, 『기독교 영성 운동』, p. 123.

제2장

하나님의 경험과 영성

하나님과의 친밀한 사랑의 관계를 통해서 우리는 하나님을 경험하게 된다. 이 사랑의 관계는 성령의 사랑의 띠로 그리스도 안에서 아버지 하나님을 앎으로 이루어지는 것이다. 이로써 영생을 온전히 누린다. 블랙가비와 킹은 하나님을 경험하는 방법을 우리에게 잘 가르쳐 주고 있고, 라이스는 하나님의 경험의 종류와 그것의 공통된 특징을 요점적으로 그의 『개혁주의 영성』에서 잘 소개하고 있다.

1. 하나님을 경험하는 방법[1]

(1) 하나님은 우리 주위에서 일하고 계신다

초연신론(deism)의 주장처럼 하나님이 천지를 창조하셨으나, 지금은 자연의 법칙과 원리에 따라 천지가 스스로 움직이게 방임한 것

---

[1] 참조, 헨리 블랙가비·클로드 킹, 『하나님을 경험하는 삶』, 문정민 역(요단출판사, 1997), pp. 72-88.

이 아니다. 창조주 하나님은 지금도 천지의 모든 일들과 역사 전반을 적극적으로 주관하고 계시기 때문에, 사람의 눈에는 우연하게 보이는 일조차도 하나님의 뜻과 무관한 것이 하나도 없는 것이다. 공중의 새도 하나님이 기르시고, 들의 백합화도 하나님이 꽃을 아름답게 피게 하신다(마 6:26-30).

특별히 하나님은 잃어버린 영혼을 구원하기 위해서 항상 우리 주위에서 일하고 계신다. 요셉이 형들의 시기로 미움을 받아 애굽으로 팔려가게 된 일이나, 그가 거기서 보디발의 아내의 무고로 감옥에 갇히게 된 일이나, 7년 동안 큰 기근이 애굽과 지중해 연안 지역에 있게 된 일등은 야곱과 그의 자손들의 생명을 구원하기 위하여 하나님이 일하고 계신 것이었다. 그래서 요셉은 형들이 자기를 애굽으로 팔았으나 실은 하나님이 형들의 생명을 구하려고 먼저 자기를 보내었다고 간증했다(창 45:4-8). 그리고 모세의 경우도, 그가 장성한 후에 히브리 민족의 고생하는 일에 관심을 갖다가 애굽인을 쳐죽인 일이 탄로나 미디안 광야로 피신하여 살게 된 일이나(출 2:11-15), 애굽에서 히브리인들의 고역이 심하게 된 일은 하나님의 뜻이었다. 하나님은 그때에도 아브라함과 이삭과 야곱과 맺은 언약을 신실하게 기억하고 일하셨던 것이다(출 2:23-25).

하나님은 우리 주위에서 항상 계속 일하고 계신다. 하나님을 믿는다고 하는 사람들의 가장 큰 비극 중의 하나는, 그들이 하나님을 경험하기를 갈망하고 있으면서도 자기들이 매일 하나님을 경험하고 있다는 사실을 인식하지 못하고 있는 점이다. 하나님과의 친밀한 사랑의 관계 속에 있으면 하나님의 하시는 일 하나하나를 섬세하게 느낄 수 있는데, 그 사랑의 관계를 잘 유지하지 못한 것이 비극의 원인인 것이다.[2]

---

2) 상게서, p. 97.

중국 선교 여행을 하던 한 성도의 간증에 의하면, 그 성도의 일행은 선교지에 성경과 전도지를 공급하려고 큰 가방에 넣어 가지고 가게 되었는데, 그들이 타려고 예약해 놓은 비행기의 좌석이 모자라 그들은 다른 비행기를 탈 수밖에 없었다. 승객 좌석수보다 더 많은 티켓을 발매한 항공사 측이 사과하는 뜻으로 그 일행에게 일등석을 제공해 줌으로 해서, 그들의 가방이 일등석 승객의 짐으로 취급되어 검색을 면제받아 무사하게 성경과 전도지를 갖고 갈 수 있게 되었다고 한다. 그 선교 여행팀은 하나님께서 지금도 자기들을 위하여 섬세하게 일하고 계심을 경험하고 하나님께 큰 감사를 드리게 된 것이다. 하나님을 사랑하고 그의 일에 관심을 갖고 사는 성도는 하나님이 하시는 일을 통해서 하나님을 친밀하게 경험하는 것이다.

우리가 성령의 은사와 관련하여 생각해 보면, 성령께서는 성도에게 자기의 뜻을 따라 은사를 나누어 주신다(고전 12:11). 이렇게 은사를 나누어 주심으로써 하나님은 성도가 성령의 임재, 곧 하나님이 성도 안에서 그리고 성도를 통하여 일하고 계심을 느끼게 하신다.[3] 하나님은 접근하기 어려운 분이 아니고, 우리와 항상 함께 하시며 사랑을 나누기를 좋아하시는 친근한 분이시다(참조, 창 28:15; 48:15; 사 49:15-16). 우리의 평생에 선하심과 인자하심으로 항상 함께 하신다(시 23:6). 사랑하면 가난해도 병들어도 힘들고 어려워도 항상 기뻐하고 감사할 수 있는 것이다(빌 4:10-13).

(2) 하나님은 사랑의 관계를 추구하신다

하나님이 사람을 창조하신 것은 사랑의 관계를 위해서였다. 그래서 예수 그리스도를 십자가의 희생제물로 삼아 하나님은 자기의 사랑

---

3) 상게서, p. 102.

을 확증하셨고(요 3:16; 롬 5:8), 우리에게 몸과 마음과 뜻과 정성을 다해 자기를 사랑하라고 명하셨다(신 6:5; 마 22:37). 우리와 사랑의 친밀한 관계를 맺으신 하나님은 그 관계가 실질적이고도 개인적으로 지속되기를 원하시는 것이다.[4] 그래서 자기 백성과 언약을 맺으시고, 하나님을 알되 힘써 알라고 하신다(호 6:3).

하나님이 아브라함이나 모세를 친구처럼 대하신 것이나(약 2:23; 대하 20:7; 출 33:11; 민 12:8; 신 34:10), 예수님께서 자기의 제자들을 친구로 여기신 것은(요 15:14-15) 하나님의 개인적인 사랑의 관계를 웅변하고 있다. 사실 아브라함은 하갈과 이스마엘의 문제로 하나님 앞에서 크게 실수한 바 있고(창 16장) 모세도 므리바의 물 사건으로 인하여 하나님의 영광을 가리운 일이 있었으나(민 20:10-13), 하나님은 아브라함의 중보기도를 들으시고 소돔과 고모라가 멸망되던 중에서 롯을 구했으며(창 19:29) 모세를 끝까지 친구처럼 대하여 주셨다(신 34:10). 하나님은 이스라엘 백성이 "범죄한 나라요 허물진 백성이요 행악의 종자요 행위가 부패한 자식"이었으나(사 1:4), "내가 너를 택하고 싫어 버리지" 아니하였고(사 41:9) "내가 너를 보배롭고 존귀하게 여기고 너를 사랑"(사 43:4)하고 나의 영광과 찬송을 위하여 지었다고 선언하셨다(사 43:7, 21). 여인들이 자기의 젖먹이를 혹시 잊을지라도 하나님은 결코 잊지 아니하시는 것이다(사 49:15).

예수님은 가룟 유다까지도 끝까지 사랑하셨고(요 13:1) 자기를 버리고 물고기 잡으로 도망친 베드로를 만나셔서 물고기를 많이 잡게 해주고 식사도 먹게 하시면서 사랑을 확인하셨다(요 21:15-17). 이렇듯 하나님이 우리와 실질적이고도 개인적인 사랑의 관계를 지속적으로 추구하고 계심을 알 때 우리가 하나님을 친밀하게 경험하게 된다.

---

4) 상게서, pp. 105-106.

(3) 하나님이 주도하신다

하나님이 자기의 일에 참여하도록 우리를 초청하고 계심을 알 때 우리가 하나님을 경험한다. 하나님은 천지의 창조주이시기 때문에 주도적으로 역사를 시작하실 권세가 있다. 그래서 우리를 향한 하나님의 소원은 우리를 있던 자리에서 이끌어내어 그가 일하시는 곳으로 끌어들이는 것이다. 예를 들면, 요셉에게 해와 달과 열한 별이 자기에게 절하는 꿈을 꾸게 하신 하나님은 그 꿈 때문에 요셉을 애굽으로 팔려가게 하기도 하셨으나, 하나님이 큰 구원을 위하여 요셉의 인생을 주도하셨음을 그는 깨달았다(창 45:5-8). 모세의 경우도 하나님이 모세에게 명하여 바로에게로 보내실 때, "너로 내 백성 이스라엘 자손을 애굽에서 인도하여 내게 하리라"(출 3:10)고 말씀하신 대로 하나님은 이스라엘 백성을 구원하는 일에 모세가 참여하도록 주도하셨다.

하나님은 이처럼 사랑의 관계를 주도하실 뿐만 아니라, 하나님의 역사에 동참시키려는 초청도 주도하신다. 사람과 의논하여 하나님이 일하는 것이 아니고, 스스로 역사를 주도하시고 사람을 동참시키신다. 하나님이 역사의 주체요 중심이신 것이다. 그래서 우리가 하나님 중심으로 살다 보면, 하나님이 기뻐하시는 일을 알고 하나님의 일을 하고 싶은 마음도 생겨 하나님을 경험하게 된다(빌 2:13).[5]

바울의 경우, 하나님이 그를 이방인의 사도로 부르셨다(갈 2:8; 행 9:15). 그래서 하나님은 성령으로 충만케 하시고 권능을 주어 안디옥 교회의 파송을 받아 이방인 선교에 나서게 하셨고(행 13:1-3), "로마에서도 증거하여야 하리라"(행 23:11, 참조, 행 19:21)고 부탁하여 로마에까지 가서 복음을 전하게 하셨다(행 28:30-31).

---

5) 상게서, p. 139.

우리가 하나님을 경험하려면 하나님 중심으로 살아야 한다. 요셉이나 모세의 종 여호수아처럼, 하나님을 신뢰하고 하나님의 능력을 의존하여 하나님 앞에 겸손하고 하나님의 역사에 초점을 맞추어 살며 하나님의 나라를 먼저 구하고 하나님의 눈으로 세상의 되어지는 일을 바라보며 거룩하고 경건하게 살아야 하는 것이다.[6] 즉, 자기를 부인하고 날마다 자기 십자가를 지는 삶을 살아야 한다.

자기 중심적으로 살면 결코 하나님을 경험할 수 없다. 하나님 중심이 아닌 자기 중심의 삶은 초점이 자기에게 맞추어진 인생이다. 자기 자신과 자신이 이루어 놓은 일에 대해 항상 자랑하고, 자기를 신뢰하며 자기의 능력에 의존하고 자기를 높이며 사람의 눈으로 세상 되어지는 일을 보고 이기적이고 탐욕적인 삶을 사는 것이다.[7] 이 같은 자기 중심적 삶은 예수님의 마음과 거리가 멀고 하나님을 멀리하는 탓에 처음부터 하나님을 경험할 수가 없는 것이다.

하나님의 주도적 인도하심을 명확하게 하려면 말씀묵상과 기도와 주위 환경이 일치되어야 한다. 기도와 하나님의 말씀과 믿음으로 하나님과 동행하는 삶을 산 19세기의 조지 뮬러의 경우, 그는 먼저 하나님께 기도했다. 그는 하나님의 말씀을 읽으며 묵상하고 하나님의 응답을 인내하며 기다렸다. 성령님이 말씀을 통해 가르쳐 주시기를 기다렸다. 그리고 나서 신중하게 판단하여 마음이 계속 평안하면 실천에 옮겼던 것이다.[8]

(4) 하나님이 말씀하신다

하나님은 자신과 자신의 목적과 길들을 보여 주기 위하여 성령을

---

6) 상게서, p. 128.
7) 상게서, p. 129.
8) 상게서, pp. 140-143.

통해서 성경 말씀, 기도, 환경 그리고 교회를 방편으로 하여 말씀하신다. 그리고 이렇게 말씀하시어 하나님의 일에 동참하도록 우리를 초청하시는 것이다. 하나님은 지금도 성령을 통해서 말씀하시는데, 성경말씀과 기도와 환경 그리고 교회 가운데 어느 한 가지 방편만으로 말씀하시기보다는 여러 방편들이 서로 일치하게 말씀하신다.

성경의 말씀을 듣는 귀는 하나님을 사랑하는 자에게만 열린다(요 5:39-42). 하나님의 음성을 듣고 알게 되는 비결은 목자와 양의 관계처럼 하나님 아버지와의 친밀한 사랑의 관계를 지속적으로 갖는 것이다(요 10:27). 그러므로 하나님은 우리에게 자기의 일에 동참하도록 초청하기 전에 더 깊은 사랑의 관계가 무르익도록 우리를 준비시킨다.[9] 예수님이 예루살렘 성전에 올라가 하나님 아버지의 일을 하게 된 것은 열두 살 때였으나, 하나님이 그를 위해 계획하신 일을 시작하게 된 것은 삼십 세쯤 되었을 때였다. 하나님은 이와 같이 사랑의 관계가 무르익게 한 연후에 자기의 일에 대해 동참하도록 말씀하시는 것이다.

하나님이 우리의 주위에서 일하고 계심을 깨달아 그를 경험하는 데는 두 가지 중요한 요소가 있다. 첫째는, 우리가 하나님과의 친밀한 사랑의 관계 속에서 살고 있어야 한다. 둘째는, 하나님이 우리의 영적인 눈을 성령을 통해 열어서 하나님이 지금 어디서 무슨 일을 어떻게 하고 계시는지를 우리가 볼 수 있어야 한다. 하나님이 어디서 무슨 일을 지금 하고 계시는가를 알면, 그것이 바로 하나님의 일에 우리더러 동참하라고 하는 초청의 말씀인 것이다.[10] 이때 하나님을 경험하게 된다.

며칠 전 한 여집사가 상대방의 과실로 인하여 교통사고로 병원에

---

9) 상게서, p. 147.
10) 상게서, p. 151.

입원하게 되었다. 가해자와 보험회사는 보상금이나 치료비 부담을 줄일 생각으로 그 여집사에게 꾀병을 부린다고 윽박지르는 등 마음까지 아프게 했다. 몸이 아픈데다 마음까지 아프니 하나님께 불평하게 되었다. 자신이 서글펐다. 그때 그는 자기 병실에 45일 동안이나 귓병으로 입원해 있는 일곱 살 난 어린 환자가 음료수 하나를 받아들고서는 무릎 꿇고 하나님께 감사 기도 드리는 것을 보았다.

그런가 하면, 그 아이의 할머니는 그 병실의 다른 환자들을 열심히 돌봐 주고 있었다. 그 아이의 믿음이 감동적이었다. 그래서 자기를 방문해 온 교회 사모님에게 그 아이를 소개하며 하나님이 저런 아이를 꼭 치료해 주시면 좋겠다고 말씀드렸다. 교회 목사는 자기 부인의 말을 듣고 하나님이 그 아이를 사랑하고 있다는 생각이 들자, 곧바로 그 아이를 더 좋은 병원으로 옮겨 수술을 받을 수 있게 도와주었다. 하나님의 사랑의 손길을 모두가 경험하게 된 것이다.

(5) 하나님은 하나님의 사람들에게 말씀하신다

하나님은 우리에게 말씀하실 때 믿음의 결단을 요구하신다. 하나님을 좇으려면 믿음의 결단이 필요하다. 여기에는 심한 갈등이 있을 수 있고 그 갈등은 의외로 사소한 일에서 생겨난다. 위에서 소개한 어린 환자를 구제하는 일의 경우, 교회 목사는 자기 부인의 이야기를 듣자 그 아이의 이름도 얼굴도 모르면서 어떻게 도울 수 있겠는가 하며 처음에는 부정적인 반응을 보였다. 그러다가 이틀을 보냈다. 그 아이는 타의로 병원에서 퇴원하게 되었다. 이제는 누군가가 도와주지 않으면 치료받을 기회를 놓쳐 곧 죽을 수도 있게 된 것이다. 그 목사는 갈등을 겪게 되었다. 새벽기도회를 마치고 집으로 돌아와 결단을 내렸다. 그리고는 시골에 가 있던 그 아이를 찾아내어 다른 병원으로 입원시키고 수술비용을 부담했다.

이스라엘 백성을 애굽에서 건져내는 데 동참하라는 하나님의 초청을 받은 모세는 믿음의 갈등에 빠졌다. "내가 누구관대 바로에게 가며 이스라엘 자손을 애굽에서 인도하여 내리이까?"(출 3:11) "내가 이스라엘 자손에게 가서 이르기를 너희 조상의 하나님이 나를 너희에게 보내셨다 하면 그들이 내게 묻기를 그의 이름이 무엇이냐 하리니 내가 무엇이라고 그들에게 말하리이까?"(출 3:13) "주여 나는 본래 말에 능치 못한 자라 나는 입이 뻣뻣하고 혀가 둔한 자니이다"(출 4:10), "주여 보낼 만한 자를 보내소서"(출 4:13). 이렇듯 모세는 많은 핑계들을 나열했다. 그가 이렇게 갈등에 빠진 것은 자기의 능력을 의심했다기보다는 하나님을 의심했기 때문이다. 그러나 그는 곧 자기를 희생하고 믿음의 결단을 내려 하나님의 백성과 함께 고난받는 일에 동참하였다(참조, 히 11:24-29).

하나님이 말씀하실 때 거기에는 네 가지의 중요한 요소가 있다.[11] 첫째, 하나님이 말씀하실 때 말씀을 받는 개인에게 독특하다. 하나님은 자기의 음성을 개인적으로 듣기를 원하시기 때문에 그 개인에게는 독특할 수밖에 없다. 여기서 중요한 것은 하나님이 어떻게 말씀하셨는가 하는 것이 아니고, 하나님이 말씀하셨다는 그 사실 자체이다.

둘째, 말씀하신 분이 바로 하나님이셨음을 안다. 그 개인에게 말씀하시는 하나님을 만난 것이다. 셋째, 말씀을 받은 그 개인은 하나님이 무슨 말씀을 하시는지 안다. 모세의 경우, 그가 그토록 많은 핑계들을 댄 것은 하나님이 자기에게 무슨 말씀을 하신지 알았기 때문이다. 하나님은 수수께끼를 내지 않고 알기 쉽게 말씀하시는 것이다. 넷째, 하나님이 말씀하는 때가 곧 하나님과의 만남의 시간이다. 하나님이 성령님으로 성경 말씀, 기도, 환경 그리고 교회를 통해서 말씀하시면 그것이 바로 하나님과의 만남인 것이다.

그런데 하나님의 말씀을 듣는 열쇠는 사랑의 관계이다. 사랑의 관

---

11) 상게서, pp. 167-169.

계 속에서만 하나님의 말씀을 듣고 알 수 있는 것이다.[12] 하나님과의 친밀한 사랑의 관계 이외에는 다른 길이 없다. 기적을 통해서도 아니고, 어떤 공식을 통해서도 아니다. 어떤 다른 특별한 방법이 있는 것도 아니다.

(6) 하나님의 뜻에 맞게 조정한다

하나님은 우리에게 말씀하실 때 자신을 계시하실 뿐 아니라 자신의 목적과 길들을 분명하게 나타내 보이신다. 그러므로 우리가 하나님의 역사에 동참하기 위해서는 우리의 인생을 하나님의 뜻에 맞게 조정해야 한다. 하나님의 생각과 뜻과 요구에 우리의 삶을 조정하여 맞춤으로써 하나님의 일에 동참할 때 하나님을 만난다.

아브라함은 자기의 고향 친척 아비 집을 떠나 자기의 삶의 터를 바꾸었고(창 11:31-12:5), 모세는 미디안 광야를 떠나 애굽으로 되돌아가야 했으며(출 4:19-22), 아모스는 뽕나무 밭을 떠났고(암 7:14-15), 요나는 니느웨에 대한 편견을 버렸으며(욘 3:1-3; 4:1-2, 9-11), 베드로는 배를(마 4:18-22), 마태는 세관을 떠났다(마 9:9). 우리도 직장, 환경, 인습, 편견 그리고 삶의 계획에 있어서 획기적인 조정이 필요할 때가 있다.[13] 이제는 우리 자신이 우리의 주인이 아니고 그리스도가 주인이시기 때문이다(갈 2:20).

누가복음에 나오는 한 부자 청년의 경우, 그는 영생을 얻기를 원했으나 예수님의 말씀에 맞추어 자신의 인생을 조정하기를 원하지 않았다(눅 18:18-27). 그에게는 돈과 부귀가 더 중요했다. 예수님은 그가 돈을 사랑하면서 동시에 하나님을 사랑할 수 없다는 것을 아셨

---

12) 상게서, pp. 172-176.
13) 상게서, p. 288.

던 것이다(마 6:24). 그래서 재물을 버리라고 요구하신 것이다. 그러나 그 부자 청년은 필요한 조정을 거부함으로써, 영생을 경험하고 예수님을 만나는 기회를 놓쳤다.

(7) 하나님과의 만남은 순종을 요구한다

우리가 하나님께 순종하고 하나님이 우리를 통해서 자신의 일을 성취하실 때, 우리는 경험으로 하나님을 알게 된다. 우리가 하나님을 따르기로 믿음으로 결단하여 우리 자신을 하나님의 뜻에 맞게 조정하였으면 우리는 하나님께 순종해야 한다. 하나님께서 말씀하신 대로 우리가 순종하면 하나님은 우리를 통해서 자신의 뜻과 목적을 이루신다. 모세는 하나님께 순종함으로써 하나님을 경험하였고 하나님은 모세를 통해서 이스라엘을 구원하셨던 것이다(참조, 출 14:15-31).

우리는 우리가 있던 자리에 계속 머물러 있으면서 하나님과 동행할 수가 없다. 우리가 하던 방식대로 해가지고는 하나님의 목적을 하나님의 방법으로도 이룰 수가 없다. 하나님께 순종하지 않고서는 결코 안 된다. 이는 순종이 사실상 하나님께 대한 사랑의 외적 표현이기 때문이다. 사랑하기에 순종하는 것이다.[14] 그러므로 우리가 하나님을 사랑하고 순종할 때 하나님을 경험하게 된다.

아브라함은 하나님이 그의 본토 친척 아비집을 떠나라 할 때 순종하여 떠났고(창 12:1-4) 장래 기업으로 받을 땅으로 나갔다(히 11:8). 그는 또한 하나님이 독자 이삭을 제물로 바치라 할 때 하나님을 사랑하고 경외하여 순종함으로 바쳤다(창 22:12-18). 모세의 경우 그가 이스라엘 백성을 애굽에서 이끌어 내던 때 앞에는 홍해가 가로막고 있고 뒤에서는 애굽 군대가 추격하고 있으며 이스라엘 백성은

---

14) 상게서, p. 297.

두려움에 떨었으나, 하나님의 말씀대로 순종하자 홍해가 갈라지고 그 백성이 마른땅을 건너듯 행진할 수 있었다(출 14:10-25; 요 14:23). 모세와 이스라엘 백성이 권능의 하나님을 몸소 체험했던 것이다.

예수님도 말씀하시기를, "너희가 나를 사랑하면 나의 계명을 지키리라…나를 사랑하지 아니하는 자는 내 말을 지키지 아니하나니 너희 듣는 말은 나를 보내신 아버지의 말씀이니라"(요 14:15, 24)고 하셨다. 이로 보건대, 순종은 하나님을 향한 우리의 사랑의 표현이요, 순종과 사랑에 대한 보상은 하나님이 자신을 우리에게 계시하신 일이며, 순종하는 데 만일 문제가 있다면 그것은 우리에게 사랑이 부족하기 때문이요, 그러기에 하나님을 사랑한다면 하나님에게 순종하는 것이다. [15]

순종은 우리가 원하는 방식을 따라 하는 것이 아니고 하나님의 말씀과 계명대로 해야 한다. 성경 말씀을 통해서, 기도 가운데, 주위의 환경이나 사람들을 통해서 그리고 교회를 통해서 말씀하신 바 이미 계시되어 있어서, 우리가 이미 알고 있는 하나님의 뜻을 행하는 것이 참된 순종이다. 예컨대 하나님이 주신 십계명을 따라 하나님을 사랑하고 이웃을 먼저 생각하며 섬김과 사귐을 나누어야 하고, 자기를 부인하며 날마다 자기 십자가를 지고, 육체와 함께 정과 욕심을 십자가에 못박으며, 형제 자매들과 화목하고, 세상 모든 족속을 예수님의 제자로 삼는 데 참여하는 것이 바로 하나님이 기뻐하시는 순종이다. [16] 순종을 통해서 하나님께 대한 우리의 사랑과 진실이 드러나며, 우리가 하나님을 만나 그를 경험하였는지의 여부도 드러나는 것이다. 하나님께 순종하지 아니하면 결국은 하나님을 경험하지 못하게 된다.

---

15) 상게서, p. 298.
16) 상게서, p. 299.

2. 하나님 경험의 종류[17]

그리스도인이면 누구나 하나님의 자녀이자 성령의 전이기 때문에, 하나님과의 친밀하고 생동감이 있는 관계를 가지고 있다. 그래서 하나님의 임재와 성령의 충만함 그리고 그리스도가 우리 안에 살아 계심을 피부로 실감하며 살고 싶어한다. 하나님이 우리와 함께 계신다는 것을 실감하는 경험은 그 자체가 우리에게 축복이요 능력인 것이다.[18]

하나님의 임재를 경험한다고 하는 것은 현재의 시공간에서 우리의 감각으로 경험할 수 있는 것보다 훨씬 더 많고 다양하며, 지식적이거나 합리적이며 관념적인 것이라기보다는 우리의 마음을 강하고 깊게 감동시키는 역동적인 것이다. 사이비 종교 집단은 모든 신자들이 동일한 유형의 종교적 경험을 하고 획일적인 표현을 사용하여 그 경험들을 말할 것을 요구하지만[19] 하나님 경험의 종류는 다양하다.

하나님은 우리와 깊은 사랑의 친밀한 교제를 나누고자 하시는 사랑의 하나님이요, 우리와 함께 동행하시기를 기뻐하시는 임마누엘 하나님이시며, 우리의 기질과 삶의 정황에 따라 우리를 인도하시는 다정다감하신 지혜로운 하나님이시다. 이 하나님이 우리 주위에서 항상 일하시고, 사랑의 관계를 추구하시고, 성경말씀과 기도와 환경과 교회를 통해서 성령으로 말씀하시며, 자기 자신과 자신의 뜻을 확실하게 나타내 보이시고 거기에 맞게 순종할 것을 요구하신다. 우리는 우리의 좋으신 하나님께 사랑으로 반응하여 결단하고 순종함으로써 하나님을 다양하게 경험하는 것이다.

---

17) 참조, 하워드 L. 라이스, 『개혁주의 영성』, pp. 40-48.
18) 상게서, p. 29.
19) 상게서, p. 38.

(1) 회심의 경험

하나님의 영광과 위엄과 거룩하심을 대면하고, 그리스도의 십자가의 보혈의 은혜와 하나님의 사랑을 성령의 깨우침을 통해 마음으로 깊이 깨닫게 되면 우리의 삶은 뿌리째 흔들리는 근본적인 변화를 경험하게 된다. 이것이 회심의 경험이다. 이 회심은 그리스도인의 변화의 삶의 시작 단계에서 경험될 뿐 아니라, 점진적 성화의 전과정에서 지속적으로 경험되는 것이다.

그리고 이 경험은 성령의 극적인 역사로 말미암아 삶이 급진적으로 방향을 전환하며 뒤집어지는 경우가 있는가 하면, 하나님의 은혜를 점진적으로 깊이 깨달아 변화를 경험하기도 하고, 모태 신앙이 성숙하여 자연스럽게 새로운 삶의 변화를 경험하기도 한다. 예컨대, 바울은 다메섹으로 가는 도상에서 급진적인 회심을 경험했고(행 9:1-9), 에베소 교회의 성도들은 하나님의 말씀을 체계적으로 배우는 가운데서(행 19:8-10; 20:31) 변화를 받았으며, 디모데는 모태신앙이 있어서 성경을 배우는 가운데 자연스럽게 변화를 경험했다(딤후 1:5; 3:14-15).

이 회심의 경험은 마음이 뜨거워지고 죄를 회개할 뿐 아니라 깨끗한 몸과 마음으로 하나님을 예배하며 하나님과의 친밀한 관계를 지속하고 싶어하는 까닭에, 매일의 삶에서 회개에 합당한 열매 곧 복음에 합당한 열매인 진실함과 의로움과 착한 행실을 나타내 보인다. 하나님의 사랑을 알고 하나님을 사랑하면, 사랑하기 때문에 하나님의 영광과 이름을 위해 선행을 힘쓰게 되는 것이다. 사랑을 실천하는 선행을 통해서 하나님을 감동적으로 경험한다.

(2) 황홀한 경험

성령은 우리가 하나님의 말씀에 감동되고 열심과 간절함으로 기도하며 영혼 깊은 곳에서부터 찬양할 때 극적으로 죄용서의 은혜와 방언 또는 질병의 치유 등을 체험케 하여, 우리가 평소에 전혀 느껴 보지 못한 황홀한 감정 속에서 하나님의 임재를 느끼게 한다. 고넬료의 가정은 베드로의 말씀을 들으면서 성령의 세례를 받고 방언하며 하나님을 높이 찬양하는 일이 있었고(행 10:44-46), 에베소교회에서는 바울의 손으로 희한한 이적을 행하심으로 많은 병자들이 고침을 받았다(행 19:6-12).

이 같은 황홀한 경험은 때로는 영적 교만을 낳을 수가 있다. 고린도 교회는 방언의 은사를 받자 질서없이 방언을 자랑삼아 하려 했으므로, 바울은 그들을 자제시켜 적당하게 질서대로 하라고 권하였다(고전 14:40). 특히, 어떤 사람들은 자신의 은사경험을 지나치게 자랑하려 하는데, 그렇게 되면 다른 성도들이 거부반응을 보일 수가 있어 교회가 형제 사랑이 식어지는 것이다(참조, 고전 14:26).

그러나 어떤 교회나 성도들은 성령의 황홀한 은사 체험을 통해서 느끼는 감정에 대해 혹시 감정주의의 오류에 빠지는 것이 아닌가 하고 두려움을 갖거나 염려하는 경우가 있다. 이 같은 염려와 두려움 때문에 어떤 성도들이 성령의 은사에 대해 그리고 황홀한 경험에 대해 소극적이 되거나 마음의 문을 닫고 회피한다.

(3) 시각적 · 청각적 경험들

바울이 다메섹 도상에서 하늘로부터 자기의 이름을 부르는 예수님의 음성을 듣는다든지(행 9:4), 스데반이 순교하던 때 하나님 우편에 예수님이 서 계시는 것을 본다든지(행 6:35), 베드로가 욥바 피장이의 집에서 기도하던 때 보자기 안에 부정한 짐승들이 담겨 있는 환상을 본 것처럼(행 10:9-16), 다소 드물기는 하지만 신령한 음성들을 듣고 환상들을 보며 꿈을 꾸는 수가 있다. 그리고 이러한 음성과 환상은 말씀을 묵상하며 기도하는 중에 듣고 보기도 하나 꿈에

경험하기도 한다.[20]
 그러나 이 같은 극적 경험은 정신 질환으로 인하여 현실과 환상을 혼동하거나 사탄에 의해 조작될 수도 있다. 그래서 시간을 두고 하나님의 말씀을 묵상하고 기도하는 중에 점검할 필요가 있는 것이다.

 (4) 직관적 경험

 하나님께서는 성령을 통해 말씀하시되, 성경 말씀과 기도와 환경과 교회를 방편으로 삼아 하신다. 이 네 가지의 방편들을 일치하게 다 사용하시지만 특별히 어느 한 방편을 두드러지게 사용하시고 나머지 방편들이 자연스럽게 뒷받침하게 하는 수가 있다.
 어떤 청년 성도가 불신 부모로부터 절연(絶緣)을 선언당하게 되자, 크게 신앙이 흔들리거나 불안해 하지는 않았지만, 학교 등록금과 생활비 등을 해결할 길이 망막했다. 그는 어떻게 해야 할지 방법을 알 수 없어 당혹스러울 수밖에 없었다. 그런데 바로 며칠 사이로 미국으로부터 한 통의 편지와 천 달러의 수표를 받게 되었다. 그 편지와 수표를 보낸 미국의 여자 성도는 그 청년과는 아무런 연관도 없는 분이었다. 그 여자 성도는 자기가 출석하는 교회가 후원하는 선교사의 편지와 소식에서 그 청년에 대해 알고서 성령의 감동으로 그 청년을 돕게 된 것이다. 그 청년은 그분의 편지와 수표를 받고서 직관적으로 살아 계신 여호와이레 하나님을 크게 경험하였다. 그 청년은 그 때 경험한 여호와이레 하나님의 사랑에 크게 감동되어 신학교에 진학하여 훗날 신학교 교수가 되어 하나님께 헌신하였다.
 어떤 한 여성도는 결혼할 상대를 놓고서 하나님께 오래도록 기도해 오던 중, 그 청년이 어느 날 갑자기 자취를 감추어 수소문하여 찾

---

[20] 상게서, p. 44.

고 보니 문둥병에 걸려 있어서 참으로 난감하였다. 그는 계속적으로 기도하면서 결단을 내리려 했으나 어떻게 해야 좋을지 알 수가 없었다. 아니, 결단을 내리는 것이 성경적이요 신앙적인 줄을 알면서도 주위 사람들의 만류로 마음이 흔들렸던 것이다. 그때 그는 한 신학교 교수를 찾아가 상담하고 그분의 지도를 마지막으로 받아 보는 것이 하나님의 뜻이라고 문득 생각되었다. 그 교수는 상담하는 중 성령에 크게 감동된 어조로 그 문둥병 걸린 청년과 결혼하는 것이 참으로 하나님 보시기에 아름답다고 말씀해 주었다. 그 처녀 여성도는 그때 하나님이 그 교수를 통해 말씀하고 계신다는 것을 그 자리에서 직관적으로 깨닫고 결단하여 그 청년을 설득시켜 마침내 결혼하였다. 그리고 그 청년은 몇 년이 못되어 문둥병이 완치되었다.

직관적 경험들은 이렇듯 갑작스럽게 어떤 사람을 만나게 된다든지, 아니면 어떤 꿈이나 사건을 통해서 하나님을 감동적으로 만나게 되는 경우이다. 이 같은 경험들은 성경말씀을 통해서 하나님이 함께 하시어 되어진 것임이 검증될 필요가 있다. 그렇지 아니하면 하나님이 하신 일을 우연의 일치로 돌리기 쉽다.

(5) 경이로운 경험

비온 후 파란 하늘에 영롱하게 떠오른 일곱 색깔의 무지개, 맑고 높은 하늘에 구름 몇 조각이 지평선에 흩어져 있고 그 사이에 걸쳐 있는 석양의 노을, 백두산의 천지와 금강산의 절경 그리고 미국의 그랜드 캐년 같은 자연의 신비로운 장관 등을 보게 되거나, 베토벤, 쇼팽, 슈베르트, 바흐 등의 위대한 음악을 듣게 되거나, 미켈란젤로나 김홍도 같은 분이 그린 환상적인 그림을 감상하거나, 십계와 쿼바디스 같은 대작 영화를 관람하다 보면 순간적으로 자신을 잊고 하나님의 솜씨와 지혜와 능력에 대한 감탄에 사로잡힌다. 성경의 시편 기자들은 천지의 아름다움 속에서 영광의 하나님을 경험하였고(시 19:1)

하나님의 사랑을 느꼈으며(시 136:5-9), 바울도 그러했다(롬 1:20).
그런가 하면, 사랑하는 사람을 잃거나 직장을 잃거나 건강을 크게 잃거나 많은 재산을 하루 아침에 잃게 되거나 죽음의 순간이 가까이 왔을 때 사람들은 하나님을 경험하게 된다. 구약성경의 욥이 그러했다. 그리고 종교개혁자 칼빈의 경우가 그러했다. 칼빈은 아들과 아내를 잃었고 건강도 잃었으며 죽음의 순간이 가까이 오고 있을 때, 오히려 모든 좋은 것의 원천이신 아버지 하나님의 사랑에 감동하여 그의 『기독교강요』에서 사랑 많으신 아버지 하나님을 만나 아는 것이 영생이라고 밝히 말했다.
많은 성도들은 자기의 사랑하는 사람들(배우자, 부모, 자식, 형제, 친구 등)을 갑자기 잃게 될 때 처음에는 당혹감과 애통함을 감추지 못하며 혼절하기도 한다. 신앙심이 좋은 성도들의 경우 오히려 더 애통함을 감추지 못한다. 그러나 가슴을 애이는 애통함 속에서도 생사화복을 주관하시는 아버지 하나님을 경험하며 하나님께 영광과 찬송을 마침내 돌려드리게 되는 것이다.

(6) 사랑의 경험

사랑받을 자격이 없고 또 사랑받을 이유도 없는데도 불구하고 어떤 목사나 성도가 자기를 깊이 사랑해 주고 간절하게 기도해 줄 때, 또는 우리가 상처나 손해를 입힌 상대방으로부터 오히려 깊은 용서와 사랑을 받게 될 때 우리는 하나님의 사랑을 경험하고 하나님을 감사하며 찬송하게 된다. 누가복음에 나오는 죄인인 한 여자가 예수님의 사랑에 크게 감동되어 예수님을 사랑하게 되었고(눅 7:37-50), 어떤 사마리아인 문둥이도 예수님의 긍휼을 덧입어 문둥병이 낫게 되자 하나님께 영광을 돌린 바 있고(눅 17:11-19), 예수님을 믿는 자들을 잡아 결박하고 죽이기까지 하던 바울을 부활승천하신 예수님이 오히려 용서해 주고 이방인을 위한 사도로 세우자 그 사랑에 바울이 크게 감동되어 예수님을 하나님의 아들로 증거하듯이(행 9:20-22), 어떤 사람들은 목사의 사랑의 기도 한 마디에 하나님을 경험하게 된다.

또한 아기를 출산하는 여성도들은 그 출산의 경험을 통해서 사랑과 생명의 하나님을 경험하게 되기도 하고(참조, 딤전 2:15), 부부간의 사랑의 성적 관계를 통해서 하나님과의 친밀한 사랑의 교제의 깊은 뜻을 깨달을 수가 있는 것이다. 영성(spirituality)과 성(sexuality) 간에는 친밀한 사랑의 교제라는 점에서 유사성이 있다.

(7) 일상생활에서의 경험

야곱이 양치는 일에서 하나님이 함께 하시고 그의 고난과 수고를 감찰하시어 복을 주신 것을 통해 하나님을 크게 경험했듯이(창 31:42), 우리도 가정의 일이나 직장의 일, 사업 또는 자동차 운전과 같은 일상생활 현장에서 하나님의 함께 하심과 도우심을 체험할 수 있다. 하나님을 사랑하는 자들은 환난이나 곤고나 기근이나 가난이나 위험 등을 만날 때 오히려 그리스도 예수 안에서 하나님의 사랑을 체험한다(롬 8:35, 39). 어떤 성도는 주일 낮 예배에 참석하고 귀가해 보니 그 사이에 가옥이 전부 불타 재로 변해 있는 것을 발견하고 밤중에 온 가족이 잠잘 때 화재가 발생하지 않은 것을 천만다행으로 생각하고 하나님께 감사하며 영광을 돌렸다. 또 어떤 성도는 졸음 운전하다가 다리 밑으로 추락할 순간에 위기를 간신히 모면하고서 하나님이 함께 하시어 도와주신 것을 감사하기도 했다. 우리는 자녀들의 결혼문제나 직장 근무지 이동 또는 사업상의 거래에서 하나님을 자주 경험할 수 있다. 하나님과의 친밀한 사랑의 관계 속에서 하나님을 사랑하고 성령으로 늘 깨어 기도하며 성경 말씀을 묵상하는 자마다 이를 경험하는 것이다. 일상생활에서 하나님의 친밀한 임재를 느끼지 못하는 사람은 마치 일상의 가정생활에서 아내의 사랑의 손길을 느끼지 못하는 무감각한 남자와도 같이 불행하다.

3. 하나님 경험의 공통된 특징[21]

사람들이 갖는 하나님 경험은 다양하지만 그 경험들에는 몇 가지 공통된 특징들이 있다. 이러한 특징들을 알면 우리 자신의 영적 경험을 평가하고 진위를 판단하는 데 도움을 얻게 된다. 따라서 이러한 특징들과 조화되지 않는 하나님 경험은 위험하거나 파괴적이 될 수 있으므로 주의해야 할 것이다.

(1) 오직 하나님께로부터 말미암는다

하나님과의 만남의 영적 경험은 사람이 일부러 노력하여 만들어낼 수 있는 것이 아니다. 사람의 노력이나 예상과는 관계없이 종교적 경험은 오직 하나님께로부터 말미암는다. 모세가 호렙산에서 하나님을 만나게 된 것은 그가 장인의 양을 치던 중 예기치 않게 일어났고 (출 3:1-4), 바울이 다메섹으로 가는 길에서 영광의 주님을 만난 것도 그가 그리스도인들을 제거하려고 혈안이 되어 있을 때 일어났다 (행 9:1-5). 이렇듯 하나님 만남의 영적 경험은 모세나 바울의 의지와는 아무 상관없이 오직 하나님께로부터 말미암는 것이다. 따라서 스스로의 노력이나 의지에 의하여 특별한 영적 경험들을 가져 보려고 하게 되면 위선이나 우상숭배 또는 거짓 경험에 빠질 수가 있다. 이 점에서 인위적인 영성 훈련이나 영성 계발은 경계되어야 한다.

---

21) 상게서, pp. 49-56.

(2) 경외의 요소가 포함되어 있다

하나님을 만난 사람들은 그들이 하나님을 만나던 순간에 두려움에 사로잡혀 혼절하거나 엎드러졌다. 아브라함이 99세 때 하나님이 나타나시자 그 앞에 엎드렸고(창 17:3), 야곱이 벧엘에서 꿈에 하나님을 보자 잠에서 깨어 두려움에 떨었으며(창 28:16-17), 모세는 호렙산에서 신을 벗어야 했고(출 3:5), 이사야는 웃시야가 죽던 해에 하늘 보좌에 앉으신 영광의 거룩한 하나님을 보자 "화로다 망하게 되었도다" 하며 두려워 떨었다(사 6:5).

바울은 다메섹 도상에서 영광의 주님을 보자 너무나 놀라 눈이 멀어 버렸다(행 9:8). 베드로도 예수님을 처음 만나 고기를 많이 잡게 되었을 때 예수님의 무릎 아래 엎드려 "주여 나를 떠나소서 나는 죄인이로소이다" 하며 소리쳤다(눅 5:7-8). 이와 같이 하나님을 만나게 되면 하나님을 경외하게 된다. 하나님을 사랑하는 자마다 깊이 하나님을 경외하게 되는 것이다.

(3) 어려운 순종과 헌신을 요구한다.

사랑하는 사람들(부부, 부모와 자녀, 형제, 친구) 사이에는 사랑하기 때문에 상대방의 모든 것을 요구하기도 하고 어려운 요구를 조건없이 하는 경우가 있다. 이때 사랑의 친밀한 관계 속에서 서로 사랑하기 때문에 전부를 내어 주기도 하고 어려운 요구에 흔쾌히 응하는 것이다.

하나님의 믿음의 사람 아브라함에게는 고향 땅 친척 아비 집을 떠나 산간벽지 같은 가나안 땅으로 가라는 명령이 떨어졌고(창 12:1), 이삭에게는 기근 때에도 애굽으로 내려가지 말라고 하셨으며(창 26:1-2), 야곱에게는 이방신상들과 모든 귀금속을 땅에 묻고 벧엘로 올라가라 하셨고(창 35:2-4), 모세에게는 이스라엘 백성을 애굽에서 해방시키기 위해 애굽의 바로왕에게로 가서 담판을 지으라 하셨으며(출 3:10), 바울에게는 이방인을 위한 사도가 되어 로마까지 가라는 명령이 주어졌다(행 23:11).

예수님도 자기를 따르는 제자들에게 자기를 부인하고 날마다 자기 십자가를 지라 하셨으며(마 16:24), 때로는 배와 같은 재산을, 때로는 가족을, 때로는 직장을, 때로는 재물을 버리라 명하셨다.

(4) 객관적인 검증이 필요하다

하나님을 만나는 영적 경험은 너무나도 고귀하기 때문에 거짓된 경우가 많다. 이는 사탄이 성령의 가장 귀한 은사들을 위조하기를 좋아하기 때문이다. 사탄은 사랑과 겸손과 같은 은사를 흔히 위조하는 것이다.

그러므로 우리는 우리가 신뢰하는 다른 사람들로부터 우리의 영적 경험을 확인받을 수 있도록 그들과 충분히 우리의 경험들을 서로 나눌 수 있어야 하고, 하나님의 말씀인 성경에 비추어 또는 성경적 사례들과 비교하여 그 경험들을 변별하고 판단해서 확실하게 검증해야 한다. 객관적으로 그리고 성경말씀에 비추어 참된 것으로 검증되지 않으면 건전한 영적 경험으로 볼 수가 없는 것이다. 객관적으로 검증된 영적 경험이라야 참된 경험이다.

제3장

참된 영성과 거짓된 영성

지금 한국교회 안에는 카톨릭 교회나 개신교를 막론하고 대부분의 신학교와 교회마다 영성이나 영성 신학과 영성 훈련에 관심이 크게 고조되고 있다. 그러나 어떤 부류에서는 영성을 정신성과 혼동을 하고 있고, 또 다른 부류에서는 신비한 체험과 혼동하고 있으며, 참된 영성과 거짓된 영성간에 구분이 안 되어 있다. 그래서 기독교 교회사적으로 정평이 있는 조나단 에드워즈의 『신앙과 정서』(The Religious Affections)[1]를 중심으로 참된 영성의 두드러진 표증들을 거짓된 경우와 대조하여 살피게 되면 성경적으로 건전한 영성이 확실하게 드러날 것이다.

1. 참 종교의 정서

하나님의 임재를 경험하지 못하는 인간은 전도서가 밝히 말하고

---

[1] 조나단 에드워즈, 『신앙과 정서』(The Religious Affections), 서문강 역 (지평서원, 1994). 에드워즈가 사용하고 있는 바 '종교' 또는 '종교적'이라는 말은 '신앙' 또는 '신앙적'이라는 의미이다.

있는 대로 그 마음이 허무할 수밖에 없다. 그리고 하나님을 경외하는 믿음이 없이 제멋대로 하고 싶은 대로 사는 인간은 허무의 바다에서 표류할 수밖에 없는 것이다. 이 허무를 극복하는 길은 오직 하나님의 임재를 경험하고 하나님의 사랑을 알므로서 가슴이 벅차 오르는 신앙뿐이다.

참된 신앙은 하나님이 우리를 위해서 무엇을 하실 수 있는가를 묻지 않는다. 우리는 이미 하나님께서 우리를 사랑하고 계심을 알고 있기 때문이다. 대신 하나님을 위해서 무엇을 하도록 우리가 부르심 받았는가를 묻는다. 다시 말해서 우리가 우리의 하나님을 어떻게 사랑해야 하는가를 물어야 한다. 하나님을 사랑한다면 우리의 삶의 모든 면에서 하나님께 순종해야 한다. 우리는 성령으로 감동받아 하나님의 은혜를 가슴깊이 체득하여 하나님을 사랑하고 그에게 감사하며 거룩한 순종의 삶을 살아야 하는 것이다. 이 순종의 원동력인 복음의 능력은 우리의 성품을 변화시킬 뿐 아니라, 가난하고 굶주리고 병들고 갇힌 자들과 고통을 함께 나누고 그들의 필요를 채워주는 바 사랑의 실천을 결과시킨다. 그리고 이 복음의 능력은 기도를 통해서 발휘되는 것이다.

참 종교의 핵심 정서(master affection)는 '사랑'이다. 이를 위해서는 성령의 임재와 능력이 있어야 하고, 하나님을 하나님으로 알고 사랑하며, 하나님의 거룩하심을 기뻐하고, 성령의 깨닫게 하심을 통해 영적 지식을 가지며, 하나님 앞에 겸손하고, 참된 변화를 경험하며, 예수님의 온유한 마음을 배우고, 하나님께 날마다 가까이 하려는 열정이 있어야 하며, 이웃을 사랑하고 덕을 베푸는 데 열심도 내야 하는 것이다.[2]

---

2) James M. Houston ed., *Religious Affections*(Mineapolis: Bethany House Publishers, 1996)에서 Houston의 편집자 노트와 Charles W. Colson의 서문을 참조하였다.

(1) 성경에 나타난 종교적 정서

"예수를 너희가 보지 못하였으나 사랑하는도다. 이제도 보지 못하나 믿고 말할 수 없는 영광스런 즐거움으로 기뻐하니"(벧전 1:8). 사도 베드로의 이 말씀은 믿음의 시련을 극렬하게 겪으며 여러 가지 시험을 인하여 근심할 수밖에 없는 형편에 있는 성도들에게 한 말씀이다. 믿음의 시련은 거짓 종교로부터 참 종교를 구별시켜주고 참 종교의 진리가 드러나게 하며, 참된 그리스도인의 믿음이 칭찬과 영광과 존귀를 얻게 될 뿐 아니라, 육신의 눈으로는 예수님을 보지 못하였어도 영적으로 믿은 까닭에 예수님을 사랑하게 되고 외적인 육체적 고통과는 비교할 수 없는 영적인 큰 기쁨을 얻게 한다. 그리스도 때문에 고난을 당하고 있으므로 인간적으로 생각하면 그리스도를 원망해야 할 것 같으나, 오히려 그리스도를 진심으로 사랑하는 것이다. 또한 말로 표현할 수 없는 영광으로 가득 찬 기쁨을 누리게 된다.

이렇듯 참 종교에는 큰 환난과 핍박과 시련과 고난에도 불구하고 그리스도에 대한 사랑(love to Christ)과 그리스도 안에서 누리는 기쁨(joy in Christ) 등 거룩하고 은혜로운 종교적 정서가 있다. 이 종교적 정서는 우리 영혼의 성향과 의지가 성령의 감동과 그리스도를 믿는 믿음을 통해서 보다 더 힘차게 실제적으로 움직이는 감정적 표현이다(the more vigorous and practical exercises of the inclination and will of the soul).3)

이 종교적 정서에는 열심(fervent in spirit) 또는 열정이 있다. 하나님을 경외하고 사랑하되 마음과 힘과 성품을 다하여 열심을 품고 섬기지 아니하면(신 6:4-5; 10:12; 롬 12:11; 마 22:37) 우리의 의지와 성향이 제대로 표현된 것이 아니기 때문에, 열심이 없는 종교적

---

3) 조나단 에즈워즈, 상게서, pp. 21-26.

정서는 아무것도 아니다.[4] 열심을 품고 힘을 다하여 온 마음을 하나님께 기울여 그를 사랑하고 즐거워해야 그것이 참된 중생의 증거이며, 경건의 능력인 것이다. 열심이 없는 신앙, 미지근한 상태의 종교는 미숙한 것이든지 아니면 괴이하거나 거짓된 것이기 쉽다. 경건한 믿음을 가진 성도들 속에서 성령은 강렬하고 거룩한 정서를 주신다. 마음이 뜨거워지는 것이다(눅 24:32, 참조, 딤후 1:7). 그러기에 종교적 열심과 같은 정서가 없으면 신앙의 활동이 멈추게 되고 만다. 즉, 종교적 정서가 없이 교리적인 지식이나 관념적 사변적 생각만 가지고 있는 사람은 종교의 일에 결코 참여하지 않는다.[5] 그리고 마음이나 행실에 변화도 없고 자기의 구원을 추구하려고 애쓰지 않으며 열심을 품고 기도하는 일도 힘써 하지 않는다. 마음에 감동이 없는 사람은 그의 삶에 아무것도 사실상 일어나지 않는 것이다.

조나단 에드워즈가 소개하는 바 성경에 나타나 있는 종교적 정서들로는 다음과 같은 것들이 있다.[6] 첫째, **여호와에 대한 경외**(godly fear)이다. 참으로 신앙이 깊은 사람들은 하나님의 말씀을 들을 때 떨며, 하나님 앞에서 두려워하고, 하나님을 두려워하여 그들의 몸도 떨며, 그들은 하나님의 심판을 두려워하고 하나님의 위엄을 인하여 그를 경외하는 것이다. 이 경외는 소망과 함께 있다. 소망이 없는 경외는 성도들로 하여금 절망하게 할 것이기 때문이다. "여호와는 그 경외하는 자, 곧 그 인자하심을 바라는(소망하는) 자를 살피사"(시 33:18)에서 알 수 있듯이, 하나님을 경외하는 자는 그 인자하심을 소망하는 자이다(참조, 시 147:11). 하나님께 소망을 두는자가 복이 있고(시 146:5) 강하고 담대할 수 있다(시 31:24). 그리고 이

---

4) 상게서, pp. 30-31.
5) 상게서, p. 33.
6) 상게서, pp. 35-44; 참조, Jonathan Edwards, *The Religious Affections* (Edinburgh; The Banner of Truth Trust, 1994), pp. 31-37.

소망은 사랑과 함께 있다(고전 13:13).

둘째, **죄와 악에 대한 미움**(증오)도 종교적 정서이다. 여호와를 경외하면 악을 미워한다(잠 8:13; 시 97:10; 119:104). 미움이라는 감정은 그 자체만으로 보면 죄이지만, 죄를 미워하는 정서는 중요한 종교적 정서인 것이다. 셋째, **거룩하신 하나님에 대한 갈망**(longings, hungerings, and thirstings after God and holiness)이다. "나로 내 생전에 여호와의 집에 거하여 여호와의 아름다움을 앙망하며 그 전에서 사모하게 하실 것이라"(시 27:4, 참조, 사 26:8; 시 42:1-2; 63:1-2; 84:1-2).

넷째, **거룩한 기쁨**(holy joy)이다. "의인이여, 너희는 여호와로 인하여 기뻐하며"(시 97:12), "주 안에서 항상 기뻐하라"(빌 3:1; 4:4; 살전 5:16). 성령의 열매 가운데도 희락이 있다(갈 5:22). 다섯째, **종교적인 슬픔이나 상한 마음**(religious sorrow, mourning, and brokenness of heart)이다. "여호와는 마음이 상한 자에게 가까이 하시고, 중심에 통회하는 자를 구원하시는도다"(시 34:18, 참조, 사 61:1-2; 마 5:4). 하나님은 성도들에게 상한 심령과 통회하는 마음을 요구하실 뿐만 아니라 기뻐 받으신다. "하나님이 구하시는 제사는 상한 심령이라"(시 51:17, 참조, 사 57:15; 66:2).

여섯째, **감사하는 마음**(gratitude)이다. 하나님께 감사하고 하나님을 찬미하는 가운데 나타난다. 범사에 감사하는 것은 우리를 향한 하나님의 뜻이며(살전 5:18), "우리를 향하신 여호와의 인자하심이 크고 진실하심이 영원"하기에 여호와께 감사함이 마땅하다(시 117:1-2; 118:1). 하나님의 인자하심과 선하심과 진실하심이 하나님의 본질에 속할 뿐 아니라 창조 사역과 구원 사역 전반에 걸쳐 나타나 있는 까닭에 우리가 하나님께 감사할 수밖에 없는 것이다(참조, 시 136편).

일곱째, **긍휼 또는 인애**(compassion or mercy)이다. "의인은 은혜(긍휼)를 베풀고 주는도다"(시 37:21, 참조, 시 37:26; 잠 14:31). "긍휼히 여기는 자는 복이 있나니"(마 5:7). "나는 인애를 원하고 제사를 원치 아니하며"(호 6:6). 여덟째, **열심**(zeal)이다. 열심은 참된 성도들에게서 나타나는 매우 중요한 정서이다. 이 열심은 우리를 구속하신 주님께서 우리에게 처음부터 기대하신 정서이기도 하다. "그가 우리를 대신하여 자신을 주심은 모든 불법에서 우리를 구속하시고 우리를 깨끗하게 하사 선한 일에 열심하는 친백성이 되게 하려 하심이니라"(딛 2:14). 그래서 열심이 부족한 라오디게아교회를 향하여 주님은 크게 책망하신 바 있다(계 3:15-16, 19).

아홉째, **참된 종교의 원천되는 정서는 사랑**이다. 이 사랑은 모든 정서들 중의 으뜸이요, 다른 정서들의 원천이다(the chief of the affections and fountain of all other affections). 어떤 율법사가 율법 중에 어느 계명이 크냐고 묻는 질문에 대하여 예수님이 주신 대답에 보면, 첫째는 열심을 품고 하나님을 사랑하고 그 다음에는 이웃을 자기 몸처럼 사랑하라는 것이다(마 22:37-40). 이 점에 대하여 바울은 이렇게 표현하고 있다. "남을 사랑하는 자는 율법을 다 이루었느니라"(롬 13:8). "사랑은 이웃에게 악을 행하지 아니하나니 그러므로 사랑은 율법의 완성이니라"(롬 13:10). "온 율법은 네 이웃 사랑하기를 네 몸 같이 하라 하신 한 말씀에 이루었나니"(갈 5:14).

이렇듯 사랑은 종교의 진수요 영혼의 생명의 요소인 것이다. 고린도전서 13장에 보면, 사랑은 모든 은혜로운 정서들을 내는 원천이다. 이 사랑 때문에 죄를 미워하고 하나님의 선하심에 감사하며 하나님의 임재를 느낄 때 기뻐하고, 하나님이 멀리 계시는 것 같을 때는 슬퍼하며, 내세를 기대할 때 소망을 가지며, 하나님의 영광을 바라보고 열렬한 열심을 갖게 되는 것이다. 다윗의 시편에 이러한 정서들이 잘 집합되어 표현되어 있는 것이다.

(2) 바울의 정서

성경적 정서가 가장 탁월한 모델로는 구약에서는 다윗이요, 신약에서는 바울을 꼽을 수 있다. 그는 그리스도를 아는 지식이 너무나 고상하고 그의 사랑이 너무나 커서 미쳤다고 사람들이 내놓을 정도였다. "우리가 만일 미쳤어도 하나님을 위한 것이요 만일 정신이 온전하여도 너희를 위한 것이니 그리스도의 사랑이 우리를 강권하시는도다. 우리가 생각건대 한 사람이 모든 사람을 대신하여 죽었은즉 모든 사람이 죽은 것이라. 저가 모든 사람을 대신하여 죽으심은 산자들로 하여금 다시는 저희 자신을 위하여 살지 않고 오직 저희를 대신하여 죽었다가 다시 사신 자를 위하여 살게 하려 함이니라"(고후 5:13-15). 바울은 이처럼 무엇보다 영광스런 주님께 대해 열정적 사랑으로 가슴이 뜨겁고 벅차 있다.

뿐만 아니라 그리스도의 사람들에 대해 사랑이 넘쳤다. 그것은 정감 어린 부드러운 사랑이요(살전 2:7-8) 애끓는 사랑이며(빌 1:8; 몬 12, 20), 진실하게 보살피는 사랑이요(고후 8:16) 근심하는 사랑이다(고후 9:2; 11:28). 그리고 깊이 생각하는 사랑이다(고후 12:19).

바울에게는 하나님과 주님께 대한 뜨거운 사랑과 성도와 교회에 대한 깊은 사랑이 있어서, 그 사랑으로 인하여 환난과 핍박과 고통 중에도 늘 기쁨이 넘쳤다(고후 1:5; 7:13; 빌 4:4; 4:10; 살후 1:4). 또한 그리스도를 사랑하기 때문에 간절한 기대와 소망을 따라 살든지 죽든지 자기의 몸에서 그리스도가 존귀하게 되기를 바랄 뿐 아니라, 몸을 떠나 그리스도와 함께 있을 욕망이 있었다(빌 1:20-23). 그는 경건한 열심의 사람이다. "내가 하나님의 열심으로 너희를 위하여 열심 내노니 내가 너희를 정결한 처녀로 한 남편인 그리스도께 드리려고 중매함이로다"(고후 11:2).

바울은 넘치는 사랑으로 인하여 성도들과 교회를 위하여 근심하며 많은 눈물을 흘렸다(고후 2:4; 행 20:19, 31). 그는 주님께 대한 헌신적 사랑 때문에 죄수의 몸으로 로마까지 복음을 전하려 갈 정도로 철저하게 순종하였으며(행 23:11; 25:10-12) 그는 주님과 교회를 위해서라면 자기의 모든 것과 몸까지도 다 내어줄 만큼 순종의 사람이었다(참조, 행 20:24).

사랑과 눈물의 사람 바울은 정서적으로 또한 온유했다. "너희가 무엇을 원하느냐? 내가 매를 가지고 너희에게 나아가랴 사랑과 온유한 마음으로 나아가랴"(고전 4:21). 바울은 불의를 당하고 속는다 해도 참고 세상 법정에 소송을 걸지 아니했다(고전 6:6-7). 베드로와 다른 사도들이 아내와 함께 동거하면서 사역을 해도 자기는 혼자서 사는 것을 잘 감당했다(고전 9:4-5). 그는 온유의 사람인지라 자기의 유익 대신 남의 유익을 먼저 구했다(고전 10:24). 그리고 바울은 성도들에게 온유하라고 강조했다(딤전 6:11; 딤후 2:24). 또한 바울에게는 겸손(고전 2:2-3; 4:9-13; 딤전 1:15)과 인내(딤후 4:7; 고후 11:23-27; 12:12)와 담대함(행 28:31)이 있었다. 주님과 하나님을 사랑하면 겸손하고 끝까지 인내하며 담대함으로 하나님 나라와 복음을 전하는 것이다.

(3) 참된 종교의 방편과 표현

종교적 정서가 메마르면 그것은 마음이 돌같이 굳어진 상태, 곧 성령으로 거듭나지 아니한 것이다. 하나님의 은혜가 없으면 그 정서가 이처럼 메말라 그 마음이 돌처럼 굳어지게 된다. 대신 성령으로 인도함을 받으면 은혜와 진리가 충만하여 그 마음이 부드러워진다. 우리의 마음이 성령 안에서 은혜와 진리로 충만하려면 은혜의 방편들을 열심을 가지고 활용해야 한다. 이 은혜의 중요한 방편들로는 기도, 찬미, 성례 그리고 하나님의 말씀이 있다.[7] 그리고 시련의 연단과 사랑의 실천도 좋은 방편이 될 수 있다.

---

[7] 은혜의 방편 가운데 기도와 하나님의 말씀에 대해서는 영성 훈련을 위해 중요함으로 제7장 "Lectio Divina와 영성"과 제8장 "기도와 영성"에서 다시 상세하게 다루었다.

① 기도

기도는 믿음의 가장 주요한 연습(the chief exercise of faith)으로서, 성령이 하나님의 말씀과 함께 기도를 방편으로 삼아 죄와 사단 마귀를 대적할 뿐 아니라, 성도를 성령으로 충만하게 하고 믿음을 견고하게 하신다. 예수님의 말씀에 의하면, 기도가 아니고서는 귀신을 쫓아낼 수 있는 믿음의 능력이 있을 수가 없으며(막 9:29, 참조, 마 17:20), 기도 없이는 시험을 이길 수도 없다(눅 22:40). 예수님 자신도 40일을 금식 기도하심으로 성령과 능력으로 충만하였었다(눅 4:1, 14). 이렇게 성령으로 능력을 덧입으셨기에 착한 일을 행하시며 마귀에게 눌린 모든 자를 고치실 수 있었고 하나님이 함께 하셨다(행 10:38).

사도 바울은 "환난 중에 참으며 기도에 항상 힘쓰라"(롬 12:12)고 할 뿐 아니라, 하나님의 전신갑주를 입고 능력으로 강건하여 마귀를 대적하려면 틈나는 대로 성령 안에서 깨어 항상 힘써 기도하라고 하였다(엡 6:10-18). 그리고 "오직 모든 일에 기도와 간구로 너희 구할 것을 감사함으로 하나님께 아뢰라"(빌 4:6)고 했다. 사도행전에서도 보면 교회와 성도들이 기도할 때 성령의 충만함이 있었고, 교회가 열심을 내었으며 하나님의 말씀도 흥왕했다(행 4:30-31; 6:4; 8:14-17).

② 찬미

하나님이 인간을 창조하신 목적이 하나님을 찬미하는 것이기에(사 43:21; 참조, 시 150:1-6), 찬미가 없이는 인간은 자기의 목적을 성취할 수가 없다. 하나님의 인자하심과 선하심과 진실하심이 크고 영원하기 때문에, 우리가 우리의 영혼 깊은 곳에서부터 하나님의 은택을 찬송해야 한다(시 103:1-5; 117:1-2; 118:1).

성령으로 충만하게 되면 "시와 찬미와 신령한 노래들로 서로 화답하며 너희의 마음으로 주께 노래하며 찬송하며"(엡 5:19) 하나님을 높인다(행 10:46). 마리아나 요한의 아버지 사가랴는 성령으로 충만하자 하나님을 높이며 찬양한 바 있다(눅 1:46-55; 1:67-79).

③ 성례

성례는 그리스도께서 친히 제정하신 것으로(마 26:26-29; 고전 11:23-25) 세례와 성찬이 있는데, 특별히 성찬의 경우 그리스도가 우리와 더불어 교통하시고 우리가 그리스도와 더불어 또한 교통하는 가견적이고 실체가 있는 성령의 은혜의 방편이다(고전 10:16-17). 그래서 성례는 그리스도와 우리와의 하나됨과 교통을 더욱 깊게 해준다. 또한 교회와 세상 사이의 구분을 가시화시켜 준다. 이로써 성례는 그리스도를 닮게 하고 성화를 촉진시킨다. 그런데 성례는 하나님의 말씀 곧 복음과 함께 일함으로써 성화를 돕는 것이다(칼빈, 『기독교강요』Ⅳ. ⅰ. 3-4). 또한 성화된 성도는 그리스도와의 연합을 이 성례를 통해 확신하게 되는 것이다(갈 2:20).

④ 하나님의 말씀

우리를 성결케 하는 믿음은 복음의 말씀을 들음으로 가능케 되고(행 15:7; 롬 10:17), 그 말씀이 우리를 성결케 한다(요 15:3). 그러면 그 하나님의 말씀이 우리를 어떻게 성결케 하는가? 첫째, 하나님의 말씀이 우리의 마음, 감정 그리고 사상뿐만 아니라 우리의 삶의 일거수 일투족을 주장하게 할 때 그 말씀이 우리를 성별시켜 준다(시 119:9, 14-16). 우리가 주의 말씀을 묵상할 때는 꾸준하게 마음에 되새김질하되(시 1:2; 119:97), 그리스도의 수난과 죽음을 묵상하며(갈 6:14) 내세를 소망하고(골 3:1-4) 창조에 나타난 하나님의 솜씨를 감사하며 묵상해야 한다(시 19:1-6; 136:1-9).[8] 이로써 말씀의

---

[8] 로날드 S. 월레스, 『칼빈의 기독교생활 원리』, 나용화 역(CLC, 1988), pp. 274-277.

묵상을 통해 성령께서 우리의 마음을 부드럽게 하고 하나님의 사랑으로 감동되게 하며 우리를 깨끗하게 하신다.

둘째, 죄의 결과들을 묵상하므로 우리 자신을 억제하게 될 때, 하나님의 목전에서 우리가 살고 있으며 그 하나님이 우리와 가까이, 아니 함께 계시는 인격적인 분이심을 아는 지식이 우리의 행동을 규제할 때, 그리고 하나님의 거룩성을 진지하게 느끼고 그의 긍휼과 인자하심을 하나님의 말씀을 통하여 깊이 묵상하므로 하나님께 헌신될 때 우리의 삶이 성결케 되고 열심이 살아난다.[9] 셋째 하나님의 말씀 묵상을 통해서 끊임없이 자기를 검색하고 자신의 죄를 고백할 때 또한 우리가 거룩해지는 것이다(시 51편).[10]

⑤ 시련의 연단

성령께서는 우리의 믿음을 연단시킴에 있어서 시련을 이용하신다. 하나님은 우리의 유익을 위하고 그의 거룩하심에 참여케 하고 이로써 의의 평강한 열매를 맺도록 우리에게 시련을 주신다(히 12:10-11). 우리가 자기를 부인하고 부패한 정욕들을 억제하며 우리의 자만을 꺾고 이 세상의 부귀영화를 경멸할 수 있도록 하나님이 우리에게 시련을 주시는 것이다(칼빈, 『기독교강요』Ⅲ. xx. 42). 또한 이 시련을 통해서 예수 그리스도가 나타나실 때 칭찬과 영광과 존귀를 얻고, 지금 그리스도에 대한 사랑이 더욱 깊어지며 형언할 수 없는 영광스런 기쁨도 누리게 된다(벧전 1:7-8).

하나님은 우리가 복스런 상태에 이를 수 있도록 하기 위해서 마귀보다 더 심하게 우리를 취급하는 경우가 있다. 마귀는 우리를 추켜세워 가지고 파멸되게 하는 데 반해서, 하나님은 회초리로 우리를 매

---

9) 상게서, pp. 277-281.
10) 상게서, pp. 283-285.

질하여 육신의 정욕에 빠지지 않도록 하신다. 하나님이 우리를 연단하시는 방법을 보면, 어떤 사람은 가난을 통해서, 어떤 사람은 수치를 통해서, 어떤 사람은 질병을 통해서, 어떤 사람은 집안의 우환이나 재난을 통해서, 어떤 사람은 힘들고 고통스런 노동을 통해서 겸손하게 하시고 영적으로 우리를 성결케 하신다.[11]

⑥ 사랑의 실천
"하나님 아버지 앞에서 정결하고 더러움이 없는 경건은 곧 고아와 과부를 그 환난 중에 돌아보고 또 자기를 지켜 세속에 물들지 아니하는 이것이니라"(약 1:27). 야고보의 이 말씀에 의하면, 우리가 정결하고 더러움이 없는 믿음의 삶을 살고 세속으로부터 자신을 성결하게 지키는 최선의 방법은 사랑을 실천하는 것이다. 우리의 믿음은 하나님의 부성애와 그리스도의 십자가의 사랑에 감동된 것이기 때문에 하나님께 대한 참된 사랑과 감사뿐 아니라, 우리의 이웃에 대한 사랑으로 나타나게 된다.

그런데 우리가 성령으로 충만하려면 자기를 부인해야 되는데, 이 것은 이기적 사랑을 버릴 때 가능하다. 그러나 우리 안에 있는 정욕은 우리로 하여금 맹목적인 이기적 사랑에 빠지게 한다. 이 이기적 사랑이 우리를 주장하는 한 우리는 자기를 부인할 수도 없고 하나님과 이웃을 사랑할 수도 없다. 그러므로 자기를 부인하므로 자신을 성결케 하는 최선의 방법 중의 하나가 힘써 사랑을 실천하는 것이다(칼빈, 『기독교강요』 Ⅲ. vi. 7).

하나님이 우리를 깨끗하게 하여 선한 일에 열심을 내는 친백성이 되게 함에 있어서, 우리를 하나님의 말씀으로 교훈하시되 경건치 않은 것과 이 세상 정욕을 다 버리고 자신을 십자가에 못박게 하며 이

---

11) 상게서, pp. 318-319.

웃을 사랑케 하고 하나님을 경외하게 하신다(딛 2:11-14). 이로 보건대 자기를 부인하고 이웃을 사랑하는 것이 성화와 영성에의 길이다.

2. 참된 종교적 정서의 거짓된 표증[12]

(1) 강렬한 정서

종교적 정서가 강렬하다 하여 항상 참된 것은 아니다. 예컨대 기쁨의 경우 크게 기뻐해야 하고(마 5:12; 벧전 1:8; 빌 4:4; 시 71:23) 사랑의 경우 힘써 사랑해야 한다. 다시 말해서, 종교적 정서는 성격상 강렬하다. 그러나 강렬한 정서도 신령하지 않거나 구원의 은혜와 무관할 수 있다. 예컨대 갈라디아교회는 바울을 위해 눈이라도 빼 줄 것처럼 사랑이 강렬한 듯했고(갈 4:15), 하나님의 이적의 능력으로 홍해를 건너게 된 이스라엘 백성은 크게 기뻐하였으나 곧 시들고 말았다. 그리고 하나님을 원망하며 불평했다(시 106:9-14).

예수님이 나귀를 타고 예루살렘에 입성할 때 그를 위해 호산나 찬송하던 사람들이 며칠 안 되어 예수님을 십자가에 못박으라고 크게 소리질렀다(마 21:9-10; 27:22-23).

(2) 강렬한 신체적 반응

강렬한 신체적 반응들은 종교적 정서와 관련되기도 하지만, 세속적인 일이나 마귀의 역사에 의해 신체적 반응이 나타날 수도 있다. 하나님의 임재 앞에서 육체적으로 크게 떨거나(합 3:16; 시

---

12) 조나단 에드워즈, 『신앙과 정서』, pp. 68-161.

119:120) 힘이 갑자기 빠지거나(단 10:8) 죽은 자처럼 되며(계 1:17) 소리를 크게 지르는 일이 있을 수 있다(시 84:2, 주의: 성령으로 말미암으나 아직 도덕적 삶으로 열매 맺지 못하는 경우도 있다). 그러나 악귀의 역사로 말미암아 몸이 상할 수도 있고(행 19:16), 경련을 일으키기도 한다(막 1:26; 5:6; 9:26). 어떤 사람들은 충격적인 교통사고를 보고서도 기절하며 최면술에 걸려 쉽게 넘어지기도 한다.

(3) 열정적 열변과 뜨거운 감정

유창하고 열정적으로 신앙을 열변한다 하여 항상 신앙적으로 참된 것은 아니다. 바리새인들은 종교에 대해 열변을 토했고(마 23:2-3), 개종하기 전에 바리새인이었던 바울은 대표적인 경우였다(행 22:3).

그리고 형언할 수 없는 감정이 반드시 참된 종교적 정서는 아니다. 성령의 감동의 능력으로 말미암아 형언할 수 없는 감정을 갖게 할 수 있다(엡 1:17-20). 이로써 하나님의 능력을 몸소 경험할 수 있게 하여 하나님을 의지하고 아무도 자랑할 수 없게 한다(고전 1:27-29). 그러나 성령의 감동으로 하나님의 말씀과 내세의 능력을 맛보며 형언할 수 없는 감정을 경험했다고 말하지만 실제로는 회개의 열매를 맺지 않는 일이 있다(히 6:4-5, 9).

(4) 성경에 대한 감정적 반응

성경에 대한 감정적 반응들이 은혜로운 정서의 증거가 아닐 수 있다. 성경을 통해서 두려움, 소망, 기쁨, 슬픔 등을 체험할지라도, 그것이 하나님께로부터 오지 아니하고 마귀의 속임수일 수 있다. 마귀도 성경을 가지고 그리스도인들을 속일 수 있다(벧후 3:16). 씨뿌리는 자의 비유에 나오는 돌밭 같은 마음도 처음에는 말씀을 기쁘게 받으나 구원에 이르지 못하므로 그 기쁨은 참된 것이 아니다(마 13:20-21).

(5) 멋진 사랑

사랑을 베푼다 해서 그것이 반드시 참된 종교적 정서의 증거는 결코 아니다. 마귀는 가장 좋은 성령의 은사를 위조한다. 많은 사람들은 생각하기를, 사랑을 베푸는 것은 종교적 정서들이 성령의 거룩케 하며 구원하는 은혜의 역사임을 나타내 보여 주는 좋은 증거라고 여긴다. 이것은 사탄이 결코 사랑할 수 없다고 생각한 까닭이다. 그 본성이 원수 맺는 것과 사악 등으로 되어 있는 사탄의 경우, 사랑은 전혀 있을 수 없기 때문에 모든 사랑은 참으로 기독교적임에 틀림없다고 속단한다. 물론 사랑은 성령의 은혜들 가운데 으뜸이요, 모든 참된 종교의 생명이자 본질이며 총합이다.

그러나 사탄은 사랑을 위조한다. 성령의 은혜들 가운데서 사랑과 겸손만큼 가짜가 많은 것은 없다. 종말에는 사랑이 식는다. 사랑하되 오래 지속적으로 하지 못한다. 사랑을 지속적으로 하지 못하는 자에게는 구원이 없다(마 24:12-13). 갈라디아교회의 경우, 바울을 지극히 사랑하는 것 같으나(갈 4:15), 그들을 위한 바울의 수고가 헛될 뻔했다고 말한 것을 보면(갈 4:10), 그리스도인의 사랑에도 가짜가 있을 수 있다. 가짜 사랑이 더 아름답고 멋지게 보일 수 있다.

(6) 회심체험

영적 각성과 양심의 뉘우침에 있어서 마음에 위로와 기쁨을 누린다고 해서 다 성령으로부터 온 종교적 정서는 아니다. 하나님은 자기 백성을 위로하며 기쁨을 주시기 전에 광야의 고통을 당하게도 하시고(출 14:10-13; 신 8:2), 사망선고를 받은 것처럼 절망적이 되게 하기도 하신다(고후 1:8-9). 아브라함의 경우 큰 어두움으로 두려움에 떨게 한 다음 달콤한 약속을 주셨다(창 15:12-13).

그러나 양심의 가책과 공포심은 동일한 것이 아니다. 성령으로 양심이 뉘우침을 갖게 될 때 지옥의 공포감을 갖기보다는 마음이 해방감을 맛보게 되는 수가 있다(요 4:16-19, 28-29). 그리고 어떤 사람들은 자기의 기질상 두려움과 공포감을 갖기도 한다. 또한 사탄도 하나님의 성령의 모든 구원활동과 은혜들을 위조할 수가 있다(예: 사울왕의 경우, 삼상 24:16-17; 26:21). 회심체험들이 성령으로부터 온 것인지를 알려면 시간이 경과되면서 좀더 지켜보아야 한다.

(7) 헌신적 노력

참된 종교적 정서들은 그것을 위해 사용된 시간이나 노력에 반드시 좌우되는 것은 아니다. 물론 성경 읽기, 기도, 찬송, 설교듣기 등에 시간을 많이 사용할수록 종교적 정서가 활발해진다. 예로 안나 여선지는 성전을 떠나지 않고 밤낮 금식하고 기도하며 하나님을 섬겼다(눅 2:37). 초대 예루살렘교회도 그렇게 했다(행 2:46-47). 다윗도 아침, 낮, 저녁으로 힘써 기도했다(시 55:17).
그러나 이스라엘 백성들의 열심있는 제물이 하나님께 가증되기도 했다(사 1:12-15). 바리새인들은 길게 기도하고 일주일에 두 번 금식했으며(눅 18:12), 거짓된 종교는 종교적 의무와 규례를 지키는 데 열심을 내게 하기도 한다(사 58:2; 겔 33:31-32).

(8) 외형적 증거

외형적 증거들은 참된 종교적 정서들을 입증하는 데 충분하지 못하다. 하나님은 중심을 보신다(삼상 16:7). 사람의 눈에 보이는 대로 또는 귀에 들리는 대로 판단해서도 안 된다(사 11:3). 누가 정말로 경건한 성도인지를 확신하기란 쉬운 일이 아니다. 그래서 베드로는 실루아노가 그리스도의 빼어난 종이었을 것이지만 '신실한 형제로 생각되는'(supposed, 벧전 5:12) 사람으로 조심스럽게 말했다. 참된 정서와 거짓된 정서를 어떻게 구별할 수 있는지에 대한 충분한 증거를 제시하기란 쉽지 않다. 양과 염소, 즉 참된 성도와 거짓 성도를 구별하는 것은 하나님의 몫이다.

3. 거룩한 정서들의 두드러진 표증들[13]

(1) 정서의 원천

'영성'이란 용어는 육체 또는 물질적 요소와 구별되는 사람의 영이나 혼을 직접적으로 가리키지 않는다. 하나님의 성령의 인도를 받는 사람을 '영적'이라고 부르는 것이다. 그리스도인들은 성령으로 거듭나고 그들 안에 성령이 내주하여 거룩하게 영향을 행사하여 감동, 감화, 인도, 주장하시기 때문에 영적인 사람들로 불리운다. 그리고 신령한 것으로 불리우는 일들은 성령 자신과 관련되어 있다(고전 2:13-14; 롬 8:6, 9).

그리고 진정으로 영적인 사람이란 성령의 통상적인 감화를 가끔 경험하는 자들이 아니고, 성령을 좇아 생각하고 행하는 것이 체질화된 사람, 곧 성령으로 그 생각과 삶이 항상 인도되고 주장되는 경건한 사람을 가리킨다(갈 5:16, 25).

(2) 정서의 표증

거룩한 정서의 첫 번째 표증은 하나님의 성령의 내주이다. 하나님의 성령이 참 성도에게 임하여 자기의 영구적인 거처로 삼아 그 안에 거하신다. 성령은 활동적이셔서 성도들을 감동하시며 또한 그들을 성

---

[13] 조나단 에드워즈, 『신앙과 정서』, pp. 162-548.

전, 곧 거처로 삼아 그들 안에 내주하신다(고전 3:16; 고후 6:16; 요 14:17). 그러므로 성도들이란 그들 안에 사시는 그리스도로 말미암아 사는 자들이다(갈 2:20). 그리스도가 그의 성령으로 말미암아 그들 안에 계실 뿐 아니라 사시는 것이다. 즉, 연합을 이루고 있다. 그래서 그의 성령이 그들 안에서 생수의 강이 되어 넘쳐 흘러 영생을 누리게 한다(요 4:14; 7:38-39).

그리고 그들 안에 생명의 원리 곧 생수의 원천으로 내주하시는 성령은 그 자신의 본성을 따라 거룩을 열매 맺는다. 즉 성도로 하여금 거룩한 삶을 살게 하는 것이다. 또한 거룩한 하나님과 교제케 한다(히 12:10; 요일 1:3). 그러기에 성도는 전적으로 새로운 삶을 살게 되는 것이다(고후 5:15-17; 빌 3:3; 벧후 1:4).

(3) 정서의 목적

은혜의 정서의 기본적인 목적은 하나님의 영광이다. 성령의 거룩하고 참된 은혜의 정서는 하나님의 영광을 으뜸되는 목적으로 하며 인간의 자아 중심이 아니다. 예수 그리스도 안에서 하나님의 영광을 인생의 목적으로 삼는다. 성도는 하나님의 영광을 바라보고 즐거워하며 그것을 행복으로 삼아 기쁨을 누린다.

하나님의 영광을 즐거워하는 성도는 우선 먼저 하나님을 사랑하고, 하나님의 교회를 사랑하며 하나님의 일을 하기를 좋아한다(요일 4:19-21). 그리고 범사에 하나님을 높이며 감사한다(살전 5:18, 참조, 롬 1:21-23).

(4) 정서의 기초

거룩한 정서의 기초는 하나님의 거룩하심과 위대하심을 즐거워하는 데 있다. 하나님의 의로우심과 진실하심과 선하심은 한마디로 그의 거룩하심으로 표현될 수 있고, 그의 권능과 지식과 지혜는 그의 위대하심으로 표현될 수 있는 바, 그의 거룩하심과 위대하심을 즐거워하는데 거룩한 정서가 기초하고 있는 것이다(사 6:3; 요 12:41; 계 4:8; 15:4). 세상 사람은 하나님의 영광보다 사람의 영광을 더 좋아한다(요 12:43).

(5) 정서의 형성

거룩한 종교적 정서는 마음이 성령으로 깨달음을 얻어 생겨난다. 거룩한 정서는 빛이 없는 열과 같은 것이 아니다. 즉 실제적인 지식을 통해서 얻을 수 있는 영적 교훈에 정서가 기초하고 있다. 하나님의 자녀가 은혜의 정서를 갖게 되는 것은 그가 전에 이해하고 알고 있었던 것보다 더 많이 하나님과 그리스도에 대해서, 그리고 복음에 계시되어 있는 영광스런 진리에 대해서 알게 되는 까닭이다. 더 확실하고 깊은 지식을 얻게 될 때 종교적 정서가 뜨거워진다. 신령한 지식은 돌같이 굳은 마음을 열어주고, 정서를 뜨겁게 하며, 하나님의 나라의 문을 열어주는 열쇠이다. 그러기에 사랑하는 자가 하나님을 알며(요일 4:7) 지식과 총명이 있는 곳에 사랑이 더 풍성해진다(빌 1:9). 지식이 없는 열심은 헛된 것이다(롬 10:2).

예수님께서 성경말씀을 풀이하여 줄 때 제자들의 마음이 뜨거워졌듯이(눅 24:32), 거룩한 정서는 성령이 성경 말씀을 가지고 하나님의 자녀의 마음을 비추어 줄 때 뜨거워지는 것이다. 이는 육에 속한 사람은 하나님의 성령의 일을 이해하거나 깨달을 수 없기 때문이다(고전 2:14; 마 11:27). 그런데 신령한 지식은 하나님의 거룩하심을 아는 데 있다. 거듭나지 아니한 자는 하나님의 거룩하심을 알지 못한다(벧전 1:15-16; 살전 4:3, 7-8). 한편 어떤 사람들은 성경의 신비한 의미를 이해하고 해석할 줄 알면서도 구원의 은혜를 전혀 얻지 못하는 경우가 있다(고전 13:2).

성경을 바르게 그리고 신령하게 이해하려면 성경의 내용을 이해할 뿐 아니라 성경의 깊은 의도를 알아야 한다. 하나님의 긍휼과 참되심에 대한 확실한 지식이 성령으로 마음 깊숙이 터득되어야 하는 것이다. 사람은 마음으로 믿어 의에 이른다(롬 10:10). 그러기에 성경을 통해 하나님과 그리스도 및 신령한 것들에 대하여 얻는 지식은 성령의 비추임을 통하여 마음을 감동하는 것이어야 한다. 칼빈이 말한 대로, 우리의 신앙은 지성적이면서도 감성적이다(『기독교강요』Ⅲ. ii. 8). 성령은 우리의 마음을 열어서 첫째로는 우리의 의무가 무엇인가를 깨닫게 하고, 그 다음에는 그 의무를 충실히 실천하도록 강력하게 이끄신다.

(6) 정서의 확실성

종교의 정서는 역사적 증거와 참된 확신에 있다. 참으로 은혜를 아는 사람들은 복음의 진리와 능력을 확실하고도 충분하게 확신하는 자들이다(요 6:68-69). 복음의 진리를 확신하는 데서 종교적 정서가 있다. 기독교의 교리들을 지식적으로 아는 것만으로 충분하지 않고, 참되고 신령한 믿음에서 난 정서를 가져야 한다. 그리고 그 신령한 믿음은 우리 안에 내주하시는 성령으로 말미암아 하나님을 사랑하며 그의 임재를 체험한다(요 16:27; 요일 4:15).

그러므로 하나님과 예수 그리스도 그리고 예수 그리스도로 말미암은 구원의 방도와, 믿음의 사람들을 위해 그리스도가 예비해 놓으신 영광의 세계에 대한 복음의 진리를 확신하는 데에서 오는 정서가 아니면 그것은 환각이며 허망하고 거짓된 것이다. 거룩한 정서는 하나님의 영광을 보는 데서 온다(고후 3:18; 4:3-6). 예수 그리스도의 복음이 제시하는 신적 영광을 보고 즐거워함으로써 우리의 정서가 뜨거워진다(요 1:14).

그러나 종교를 이해관계 때문에 믿는 자들은 아무리 뜨겁게 경험하고, 복음의 진리를 확실하게 찬동하는 것 같을지라도 마침내는 불신앙과 무신론으로 빠지게 되기 때문에 참된 정서가 아니다.

(7) 정서의 겸비성

종교적 정서는 자신의 부족함을 깨닫는 데 있다. 종교적 정서는 복음적인 겸손을 수반한다. 자신의 부족함과 무가치함을 느낄 뿐 아니라, 자신의 궁핍을 인하여 하나님을 마음으로 가까이하며 의지하는 겸손이 은혜로운 정서이다. 복음적 겸손은 외식적인 것과는 달리 성령의 특별한 감화로부터 오는데, 초자연적이고 신적인 원리들을 심어주고 단련시킴으로써 온다.

외식적인 겸손은 하나님의 위대함을 알고 율법의 엄격성 앞에서 압도되기는 하지만, 하나님의 거룩하심 앞에서 자신의 죄악된 모습을 보지 못한다. 그러나 복음적 겸손은 거룩한 하나님을 높이고 추악한 자신을 철저하게 낮춘다. 겸손은 자기를 부인하고(눅 18:9-14) 대신 남을 나보다 낫게 여긴다(빌 2:3). 하나님의 은혜를 경험하면 자기 자신이 더욱 작게 보이고 하나님은 크게 보인다. 자신의 겸손을 큰 소리로 자랑하지 않는다(참조, 슥 13:4; 사 58:5; 마 6:16).

(8) 거룩한 정서의 특이점: 성품의 변화

거룩한 정서는 우리를 변화시켜 그리스도를 닮게 한다. 거룩한 종교적 정서는 우리의 성품의 변화를 수반한다. 주님의 영으로 말미암아 주님의 영광의 형상으로 변화한다(고후 3:18). 성령으로 거듭나면 새로운 피조물이 되어 성품이 변화되는 회심을 경험한다(롬 12:1-2; 엡 4:22-24). 특별히 예수님의 온유함을 본받아 양이나 비둘기처럼 사랑과 온유와 고요함과 용서와 긍휼을 함양해야 한다(골 3:12-13; 갈 5:22-23; 마 11:28-29). 또한 그리스도의 군병으로서 견고하며 흔들림이 없이 인내하고 그리스도를 위해 모든 것을 포기할 줄 안다(딤후 2:3-4).

(9) 균형있는 성장

은혜로운 정서는 균형 감각을 갖되 활발하게 성장한다. 그리스도가 은혜와 진리로 충만한 것처럼(요 1:14-16) 그리스도의 사람들도 마찬가지이다. 그리스도인은 뒤집지 않은 호떡(빈대떡, 전병)과 같지 않다(호 7:8). 성도들에게는 거룩한 소망과 거룩한 두려움이 함께 있고(시 33:18; 147:11), 무서움과 기쁨이 함께 있으며(마 28:8), 성도들은 종교적인 교제와 담소를 즐거워하면서도 다른 사람들을 떠나서 홀로 하나님과 기도하는 것을 즐거워한다(창 24:63; 요 6:15). 또한 다른 사람들을 위하여 슬퍼할 줄 알 뿐 아니라 기뻐하기도 한다. 그러면서 하나님 앞에서 조용한 시간을 갖는다.

그러나 거짓된 사람들은 편애하며(마 5:46), 다른 사람의 약점에 대해 비판적이고, 인내하지 못하고 쉽게 실망하거나 포기한다(유 12-13). 종교적 정서는 하나님의 은혜와 경건과 의 등 신령한 것들을 더욱더 사모하며 즐거워한다(사 33:6; 딤전 6:6). 하나님의 신령한 것들이 너무 좋아서 다른 것들로는 삶이 만족할 수가 없는 것이다(벧전 2:2-3). 이는 마치 타오르는 불꽃이 더욱 거세게 탈수록 더 지속적으로 타오르는 것과 같다. 종교적 정서는 거룩한 불꽃처럼 한번 티오르면 더욱 강렬하게 타오른다.

(10) 실천적 생활 영성

종교적 정서는 그리스도인으로 하여금 일상생활에서 실천적이게 한다. 첫째, 그리스도인의 세상에서의 행실이 기독교적 원리들에 전적으로 일치한다. 둘째, 거룩한 삶을 그 무엇보다 중요시한다. 셋째

죽을 때까지 꾸준하게 일관성 있게 거룩한 삶을 지속한다. 하나님께로서 난 자는 자신을 정결케 하며 죄를 범하지 않고 의를 행한다(요일 3:3-8; 5:18). 참된 그리스도인들은 자기들이 받은 하나님의 부르심에 전적으로 헌신하여 선한 일들을 행할 뿐 아니라 열심을 내야 한다(단 2:14; 빌 3:13; 히 6:11-12).

종교적 정서는 실제적 삶에서 열매를 맺는다. 이는 그리스도께서 성도 안에 살아 계시고 성령이 내주하여 영혼의 기능들과 연합하여 하나님 자신의 본성을 나타내시기 때문이다. 그래서 참된 은혜는 삶을 힘있게 하고 거룩한 열매를 맺는다. 우리 안에 그리스도는 죽지 않고 살아 계시며 성령의 나타남과 능력으로 역사하며(고전 2:4), 그러기에 우리의 복음은 말로만 전해지는 것이 아니라 능력과 성령으로 된다(살전 1:5).

우선 종교적 정서는 경건의 능력으로 나타난다(딤후 3:5). 즉 세상을 이기며 사람의 정욕과 부패한 마음을 억제하고 많은 유혹과 난관과 반대에도 불구하고 거룩한 길로 정진한다. 따라서 모든 거룩한 정서의 초석은 도덕적으로 탁월하고 아름다운 거룩성이다. 거룩하신 영광의 하나님을 사모하고 사랑하기 때문에 종교적 정서가 거룩성을 지향하는 것은 너무나 당연하다. 또한 종교적 정서를 가지고 있는 자들은 복음의 진리가 확실함을 확신하기 때문에 역경 중에서도 자기를 부인하며 인내하며 경건하게 살기를 힘쓴다. 그리고 종교적 정서로 말미암아 심령이 변화된 까닭에 실제적인 삶에서도 철저한 변화가 따른다. 그래서 겸비해진다. 그리고 악은 그 모양이라도 버린다(살전 5:22).

종교적 정서는 그 자체가 열성과 활동성과 지속성을 지니고 있기 때문에 우리의 실제 생활에서 지속적으로 열매를 맺기 마련이다. 특별히 하나님의 은혜를 마음으로 체험하면 거룩한 삶을 실천하지 않을 수 없다. 실천이 은혜의 진실성을 증거하는 것이요 참된 고백이 거룩한 삶으로 나타난다(마 7:16-20).

(11) 구원의 진실성을 위한 증거: 실천

종교적 정서에서 나온 실천은 참된 종교에 있어서 구원의 진실성을 보여 주는 주요한 증거이다. 실천은 갑작스런 회심이나 신비한 경험, 감정적 위로보다 더 나은 구원의 증거이다. 첫째, 참된 종교는 마음에 하나님을 사랑하고 사모하기 때문에 하나님에게 최우선 순위를 둔다. 즉 철저하게 하나님 중심이요 하나님 제일주의이다. 하나님의 영광과 그리스도를 위해서라면 모든 것을 포기한다. 하나님이 좋아서 세상의 쾌락이나 재물을 기꺼이 버리는 것이다. 이 같은 행동은 마음의 정서에서 우러나오는 것이다. 사악한 삶을 살면서도 선한 양심을 가지고 있는 체하는 것은 하나님 앞에서는 통하지 않는다(갈 6:7; 욥 34:22).

둘째, 참된 신앙의 진실성은 시련을 통해서 검증된다. 하나님은 이스라엘 백성을 광야 훈련을 통해서 그들을 낮추시며 하나님의 계명을 순종하는지의 여부를 알아보셨다(신 8:2). 하나님은 시련을 통해서 인내케 하고 그 믿음이 정금처럼 단련되게 하신다(약 1:2-3; 벧전 1:6-7). 아브라함은 이삭을 제물로 바치라는 하나님의 시험에 순종함으로 그의 참된 신앙을 입증하였다(창 22:12).

셋째, 참된 종교는 실천을 통해 성숙된다. 그리스도인이 하나님의 은혜를 체험한 최상의 증거는 거룩한 실천이다. 신앙은 그 실천과 더불어 나타나고 실천을 통해서 믿음이 온전케 된다(약 2:22). 하나님을 알며 사랑하면서도 그의 계명을 실천하여 행하지 아니하면 그것은 참 믿음이 아니다(요일 2:4-5).

넷째, 참된 종교의 최상의 시금석은 실천이다. 거룩한 실천이 중요한 것은 우리 자신뿐 아니라 다른 사람들의 진실성을 가늠하는 데 제일의 증거가 된다. 우리가 형제를 사랑함으로 사망에서 옮겨 생명으로 들어간 줄을 알게 되고(요일 3:14), 이로써 하나님의 참된 자녀로 확증되고 우리 마음이 주님 앞에서 굳게 서게 되는 것이다.

다섯째, 은혜는 실천에서 증거된다. 하나님의 계명을 가지고 지키는 자라야 하나님의 사랑하는 자이다(요 14:15, 23; 요일 2:3-5; 3:24; 4:8, 12-13; 5:3).

여섯째, 심판 날에 실천이 증거가 된다. 거룩한 실천의 증거가 심판날에 상급의 기준이 된다(롬 2:5). 실천은 회개의 증거요(마 3:8), 구원 얻는 믿음의 증거이며(약 2:21-24; 요삼 3), 그리스도의 임재의 증거이고(딤후 1:11), 하나님의 사랑의 증거이며(시 116:12; 50:23), 우리를 향한 하나님의 목적이다(행 20:35; 고전 11:1).

제4장

성령과 영성

　기독교의 영성은 세속주의적인 정신성과는 근본적으로 그리고 질적으로 다르다. 세속주의적인 정신성(또는 영성)은 어떤 인간의 정신이나 삶을 본받아 사는 데 초점이 맞추어져 있고, 이를 위해서는 인간적인 노력과 훈련 그리고 교육 등이 필요하다. 그러나 기독교의 영성은 예수 그리스도의 정신이나 사상을 본받는 데 그치는 것이 아니다. 하나님과의 친밀한 사랑의 교제 속에서 하나님의 임재를 경험하며 그리스도가 우리 안에 살아 계심을 알고 하나님을 예배하며 그에게 영광을 돌리고 그를 즐거워하는 삶을 사는 것에 관심을 둔다.
　그리고 인간적인 노력보다는 성령의 감동과 충만 그리고 인도하심에 의해 우리의 영성이 계발될 수 있다는 점을 강조한다. 즉, 기독교적 영성은 전적으로 성령에 의한 것이다. 예컨대 믿음의 주요한 연습인 기도도 오직 성령 안에서 하나님의 말씀에 의지하여 하는 것이지, 인간의 노력이나 훈련이 아니다.

1. 하나님의 종말론적 축복과 성령

　아담과 하와가 타락하기 이전 하나님이 인간을 최초로 창조하셨던 때에 먼저 예배와 안식의 복을 주셨다(창 2:1-3). 육일간의 창조 사역 가운데서 인간 창조가 마지막 순서였던 사실을 고려해 보면, 하나님은 인간을 만드신 후 그를 위해서 예배와 안식의 복을 먼저 주신 것이다. 그리고 나서 에덴 동산을 창설하시어 인간이 거기서 쾌적한 삶을 살 수 있게 하시되(창 2:8-14), 땅을 경작하는 노동을 통해서 그의 삶에 열매가 있게 하셨다(창 2:15). 그리고 좀더 복된 삶을 위해서 하나님은 아담에게 가장 잘 어울리는 짝으로 여자를 만들어 주셨다(창 2:18-25). 이로 보건대 하나님이 최초의 인간에게 주신 첫 복은 예배와 안식, 에덴 동산, 노동 그리고 배필과 가정이었다.

그러나 아담과 하와는 사탄의 미혹을 받아 타락함으로 말미암아 죄를 범하여 하나님과 단절되었고(창 3:8, 참조, 사 59:2), 이로써 예배와 안식을 상실했으며(창 3:10) 에덴의 동산은 황폐해졌고(창 3:18) 노동에는 고통이 따르게 되었으며(창 3:19), 남편과 아내 사이에는 갈등이 생겨났을 뿐 아니라 질서마저 깨져 여자가 남자를 주관하려 하고[1] 남자는 여자를 악하게 대적하게 되었다(창 3:12, 16). 이렇게 하나님이 주신 복을 상실하고 만 것이다.

아담의 후손들은 아담의 타락과 범죄로 인하여 모두가 다 죄 아래 있게 되고 죽음이 그들 위에 임하였다(롬 5:12). 전적으로 부패하고 아무런 선(善)도 행할 수 없이 무능력하게 되었다(롬 3:10-12). 뿐만 아니라 이제는 인간이 탐욕의 노예가 되어 사랑이 식어버리고(마 24:12) 이기적이 되어 자기만을 사랑하고 돈과 쾌락을 좋아하며, 무정하고 무자비하여 부모도 배반하였다(딤후 3.1-5, 참조, 롬 1:28-31). 이렇듯 인간의 삶은 고통과 저주와 형벌 아래 있게 된 것이다.

이처럼 인간이 죄로 인하여 고통과 죽음을 당하게 되고 거짓 종교

---

[1] 창세기 3:16에서 '남편을 사모하고'는 여자가 남자를 성적으로 주장하려 할 만큼 욕정이 타오르는 것을 의미한다.

로 말미암아 탐욕에 사로잡혀 사랑이 식어 저주와 형벌 아래 있게 되자, 하나님은 예수 그리스도 안에서 창세 전에 자기 백성으로 선택하여 부르신 자들을(엡 1:4) 구원하고 죄와 그것의 삯인 사망으로부터 해방과 자유를 누릴 수 있도록 하기 위하여 때가 차매 그가 최고의 선물을 세상에 베푸셨다. 먼저 하나님은 그의 아들 예수 그리스도를 육신의 몸을 입혀 여자에게서 태어나게 하셨다(갈 4:4; 마 1:17, 22-23). 하나님이 세상을 사랑하시어 그의 아들을 구속주요 중보자로 보내 주신 것이다(요 3:16). 그리고 예수님이 십자가에서 희생제물로 죽고, 죽은 자 가운데서 부활승천하자 아버지 하나님은 자신의 약속대로 제2의 보혜사인 성령을 선물로 보내 주셨다(행 2:23). 그러므로 성령은 하나님 아버지와 성자 예수 그리스도께서 인류에게 주신 종말론적 축복인 것이다. 이 성령을 통하여 하나님은 인류에게 잃어버린 첫 축복보다 더 나은 축복을 주고자 하셨다.

요엘서 2장에 보면, 여호와께서 말세에 큰 일을 행하실 것이므로 온 땅이 기뻐하고 즐거워하리라고 약속하셨다(21절). 그 첫 번째 약속이 이른 비(히, '모레', '교사'로도 번역됨)를 적당하게(히, '리체다카', '의(義)의'로도 번역됨) 주심으로 자기 백성에게 하나님이 긍휼을 베푸는 일이었다(23절). 이 '이른 비'와 '적당하게'를 달리 번역하면 '의의 교사'로서 메시야를 의미하고 있는 까닭에, 하나님은 자기 백성에 대해 마음이 뜨거우실 만큼 사랑하시기에 먼저 의의 교사인 메시야를 보내시는 것이다. 그리고 나서 여호와 하나님은 유대인뿐만 아니라 모든 만민에게 그리고 남녀 노소, 남종 여종을 막론하고 누구에게나 성령을 부어주시어 누구든지 여호와의 이름을 부르는 자마다 구원을 얻도록 하셨다(28-32절).

이 같은 요엘의 예언의 말씀은 말세에 때가 차매 하나님이 그의 아들 예수 그리스도를 인간의 몸으로 이 땅에 보내주시고, 그가 희생제물로 죽고 죽은 자 가운데서 부활승천하므로 죄와 사망을 이기시어 인류를 죄와 사망의 굴레에서 벗어나게 하고, 죄와 사망과 사탄을 이 땅에서 결정적으로 이기신 것이다. 그래서 하나님은 예수 그리스도를 통해서 성령을 이 땅에 보내신 것이다. 이로써 아브라함 때부터 존재하고 모세 때에 교회로 조직화된 하나님의 백성된 교회가 오순절 성령 강림으로 말미암아 성령의 교제하는 성전으로 세워졌다. 교회 안에 성령이 충만하고, 성령의 교제(코이노니아)와 성령의 은사로 서로 섬기는 일(디아코니아)이 활발해졌다. 이로써 지난 수세기 동안 하나님의 계시가 없고 어두움에 질식되어 살아온 이스라엘 백성 가운데뿐만 아니라 이방인 세계에까지 성령으로 말씀이 흥왕하고 성령의 생수의 강이 넘쳐 흐르게 된 것이다.

그리스도와 성령을 말세에 하나님이 보내신 것은 하나님의 구원 역사상 가장 큰 의미를 가진 사건들일 뿐 아니라, 예수님을 믿고 회개하여 성령을 받은 개인에게는 큰 구원 사건이다. 다시 말해서, 예수님의 오심과 성령의 강림 사건은 종말론적으로는 구원사적 사건이요, 성도 개인적으로는 구원의 사건이다. 그러므로 성도는 예수님을 믿고 회개하여 성령을 개인적으로 받아야 영생과 구원을 충만하게 누리게 되는 것이다.

2. 성령과 영성

하나님께서 예수 그리스도와 성령을 종말의 선물로 보내주신 것은 예수님을 믿고 영접하는 자마다 멸망하지 않고 영생을 얻어 하나님의 자녀로서 하나님과 친밀한 관계 속에서 살게 하기 위함이다. 그러나 사탄의 미혹을 받아 타락하여 범죄한 인류에게 성령은 죄를 책망하신다(요 16:8-9). 범죄한 인간이 육체를 따라 행할 때 성령이 떠나고(창 6:3) 영적으로 쇠퇴된다(살전 5:19). 죄는 하나님과 우리 사이를 멀어지게 하고(사 59:2), 육체의 생각은 성령의 생각과 갈등을 빚는다(롬 8:7).

육체적으로 생각하고 행하면 하나님을 기쁘시게 하지 못하고(롬 8:8) 죄의 삯인 사망을 당한다(롬 8:6). 이처럼 성령은 예수님을 믿지 않고 육체대로 행하는 자에 대하여 심판을 선언하는 것이다(요 16:8, 11). 하나님의 진노가 불경건과 불의에 대하여 하늘로부터 좇아 나타나고, 하나님을 멀리하면 마음의 정욕대로 더러움 가운데 내던져지게 되고, 또한 하나님을 싫어하면 상실한 마음대로 내어버려져 하나님 보시기에 악한 죄를 지속적으로 범하게 된다(롬 1:18, 24, 28). 즉, 탐욕, 시기, 살인, 교만, 배은망덕, 무자비함 등 각종 악을 행한다(롬 1:29-31).

그러나 다른 한편으로 성령은 우리로 하여금 예수님을 영접하여 그리스도로 고백케 하고(고전 12:3) 하나님을 아버지로 부르게 한다(롬 8:15-16). 그리고 성령은 우리 안에 내주하여 거처를 정하시어 우리를 그의 성전으로 삼으셨다(요 14:16-17, 23; 고전 3:16; 고후 6:16). 이로써 성령이 죄와 사망의 세력에서 우리를 해방시키신다(롬 6:14; 8:2).

성령은 예수님께서 자기의 피 값으로 산 자들을(행 20:28) 그 피로 용서하고 깨끗케 하며 정결케 하고(히 9:14, 22) 거룩하게 하신다(벧전 1:2; 롬 15:16; 살전 2:13). 성령은 우리를 새롭게 하고(딛 3:5) 육신의 일을 따르지 않게 하고(롬 8:13) 오히려 육체와 함께 정욕을 십자가에 못박게 하신다(갈 5:22-24). 이로써 우리가 성령을 좇아 행하며(롬 8:4) 성령의 일을 생각하고(롬 8:5) 성령으로 인도함을 받아 사는 것이다(롬 8:14).

성령은 또한 희락과 평강 그리고 사랑과 온유와 절제 등을 열매 맺어 하나님의 통치를 누리게 한다(갈 5:22-23; 롬 14:17). 성령은 우리에게 의롭다 칭함(칭의)과 영생을 선물로 주며(롬 5:15-16; 6:23), 큰 환난 중에서도 담대하며 주님의 영광을 보고 찬송하며 즐거워하게 한다(행 4:23-31; 고후 1:8-11; 롬 8:26, 37-39).

성령은 성도들이 서로 사랑으로 봉사하여 하나님께 영광을 돌릴 수 있도록 각각 은사를 주시고(벧전 4:7-11), 믿음의 분량을 따라 은혜대로 스스로 생각하며 행할 수 있게 은사를 주신다(롬 12:3-8; 고전 12:4-11). 이로써 성도를 잘 구비시켜 봉사하며 그리스도의 몸을 세우고, 하나님의 아들을 믿는 믿음과 지식에서 하나가 되게 하신다(엡 4:12-13).

이로 보건대, 성령이 아니고서는 우리가 그리스도와 하나가 될 수 없다(고전 12:13). 그리스도와의 신비한 연합을 통해서 우리가 풍성한 새생명을 누리게 되는 것은 성령의 사역과 능력 그리고 열매와 은사를 통해서만 가능한 것이다. 우선 우리가 거듭나는 것은 성령으로 말미암는다. 물과 성령으로 거듭나지 않고서는 하나님 나라에 들어갈 수가 없으며(요 3:5), 하나님은 중생의 씻음과 새롭게 하심을 통해서 우리를 구원하신다(딤전 3:5).

회개도 성령으로 말미암는다. 사도행전 11:15에서 보면, 고넬료와 그의 가정이 개종한 것이 성령으로 말미암은 것으로 말씀되어 있는 바 하나님께서 성령으로 생명 얻는 회개를 주신 것이다(11:18). 그리고 믿음도 성령으로 말미암는다. 성령을 통해서만이 하나님은 예수 그리스도를 사람들에게 나타내 보이시고(고전 2:9, 12), 예수님을 주님으로 고백케 하신다(고전 12:3). 또한 성령이 우리에게 구원의 확신을 주신다. 즉, 성령께서 우리의 영으로 더불어 우리가 하나님의 자녀인 것을 우리의 전 생애에 걸쳐 지속적으로 증거해 주시는 것이다(롬 8:16).

성령께서는 우리에게 회개와 믿음 그리고 구원의 확신을 주시기에 우리는 성령 안에서 의롭다 함을 받는다(고전 6:11). 성령이 우리를 의롭다 하신 까닭에 우리는 하나님의 자녀의 권리를 누리게 되는 것이다(갈 4:4-6). "너희가 아들인 고로 하나님이 그 아들의 영을 우리 마음 가운데 보내사 아바 아버지라 부르게"(갈 4:6) 하셨다. 너희는 양자됨의 영을 받았으므로 아바 아버지라 부르짖느니라"(롬 8:15). 우리가 하나님을 아버지라고 부르며 아들됨의 권리를 이제와 영원히

금생과 내세에서 누릴 수 있는 것은 성령을 통해서이다. 우리가 하나님의 성령으로 인도함을 받기 때문에 하나님의 자녀인 것이다(롬 8:4). 그리고 하나님의 자녀된 우리를 성령은 그리스도의 죽으심과 부활과 함께 우리를 거룩하게 하신다(살후 2:13; 롬 15:6; 벧전 1:2). 성령은 우리를 단번에 거룩케 하실 뿐 아니라 지속적으로 거룩하게 하시며, 구원의 마지막 순간까지 우리가 하나님과 계속적으로 친밀한 교제를 나누게 한다(엡 4:30).

우리가 성령으로 말미암는 구원의 축복을 풍성하게 그리고 지속적으로 누리려면 성령으로 충만해야 한다(엡 5:18). 즉, 성령의 내적 사역인 중생과 회개와 성화를 통해서 성령의 열매를 맺고, 성령의 외적 사역인 성령의 은사를 통해 능력을 받아 하나님을 열정적으로 섬길 수 있으려면 성령으로 늘 충만해야 한다. 이를 위해서는 자기를 부인하고 날마다 십자가를 지며, 기도의 연습과 말씀 묵상 훈련을 열심히 해야 하는 것이다.

3. 성령의 은사와 열매

하나님은 자기의 택한 백성인 교회를 위해 성령을 보내시고 성령은 교회에게 은사와 열매를 주어, 이로써 교회가 교회로서의 온전한 기능을 발휘케 하고 사랑의 사귐과 섬김이 있게 하며 힘있게 성장하여 사탄 마귀를 대적하여 승리케 한다.

성령의 은사로는 예언, 섬기는 일, 가르치는 일, 권위(위로)하는 일, 구제하는 일, 다스리는 일, 긍휼을 베푸는 일(롬 12:6-8), 지혜의 말씀, 지식의 말씀, 믿음, 병고치는 일, 능력 행함, 영 분별, 방언, 방언 통역하는 일(고전 12:8-11) 등이 있는 바, 성령께서 교회에 이러한 은사를 주어 일하게 하심은 성도들이 사랑으로 서로 우애하고 서로 먼저 존경하며 열심히 주님과 형제를 섬기기 위함이며(롬

12:10-13), 모든 사람으로 더불어 화평하여 하나됨을 이루기 위함이요(롬 12:18; 엡 4:3), 교회의 덕을 세우기 위함이며(고전 14:12), 사랑으로 서로 용납하고(엡 4:2), 성도를 인격적으로 구비시켜 섬김의 일을 잘하여 교회를 힘있게 세우고 교회가 공동체적으로 예수님을 믿어 온전한 사람으로 성장케 하는 데 있다(엡 4:12-13).

성령의 은사가 활동적인 사역과 관련이 있다고 하면, 성령은 윤리적 성품과 관련하여 성도안에서 열매를 맺는다. 그 열매로는 사랑, 희락, 화평, 오래참음, 자비, 양선, 충성, 온유, 절제(갈 5:22)가 있다. 이 성령의 열매는 하나님의 도덕법, 곧 십계명의 근본인 하나님 사랑과 이웃 사랑과 내용상 일치할 뿐 아니라(갈 5:23), 예수님의 제자도 곧 자기를 부인하고 자기 십자가를 지는 것(마 16:24; 갈 5:24)과도 일치한다. 다시 말하면, 성령의 열매는 하나님의 자녀이자 예수 그리스도의 지체된 자이면 누구나 마땅히 힘써 맺어야 할 윤리적 도덕적 삶의 열매인 것이다. 따라서 이 성령의 열매가 없으면 아무리 성령의 은사가 있는 것 같더라도 아무것도 아니다(고전 13:2-3). 또한 소경이요 하나님 나라에 들어갈 수도 없다(벧후 1:5-11).

성령의 은사는 하나님이 자기의 교회를 위하여 개교회와 개인의 믿음의 분량이나 형편에 따라서 자기의 뜻대로 적절하게 주시기 때문에(고전 12:4-5, 11), 어느 한 교회나 개인이 모든 은사를 동시에 다 받을 수 있는 것이 아니다. 예컨대 로마교회와 고린도교회의 경우를 로마서 12:6-8과 고린도전서 12:8-11을 놓고 단순하게 비교해 보면, 로마교회에는 병고치는 은사나 방언의 은사 등이 없으나, 고린도교회에는 섬김과 구제와 긍휼의 은사 등이 없다(고전 12:28에는 서로 돕는 은사가 언급되어 있기는 하다). 그리고 고린도교회의 지혜와 지식의 말씀의 은사가 로마교회의 예언과 가르치는 은사와 상통하는 것으로 보인다. 그러므로 성경에 소개되고 있는 성령의 은사와 목록을 가지고, 어느 교회나 성도 개인을 단순하게 비교하거나 판단하여 성령의 은사가 있느니 없느니 하는 것은 삼가야 마땅하다.

성령의 은사와 관련하여 후크마와 같은 신학자는 성령께서 인간의 본성적 능력을 통해서도 역사하는 경우가 있고, 그 본성적 능력을 넘어서 하는 경우도 있다고 보고서 가르치는 일, 권면하는 일, 구제하는 일, 봉사하는 일, 남을 다스리는 일 등은 비기적적인 것들로서 오늘 날도 교회 안에서 성령으로 일어날 수 있으나, 병 고치는 일, 각종 방언하는 일 등은 기적적인 것들로서 지금은 교회 안에서 사실상 일어나지 않고 있다고 주장한다(후크마, 『개혁주의 구원론』, pp. 56-60).

그리고 박형룡과 같은 신학자는 성경의 이적의 목적이 구속의 준비와 계시의 증명에 있다고 보기 때문에 계시의 종결과 함께 이적의 시기도 지나간 것으로 주장한다. 그래서 성령의 이적의 은사가 더 이상 지금은 필요 없다고 말한다. 그러면서도 "하나님이 하고자 하시면 이적을 행하실 가능성은 언제나 있을 것이다"(박형룡, 『교의 신학』 II권(신론), pp. 488-492)고 말한다. 그러나 이 같은 신학자들의 주장과는 달리, 성경은 성령의 이적적 은사들이 주님의 재림 때까지 교회 안에서 지속적으로 있을 것으로 말하고 있다(고전 13:8-10).

사도행전 2:43-47과 4:32-35에 보면, 하나님이 교회 안에서 성령으로 이적과 능력을 행하시는 목적은 계시의 증명보다는 오히려 복음을 힘있게 증거하는 일과 성도들의 뜨거운 교제를 위해서였다. 그래서 성령의 능력의 은사가 있는 곳에 성도의 활발한 교제가 있는 것이다. 성령의 이적적 능력의 은사들이 없이는 교회가 서로 섬기는 일과 복음을 힘있게 증거하는 일에 있어서 한계가 있게 되며, 하나님을 극적으로 경험하는 데 있어서도 불충분할 수가 있다. 하나님은 우리에게 열정과 온전한 헌신과 하나님과의 뜨거운 만남을 원하시기 때문에 경우에 따라서 다양한 성령의 은사들을 주실 수 있는 것이다. 인간은 죄로 인하여 마음이 돌같이 굳어져 있기 때문에 하나님의 이적적 능력의 은사가 없이는 하나님을 믿지 않으려 하며, 하나님께 뜨겁게 열정적으로 헌신하지 않으려 한다. 그러기에 사랑이 식어버린 지금 이 세상은 오히려 성령의 초자연적이고 극적인 능력의 역사를 필요로 하며, 성도들도 사랑의 교제를 위해서 하나님의 능력을 체험하고자 하는 경향이 있는 것이다. 어떤 면에서는 성령의 능력의 은사 체험이 성도의 사랑의 교제와 헌신과 열심과 비례하는 느낌마저 든다.

한편 성령의 열매와 관련하여 그 열매가 일종의 집합 명사인 점에 유의할 필요가 있다. 육체의 일들이 각각 다양하게 행하여지는 데 반하여, 성령의 열매는 오직 성령으로 말미암아서만 결실하게 되어 있는 것이다. 이로 보건대, 성도는 성령의 내적 능력의 역사(성령의 열매)를 통해서 외적 능력의 역사(성령의 은사)가 뒷받침될 때 사실상 능력이 있다. 그리고 성령의 은사는 다양하나('은사'라는 단어는 복수형임), 열매(단수형임)는 각기 별개로 존재하지 않는다. 다시 말해서 모든 성도가 모든 성령의 은사들을 갖는 것이 아니지만, 참된 성도이면 반드시 성령의 열매를 맺어야 한다는 것이다.

성령의 열매는 단시간에 맺는 것이 아니다. 매일 매순간 성령안에서 행하고 인도하심을 받는 가운데 우리 자신을 지속적으로 그리고 전폭적으로 성령님께 내맡김으로써 그 열매가 성숙되어 간다. 이 영적 성장은 일평생 말씀 묵상 훈련과 믿음의 연습인 기도를 통해서 우리가 헌신적으로 열심을 냄으로써 우리 안에서 이루어지는 것이며, 농부의 수고가 없이는 과일 나무가 여러 가지 벌레와 질병 때문에 열매를 탐스럽게 맺을 수 없는 것처럼 수동적으로 해서는 사탄의 훼방 때문에 성령의 열매도 맺을 수가 없다. 그래서 베드로는 말했다. "이러므로 너희가 더욱 힘써 너희 믿음에 덕을, 덕에 지식을, 지식에 절제를, 절제에 인내를, 인내에 경건을, 경건에 형제 우애를, 형제 우애에 사랑을 공급하라"(벧후 1:5-7).

성령의 열매는 기본적인 덕목으로 사랑, 희락, 화평이 있고, 타인과의 관계에 관한 덕목으로 오래참음, 자비, 양선이 있으며, 우리 자신과의 관계에 관한 덕목으로 충성, 온유, 절제가 있다. 사랑은 하나님과 이웃에 대해 자신을 내어주는 것이고, 희락은 그리스도 안에서 성령으로 누리는 바 형용할 수 없는 영광스런 기쁨이며(벧전 1:8), 화평은 그리스도 안에서 죄 용서를 받고 하나님 앞에서 의롭다 함을 얻어 하나님의 자녀의 권리를 가지고 하나님과 더불어 누리는 화평이다.

오래참음은 결점과 실수에도 불구하고 이웃을 용납하는 것이요, 자비는 이웃을 대함에 있어서 세심한 배려와 친절을 베푸는 것이며, 양선은 이웃에게 선행을 베푸는 것이다. 그리고 충성은 하나님께서 우리에게 맡겨주신 사명을 성실하게 감당하는 것이고, 온유는 자신을 주장하는 대신 이웃의 이익과 몫을 먼저 생각해 주는 겸손이며, 절제는 우리의 감정적 욕구나 충동에 따라 움직이는 대신 하나님의 말씀과 성령의 인도를 따라서 자신을 조절하는 덕목이다. 이러한 성령의 열매는 우리의 육체의 정욕을 죽이게 하고, 자신을 부인하며 하나님께 영광을 돌리며 사는 데 헌신케 한다.

이로 보건대, 성령의 다양한 능력의 은사들과 성령의 성숙된 열매가 우리에게 겸비될 때 교회 안에서 뿐만 아니라 일상생활에서도 우리가 하나님께 온전한 영광을 돌려 드리며, 하나님께 헌신되어 열정적으로 활발하게 살 수 있는 것이다.

4. 성령의 은사와 열매를 위한 방법

성령은 하나님 자신이시요 또한 바람과도 같은 분이시며, 자기의 뜻대로 일하시기 때문에 사람에 의하여 결코 좌우되시는 분이 아니다. 그러나 하나님은 인간을 자기 형상대로 창조하신 까닭에, 인간이 전적으로 하나님의 주권과 은혜에 의존하여 사는 의존적 존재일 뿐만 아니라, 하나님의 선한 뜻을 분별하여 열심을 내어 사는 책임적 존재로서 살아가게 하셨다. 인간은 어떻게 보면 하나님의 도우시는 은혜가 없으면 결코 존재하거나 살아갈 수 없으면서도, 한편으로 또 보면 하나님의 은혜와 능력 아래 자발적으로 힘써 자기의 능력을 따라 삶을 개척하며 살아가지 아니하면 안 되는 존재인 것이다. 그렇다면 의존적 존재이자 책임적 존재인 인간은 어떻게 성령의 열매를 맺으며 성령의 은사를 받을 수 있는가?

의존적 존재로서의 인간이 성령의 열매를 맺기 위해서는 성령과 믿음으로 예수 그리스도와 신비한 연합을 이루어 내가 예수님 안에, 예수님이 내 안에 있어야 한다(갈 2:16, 20, 참조, 요 15:4-5). 다시 말하면 성령께서 예수님을 믿는 믿음을 통하여 우리가 예수님과 신비한 연합을 이루어 우리가 예수님 안에, 예수님이 우리 안에 거하게 되어 하나가 될 때 우리가 성령의 열매를 맺을 수 있는 것이다.

그러나 책임적 존재로서의 인간은 육체와 함께 그 정과 욕심을 십자가에 못박으며 성령을 좇아 행해야 하고(갈 5:24-25), 오직 사랑으로 서로 종노릇하고 이웃을 사랑하므로 육체의 소욕을 죽여야 하는가 하면(갈 5:13-17) 날마다 자기를 부인하며(빌 2:3), 더욱 힘써 절제, 인내, 형제우애, 사랑을 실천해야만 하는 것이다(벧후 1:5, 10).

또한 성령의 은사의 경우도 의존적 존재로서의 인간은 성령께서 자기의 뜻대로 각 사람에게 은사를 나누어 주시는 대로 받을 뿐이며(고전 12:11), 예수님을 그리스도로 고백하는 자에게 성령이 역사한다(고전 12:3). 그러나 책임적 존재로서의 인간에게 성경은 성령을 받기 위해 열심히 간구하고(눅 11:9-13), 간절하게 기도하며 기다리고(행 1:4-5; 2:1-4), 죄를 회개하며(행 2:37-39), 순종하고(행 5:32), 위하여 안수기도하고(행 8:14-17; 19:1-7; 엡 6:18), 하나님의 말씀을 온전히 받는(행 10:44-46) 등 최선을 다할 것을 가르치고 있다. 성령의 은사를 사모하고 풍성하게 받기를 간절하게 구해야 하는 것이다(고전 14:1, 12; 12:31).

성령의 열매와 은사와 관련해서 생각할 때, 열매도 성령이 맺으시고 은사도 성령이 자기 뜻대로 주시는 까닭에 우리는 단지 피동적으로 성령님만 의지하면 다 되는 것으로 흔히 생각하는 경향이 있다. 그래서 성령의 열매를 맺는 일에 열심을 내지 않으려 한다. 그러나 예수님의 제자들은 날마다 십자가를 지는 훈련을 통하여 죄를 극복하고 사탄 마귀를 대적해야 하며, 기도의 연습을 통해서 말씀의 검과 믿음의 방패를 능수능란하게 사용하여 마귀를 물리칠 수 있어야 한다. 즉, 철저한 영성 훈련을 통해서 성령의 성숙한 열매를 맺어야 죄와 마귀를 물리치고, 하나님과의 친밀한 교제 속에서 성도의 도리를 다하고, 영생을 지금 여기서 풍성하게 누리게 되는 것이다.

이 점에서 우리는 베드로의 가르침에 유의해야 한다. "그러므로 형제들아 더욱 힘써 너희 부르심과 택하심을 굳게 하라 너희가 이것을 행한즉 언제든지 실족지 아니하리라 이같이 하면 우리 주 곧 구주 예수 그리스도의 영원한 나라에 들어감을 넉넉히 너희에게 주시리라" (벧후 1:10-11).

또한 성령의 은사를 받기 위해서는 간절한 기도와 회개와 믿음이 중요하다. 우리는 기도할 때 간단하게 쉽게 하여도 괜찮은 줄로 오해하고 있다. 어떤 면에서 기도의 능력은 기도하는 시간과 열심에 비례한다. 기도는 믿음의 주요한 연습(exercise)이기 때문에, 충분한 시간을 드려 힘써 열심히 해야 능력이 붙는다. 예수님 자신뿐만 아니라 사도들도 기도할 때마다 충분한 시간을 가지고 열심히 하였다. 교회 안에서 하나님께 크게 쓰임 받은 일꾼들을 보면 공통적으로 열심히 기도하는 사람들이었다. 기도를 간단히 쉽게 하고서 성령의 은사를 받아 성령의 능력을 덧입는 경우는 성경 역사에도 없고, 교회 역사에도 없다. 예루살렘 초대교회가 합심하여 여러 날 전심으로 기도하여 성령을 받고 또 성령의 은사도 받았었으며, 고넬료 가정이나 고린도교회와 에베소 교회가 모두 열심으로 기도하여 성령의 은사와 능력을 받았다. 오늘날도 열심히 기도하는 성도와 교회가 은사가 많고 능력도 있다.

성도가 회개할 때도 한번 간단하게 하면 되는 줄로 오해하고 있다. 그러나 회개도 힘써 간절하게 지속적으로 해야 한다. 예컨대 다윗은 밧세바와 간음하고 또 우리아를 살해한 죄를 인하여 평생토록 눈물로 회개하였으며(참조, 시 51:3), 바울도 예수님 믿는 자들을 핍박한 죄를 자주 고백하였다(참조, 행 22:4-8; 26:9-15; 딤전 1:13-15; 고전 15:9). 우리는 우리 안에 남아 있는 죄와 죄성 때문에 매일 매순간 성령으로 하나님의 말씀에 비추어 자신을 검색하고 회개해야 성령으로 충만할 수 있다.

그리고 성도가 믿는 일에 있어서도 더욱 힘써 믿어야 한다(벧후 1:5). 사탄이 우리의 믿음을 늘 흔들어 놓으려 하기 때문에 우리의 믿음이 흔들리지 않기 위해 믿음을 견고케 해야 한다. 우리의 믿음은 기도의 연습과 말씀 묵상을 통해서 더욱 견고케 되는 것이므로, 예수님은 베드로와 제자들에게 힘써 깨어 기도하라고 말씀하셨고(눅 22:31-32, 40, 46), 항상 기도하고 낙망하지 말 것에 대해서도 불의한 재판관과 과부의 비유를 통해서 가르치셨던 것이다(눅 18:1-8).

5. 성령의 은사와 교회의 직분

교회는 삼위일체론적으로 접근하여 볼 때 하나님의 백성이요 가족이요 나라이며, 그리스도의 몸이자 성령의 전이다. 신약성경에서 교회를 나타내는 대표적인 개념은 '하나님의 백성'(히 4:9; 11:25; 벧전 2:10)이다. 교회는 하나님이 아브라함과 맺은 언약(창 12:2; 15:18)과 모세와 맺은 언약(출 6:6-7)에서 이미 하나님의 선택된 백성이요 하나님의 구속 받은 백성이 되었으며, 이로써 하나님과의 특별하고 친밀한 관계 속에서 하나님의 임재를 경험하였던 것이다.

그리고 예레미야 31:33과 에스겔 34:25-26과 36:26-28에서 하나님이 약속한 새 언약에 따라 하나님은 자기 백성에게 성령을 부어주시어 하나님의 소유된 백성으로 삼으셨다(벧전 2:9-10). 이렇듯이 교회는 하나님이 언약을 맺어 그리스도 안에서 성령으로 하나님의 소유된 공동체로 삼은 그의 백성이요 나라요 권속인 것이다. 그러므로 교회는 하나님의 백성이기에 배타주의적인 벽을 허물어야 하고 성령으로 하나 되어야 마땅하다. 이제는 아무도 외인이거나 나그네이거나 손님이 아니요 믿음의 조상들과 동일한 시민이요 하나님의 권속이다 (참조, 엡 2:16-19).

교회의 두 번째 개념은 그리스도의 몸이다. 교회를 그리스도의 몸에 비유한 것은 그리스도가 교회의 머리로서 중심이 된다는 것과 그리스도와 성도간의 불가분의 연합성을 의미한다. 그리스도의 몸인 교회는 하나의 통일된 유기체이다. 그러므로 교회는 그리스도 안에서 성령으로 하나된 생명의 연합체인 것이다. 그리스도의 몸인 교회는 성도들간에 상호 의존적 관계가 있으므로, 서로 존중하고 협력하며 격려하고 세워주고 짐을 함께 져야 한다. 즉, 유기적 공동체인 교회는 성령의 은사들을 가지고 서로 덕을 세워야 하는 것이다.

교회의 세 번째 개념은 성령의 전이다. 성령이 그리스도의 피로 교회를 사고 그 교회 안에 계속적으로 거주하신다. 성령께서는 성도 한 사람 한 사람 안에 거하실 뿐 아니라(고전 6:19), 성도들의 공동체적 모임 안에 또한 거주하시는 것이다(고전 3:16; 엡 2:21-22). 성령은 교회안에 거하시되 능력을 부어 주시어 교회가 능력있게 복음을 증거하고 이적과 기사를 행함으로써(행 2:41-43; 3:7-10; 4:31-33) 구원받은 성도들이 날마다 늘어났고, 성령의 능력을 체험하는 가운데 교회가 성숙한 교제(코이노니아)를 나누게 되었다. 즉, 성령은 성령의 능력과 함께 교제의 역사를 통해 성령의 전으로서의 교회를 이루어 가신다. 그러기에 교회는 성령의 은사 공동체인 것이다.

그리스도께서 자기의 피 값으로 사신 교회는 하나님의 백성이자 나라요(벧전 2:9), 그리스도의 지체로 구성된 몸이며(엡 1:22), 성령이 거하는 성전이기 때문에(엡 2:21-22) 교회는 주요한 기능을 가지고 있는 것이다. 즉 전도, 예배, 건덕 그리고 사회적 책임 등 사대 기능을 가지고 있다. 이 네 가지의 기능을 위하여 교회는 성령이 없이는 아무것도 할 수가 없다.

성령의 권능이 아니고서는 복음을 증거하는 전도를 할 수가 없고 (행 1:8), 성령으로 충만함이 없이는 시와 찬미로 화답하는 예배를 드릴 수가 없으며(엡 5:18-21), 성령의 은사로 봉사하지 않고서는 덕을 세울 수 없고(벧전 4:10; 롬 12:10-13; 고전 14:12), 성령의 교통케 하심을 통해서만 서로 물건을 통용하며 구제할 수가 있게 되는 것이다(고전 13:4-7; 행 2:43-47). 이렇듯 성령의 권능과 충만함과 섬김의 은사(디아코니아)와 교통케 하심(코이노니아)을 통해서 교회가 영적으로 자기의 기능 곧 소금과 빛으로 세상에 나타날 수 있게 된다.

하나님은 하나님의 백성이요 그리스도의 몸이요 성령의 전인 교회가 건실하게 세워지도록 하기 위해서 뿐만 아니라, 교회 안에서 풍성한 교제와 섬김이 있게 하여 성도마다 영적으로 강건하고 성숙하도록 하기 위해서 직분자들을 세우셨다. 예수님과 함께 교회의 기초를 놓는 데 헌신했던 사도들과 선지자들이 있고(고전 12:28상; 엡 2:20; 4:11상), 그들을 돕는 전도자가 있으며(엡 4:11중), 교사와 목사(엡 4:11하) 그리고 감독, 장로, 집사(딤전 3:1, 8; 딛 1:5) 등을 세웠다.

하나님은 그 직분자들이 하나님의 교회를 효과적으로 힘있게 섬겨 교회 안에서 성령의 사귐과 섬김이 활발하게 이루어질 수 있도록 하기 위해서 성령의 은사들을 특별히 주셨고 권세도 주셨다. 따라서 교회의 직분자들은 일반 성도들보다 성경을 읽고 묵상하며 성령의 은사를 활용하는 일에 열심을 다하여 진보를 나타내 보여야 하고(딤전 4:13-15), 또한 성령의 은사를 지속적으로 뜨겁게 하는 데 힘써야 하는 것이다(딤후 1:6).

제5장

기독교 세계관과 영성

　기독교 영성에 대하여 어떤 사람들은 방언의 은사를 받아 가슴이 뜨거워져 기도와 찬송의 생활을 열심히 하게 되거나 또는 영적으로 회개하고 크게 각성하여 교회생활에 열심을 내는 것 정도로 생각하는 것 같다. 그래서 영성 훈련을 위하여 기도하여 성령세례 받는 데 역점을 두는 경우를 볼 수 있다.
　그러나 기독교의 영성은 경건과 관련지어 말하자면, 하나님의 임재 앞에서 그의 사랑을 알고 회개하여 하나님의 영광을 위해 응답하고 성령으로 살되, 하나님을 모든 좋은 것의 원천이신 아버지로 알고 사랑하며 신뢰할 뿐 아니라, 하나님을 만유의 주재이신 주님으로 알고 경외하며 순종함으로써 그에게 영광을 돌려 드리고 그를 즐거워하며 만족하는 것이다.
　그리고 성화와 관련지어 말하자면 성부 하나님이 권세있는 말씀으로 우리를 깨끗케 하시고, 성자 하나님이 그의 피로 씻으시며, 성령 하나님이 그리스도와 우리가 신비한 연합을 이루게 하여 그와 함께 십자가에 못박혀 죄와 세상에 대하여 죽게 하며 그와 함께 부활하고 하나님 우편에 앉게 하여 우리를 성결케 할 뿐 아니라, 성령께서 우리 안에서 사랑, 양선, 인내, 절제 등 열매를 맺고 교회의 건덕을 위해 은사를 주어 서로 섬기게 하는 것이 영성이다.

그러기에 기독교의 영성은 하나님의 말씀묵상과 기도를 통해 그리스도를 믿고 죄를 회개하며 성령으로 충만하여 하나님의 임재와 사랑을 깊게 느껴, 우리의 삶의 중심에 그리스도가 살아 계시는 가운데 하나님 중심으로 하나님의 영광을 위하여 열정적으로 순종하고 헌신하며 사는 것이다.

그런데 이 같은 기독교의 영성은 기독교적 세계관 또는 인생관을 성경적으로 정립할 때 견고해질 수 있다. 기독교적 세계관은 "나는 누구인가?", "나는 어디에 살고 있는가?", "이 세계는 무엇이 문제인가?", "문제에 대한 해결책은 무엇인가?" 그리고 "구원받은 성도에게 무슨 일이 있게 되는가?"에 대하여 성경적으로 이해한다.

1. 나는 누구인가?

(1) 피조된 인격체이다

성경적으로 인간의 본질은 하나님의 피조된 인격체요 하나님의 형상이다. 첫째로 인간은 하나님이 흙으로 만드셨다(창 2:7). 그러기에 하나님을 의존하지 않고서는 살 수 없는 의존적 존재이다. 하나님이 그 코에 호흡을 불어넣어 주어야 살아 움직일 수가 있고, 그 코에서 호흡을 거두어 가면 아무것도 할 수 없는 것이 인간이다(사 2:22). 인간은 하나님을 가까이 하며 우리의 힘으로 삶아 사랑하고 살아야 한다(시 18:1). 하나님의 은혜가 아니면 우리는 사람다울 수가 없고 삶도 무의미하게 된다(전 15:10).

또한 하나님이 인간을 흙으로 만드신 까닭에 인간은 흙과 친하게 지내야 하는 존재이다. 흙을 떠나서는 살 수 없다. 흙을 가까이 할 뿐 아니라, 흙에서 생산된 것을 먹고 살아야 그 삶이 풍성해지는 것이다.

둘째로, 하나님은 인간을 영육 통일체로 만드셨다. 육체와 영혼이

유기적으로 통일되어 있는 몸을 가진 존재로 처음부터 만드신 것이다. 그리고 인간에게 지성과 감정과 의지를 주시어 책임있게 행동할 수 있도록 하셨다. 그러기에 인간은 인격적이고 책임적인 존재이다. 하나님의 선한 뜻이 무엇인지를 분별해야 하고, 하나님을 힘써 사랑해야 하며, 하나님의 요구하시는 것에 최선을 다해 응답해야 하는 것이다. 하나님의 율법의 요구에 응하지 못하면 그것이 죄가 되며, 율법에 순종하면 하나님이 은혜를 베푸신다(출 20:6). 율법을 행하는 것으로 아무도 구원을 얻을 수가 없으나, 하나님의 자녀는 그의 계명을 기쁨으로 순종할 책임이 있다(롬 13:8-10; 요일 5:3). 즉 하나님과 이웃을 진심으로 사랑함으로 하나님의 구속의 은혜에 반응하며 살아야 하는 것이다(마 22:37-41; 롬 12:10-11; 13:8-10).

셋째로, 하나님은 인간을 남자와 여자로 만드시고 한 몸을 이루게 하셨다(창 2:18, 24). 이로 보건대 인간은 가정을 기본 단위로 삼아 남자와 여자간에 서로 사랑으로 섬기며 사귀고 살아야 하는 공동체적 존재이다(엡 5:22-25). 하나님이 여자를 만들어 가정을 세우신 것은 창조의 꽃이요 절정이다.

이렇듯 인간은 의존적이면서도 책임적이요 또한 공동체적 존재이기에 하나님을 의존하되 하나님의 말씀을 따라 분별력 있게 행하고, 서로 힘을 모아 섬기며 사귀고 살 때 풍성한 삶을 누리게 된다.

(2) 하나님의 형상이다

한편 하나님은 인간을 본래 하나님의 형상으로 만드셨다(창 1:26-28). 하나님의 형상은 역동적 관계적 개념을 가지고 있는 바, 인간이 영적, 사회적, 권위적 존재임을 가리킨다. 다시 말해서 첫째로, 인간은 영적 존재로서 하나님께 마음을 열고 살아야 한다. 하나님을 사모하며 사랑하고 찬양하며 살 때(전 3:11; 시 42:1-2) 하나님께서 우리를 찾아 만나 주신다(요 4:23). 인간은 예배하는 존재이기에 예배

없이는 살 수 없다. 그래서 참 하나님을 예배하지 않는 자들은 대신 우상이나 잡신을 섬기는 것이다.

둘째로, 인간은 사회적 존재로서 이웃을 향해 마음을 열고서 사랑으로 섬기며 사귀고 산다(레 19:18). 우리의 이웃 가운데 첫째가는 이웃은 자기의 배필과 부모와 자녀 등 가족이다. 그리고 셋째로 인간은 권위적 존재로서 자연을 향해 마음을 열고 살아야 한다(출 23:10-12). 자연환경을 사랑으로 관리하고 짐승 등을 사랑하며 특별히 땅이 황폐되지 않게 보전해야 하는 것이다. 이와 같이 하나님과의 열린 관계, 이웃과의 열린 관계 그리고 자연과의 열린 관계 속에서 사랑하며 살 때, 인간은 하나님의 형상으로서 자기의 존귀성과 가치를 갖게 되고 복된 삶을 살 수 있게 된다.

그러면 하나님께서 인간을 하나님의 형상으로 만드신 목적은 무엇인가? 첫째는 하나님의 영광을 위해 살도록 하기 위함이다(사 43:7, 21; 고전 10:31). 둘째는 하나님의 복을 누리며 살도록 하기 위함이다(창 1:28). 하나님은 인간을 만드시고 복을 주셨으며 또한 복을 주시기를 기뻐하신다(시 1:1; 마 5:3). 그런데 하나님이 주시는 복은 땅과 관련해서는 노동을 통해서 누리게 되어 있고(창 2:15; 시 128:2), 시간과 관련해서는 안식일을 통해서 누리게 되어 있으며(창 2:3), 영적으로는 하나님의 말씀을 묵상하고(시 1:1) 죄를 회개하며 겸비할 때 누릴 수 있다(마 5:3). 가정적으로는 배필과 자녀를 통해서 복을 누린다(시 128:3; 잠 31:10). 셋째로는 하나님과 동거 동행하도록 하기 위함이다(미 6:8). 우리는 하나님의 거처이다(출 29:45-46; 요 14:23). 하나님과 늘 함께하고 하나님 면전에서 살도록 하려고 하나님이 우리를 지으신 것이다.

(3) 하나님의 사랑받는 자이다

좀더 구체적으로 말해서, "나는 누구인가?"를 성경적으로 생각해 보면 나는 하나님의 사랑받는 자(beloved)이다(사 44:2; 롬 1:7). 하나님께서 창세 전에 그리스도 안에서 나를 선택해 주셨고(사 43:1; 엡 1:4) 복을 주신 자이다(민 6:24-26). 다시 말해서 하나님이 인정하시고(시 1:6) 자랑스럽게 여기시며 기뻐하시는 자인 것이다(히 11:2, 5, 39). 그러나 나는 상처입은 자이기도 하다. 매일같이 하나님의 징책과 징계를 받기도 한다(시 73:14). 때로는 죄와 사탄의 미혹으로 인하여 상처받기도 한다. 이러한 상처를 치유함에 있어서 내가 사랑을 베풀므로 하나님의 은혜를 경험한다(시 112:9; 잠 11:24-25; 마 7:12).

하나님의 사랑받는 자는 성삼위 하나님과 관련지어 생각해 보면, 하나님의 자녀(신 33:6; 사 1:2; 요 1:12)요 그리스도의 신부(엡 5:32)이며 성령의 전(엡 2:22; 고전 6:19)이다. 하나님 아버지께서 사랑하며 양육해 주시되 모든 좋은 것을 공급해 주시는 자녀일 뿐 아니라, 그리스도께서 자기의 몸을 내어 주기까지 모든 것을 베풀어 주시는 신부이고, 성령께서 보혜사로 우리 가운데 거처를 정하여 우리에게 빛과 생명이 있게 하시는 것이다.

그렇지만 우리는 알고 보면 본질상 행악의 종자요 죄인이며 자기 사랑이 강한 자이다(엡 2:1; 사 1:4). 참으로 하나님의 사랑을 받기에는 너무나 부족하고 그리스도께서 자기의 피를 흘려 사시기에는 너무나 무가치하며 성령이 내주하시기에는 너무나도 형편없이 추악하다. 그러기에 나의 나된 것은 하나님의 은혜일 뿐이다(고전 15:10).

2. 나는 어디에 살고 있는가?

(1) 아름다운 곳이다

내가 지금 살고 있는 이 세계를 어떻게 이해할 것인가 하는 문제는 아주 중요하다. 창세기에서 하나님이 가르쳐 주신 바에 따르면 이 세계는 하나님이 만드신 아름다운 곳이다. 그래서 하나님은 자기가 창조한 이 세계를 보시면서 좋다고 여기셨다(창 1:3). 이 세계가 아름다운 것은 그 안에 순서와 질서가 있게 하나님이 만드신 까닭이다. 여섯 날들의 창조의 사역 내용을 살펴보면 거기에는 순서와 질서가 있는 것이다. 그래서 이 세계에는 하나님의 신성과 능력과 영광이 나타나있다(시 19:1; 롬 1:20).

하나님이 이 세계를 만드신 것을 알지 못하는 자들은 만물 안에 신이 있다며 범재신론(汎在神論)을 주장한다. 특별히 힌두교와 불교 등에 사상적 뿌리를 두고 있는 뉴에이지 운동이 이 같은 반성경적 사상을 강조하고 있다. 뉴에이지 운동에 의하면 돌이나 나무나 해, 달, 별들 그리고 모든 생명체뿐 아니라 사람 안에 신 또는 신성이 있다. 그러므로 사람의 경우 자기 안에 잠재되어 있는 신성을 계발하면 자기가 신이 될 수 있으며 그러기에 인간 자신을 믿으라고 말하는 것이다.

(2) 하나님이 주관하시는 곳이다

그리고 이 세계는 하나님이 주관하기는 곳이다(창 1:16-18; 9:12-17; 행 17:26-27; 마 6:26, 30; 고전 3:6). 하나님이 이 세계를 아름답게 만드신 까닭에, 하나님은 이 세계를 자기의 능력과 사랑으로 보선하시며 통지하시어 역사를 수관하신다. 그러기에 이 세계는 개방체계인 것이다. 반성경적 사상에 따르면 이 세계는 기계적 또는 운명론적으로 움직이는 폐쇄체계이다.

동양의 세계관은 음양오행설에 근거하여 이 세계를 거대한 기계로 이해한다. 즉 자연 안에 내재되어 있는 기계론적 법칙에 의하여 이 세계는 움직이며 자연의 일부인 인간도 역시 그러한 법칙에 의해 살도록 되어 있다는 것이다. 그래서 사주팔자와 운명을 믿는다. 이같이 세계를 폐쇄체계로 보는 세계관은 인간을 소극적이게 만든다. 그러나 이 세계를 개방체제로 보는 세계관에 의하면 하나님이 이 세계를 주관하시고 통치하시는 것을 알기 때문에, 하나님의 뜻에 우리의 삶의 방향을 맞추어 적극적으로 살아가는 것이다.

(3) 모든 것이 선하다

또한 이 세계는 하나님이 아름답게 만드신 까닭에 모든 것이 선하다(딤전 4:4). 물질은 본래 선한 것이다. 그리고 육체적인 노동도 선하다(살전 2:9; 살후 3:10). 헬라철학의 이원론에 따르면 정신적인 것은 선하지만 물질적이고 육체적인 것은 악하며, 따라서 멸절되게 되어 있다.

반대로 정신적인 것은 선하므로 불멸하는 것이다. 그러기에 헬라철학은 영혼불멸을 주장하고 육체의 부활을 알지 못한다. 헬라철학이 말하는 영혼불멸사상은 성경이 가르치는 바 사후 영혼의 영화로운 상태와는 근본적으로 다른 것이다.

하나님이 만드신 모든 것이 선하다는 것을 알지 못하며, 육체의 부활을 믿지 못할 뿐더러 육체를 영혼의 감옥소로 악평하고 성령의 전인 것을 전혀 알지 못하는 것이다. 그리고 스토아철학처럼 불건전한 금욕주의에 빠지거나 에피큐로스철학처럼 쾌락주의에 빠질 수도 있다.

요약하자면 우리가 살고 있는 이 세계는 하나님이 질서있게 만드신 아름다운 곳이요 하나님이 역사를 주관하시며, 이 세상의 모든 만물은 본래 선하기에 우리가 감사함으로 받아 기쁘게 누려야 할 우리의 삶의 장(場)인 것이다. 이 삶의 장에서 하나님이 우리의 삶을 주장하시도록 그에게 열어드리며, 그의 뜻에 맞추어 순종하되 적극적으로 변화와 진보를 도모할 때 우리 안에서 성령이 더욱 힘있게 역사하신다.

3. 이 세계는 무엇이 문제인가?

이 아름다운 세계가 왜 이렇게 문제가 많은가? 그것은 죄 때문이다. 죄가 세상을 이렇게 문제투성이로 부패시켜 놓은 것이다. 성경이 가르치는 바에 의하면, 죄의 본질은 첫째로 하나님을 대적하는 것이다(시 2:2; 롬 8:7). 특별히 창세기 3장에 나타나 있는 죄의 시작을 보면 죄는 하나님의 말씀을 의심하고, 인간의 이성으로 재해석하며, 그 말씀의 신적 권위를 멸시하고 자기 생각을 주장하는 데 있다(참조, 삿 21:25). 이 점에서 죄는 정치적 성질을 갖는다.

둘째로 죄는 하나님을 떠나 물러가는 것이다(사 1:4). 어원적으로 '표적을 놓치다'는 뜻이 함축하고 있는 바에 의하면 표적에서 멀리 빗나가는 것을 두고 말하고 있듯이 호세아의 음란한 아내의 이야기(호 1:2; 2:5, 13)나 예수님의 탕자의 비유(눅 15:11-24)가 가르쳐 주고 있는 대로, 죄는 하나님에게서 멀리 떠나 물러가는 것이다. 죄는 하나님과 사람 사이를 갈라 서로 멀어지게 한다(사 59:2). 그래서 죄에는 관계적 성질이 있다.

셋째로 죄는 하나님의 은혜를 거부하는 것이다(롬 1:21). 죄는 하나님의 은혜를 알지 못하고 하나님께 감사하지 아니한다. 탐욕 때문에 돈과 쾌락을 좋아하고 무정하고 무자비하며 각종 악을 행한다(롬 1:28-32; 딤후 3:1-4). 그래서 죄에는 윤리적 도덕적 성질이 있는 것이다.

이상에서 본대로 죄는 정치적, 관계적, 윤리적 성질이 있어서 인간으로 하여금 자기를 주장하게 하고, 하나님과의 관계가 멀어지며 윤리적으로 악을 행하는 것이다. 이 죄 때문에 하나님에 대한 우리의 열린 관계가 닫힌 관계로 변질되고(창 3:16), 땅이 황폐되어 우리의 삶이 힘들어지고(전 3:23), 죽음을 당하며(창 3:19; 롬 6:23), 우리는 참으로 곤고함을 깊이 느끼게 되는 것이다(롬 7:24). 우리는 이 무거운 사망의 그늘에서 벗어나고자 몸부림을 치게 된다.

4. 문제에 대한 해결책은 무엇인가?

곤고함을 깊이 느낀 바울이 예수 그리스도로 말미암아 하나님께 감사·찬양하는 바, 우리의 문제의 해결책은 오직 예수 그리스도이다(롬 7:25; 요 14:6). 우리는 그리스도 안에서 참된 자유와 행복과 영광스런 기쁨을 맛보게 된다(요 8:32; 벧전 1:8).

그러면 왜 예수 그리스도가 우리의 문제의 해결책인가? 하나님이 약속하신 때가 되어 율법의 저주와 얽어매는 힘으로부터 우리를 자유케 하려고 사람의 몸을 입고 마리아의 몸에서 태어나셨기 때문이다(갈 4:4-5). 율법을 매개로 하여 힘을 발휘하는 죄(롬 7:5)와 죄의 조성자인 사탄의 세력을 꺾기 위해서 하나님이 친히 사람의 몸으로 태어나셨기에 참 하나님이요 사람이신 예수 그리스도가 우리의 문제의 해결책이신 것이다.

그는 하나님의 아들이실지라도 율법이 범법자에게 요구하는 바 저주와 형벌과 죽음을 해결하기 위해 고난 가운데서 순종하시므로 우리의 구원의 근원이 되셨고(히 5:8-9; 빌 2:8), 빌라도의 법정에서 세상권세에게 재판을 받아 정죄당하시므로 우리가 받아야 할 정죄를 대신 받으셨으며(롬 8:1, 33; 요 3:18-19; 5:22-29), 십자가에 못박혀 피흘리심으로 우리의 죄를 위한 대속제물이 되어 죄의 저주와 형벌을 친히 받으셨을 뿐 아니라(사 53:5-6; 갈 3:13), 그가 흘린 피로 죄를 깨끗이 용서하신 바 하나님의 은혜가 확보되었고(롬 3:25; 히 9:14), 그가 십자가에서 죽으심으로 말미암아 그는 하나님의 보좌로 나아가는 길이 되셨다(히 10:19-22; 요 14:6). 그는 죽은 자 가운데서 부활승천하여 하나님 보좌 우편에 앉으심으로 우리의 대제사장으로서 우리를 위하여 간구하시고(히 7:25-28; 롬 8:34) 왕으로서 통치하시며(엡 1:20-22) 보혜사 성령을 보내신다(요 16:7; 행 2:23). 또한 마지막날에 육체로 재림하시어 심판하시고(요 5:27-29; 계 22:12) 신천신지에서 성도들과 함께 왕노릇하신다(계 22:1-4).

이와 같이 참 하나님이시자 사람이시요, 우리의 대속제물이자 대제사장이며 왕이신 예수 그리스도가 이 땅에 오시어 고난을 당하고 십자가에서 피흘려 죽고 부활승천하실 뿐 아니라 장차 재림하시므로 그는 우리의 문제를 해결하시는 것이다. 뿐만 아니라 그가 보내신 보혜사 성령께서 우리로 예수님을 믿고 회개하게 하고 믿음으로 의롭다 함을 받으며 성령과 말씀으로 정결해지고 하나님의 형상을 회복함으로써 우리는 성령 안에서 풍성한 삶을 누리게 되는 것이다.

5. 구원받은 성도에게 무슨 일이 있게 되는가?

그리스도가 우리의 죄문제의 해결책이라고 하면, 그가 성취해 놓은 구원의 은총을 성령께서 성도에게 누리게 해 주신다. 즉 성령으로 말미암아 예수 그리스도를 믿고 회개할 때 구원의 은총을 선물로 받아 누리게 되고, 그리스도를 믿고 회개하면 하나님과의 친밀한 사랑의 관계가 회복되어 하나님의 아들의 권리를 회복하고 성령과 그리스도의 피로 정결케 되어 하나님의 형상을 회복하며 성령으로 충만하게 되는 것이다.

(1) 믿음과 회개

부활승천하신 그리스도가 하나님 아버지께로부터 받아 보내주신 성령께서 하나님의 택한 백성을 위해 가장 중요하게 하시는 일은 그들 안에 그리스도를 믿는 믿음을 심어주는 것이다. 죄로 말미암아 하나님과의 단절된 관계를 회복하는 길은 하나님과 사람 사이의 유일한 중보자이신(딤전 2:5) 예수 그리스도를 믿는 믿음이다. 그러므로 그리스도가 성취한 구원의 은혜는 성령이 우리 안에 믿음을 심어 줌으로써 우리에게 유익을 주는 것이다(칼빈, 『기독교강요』Ⅲ. i. 1). 성령은 믿음을 통해서 우리를 그리스도에게 연합시켜 그리스도가 우리 안에 거하고 우리의 주인이 될 수 있게 하는 띠이다. 성령이 없이는 하나님의 부성적 은총이나 그리스도의 은택을 아무도 맛볼 수 없다(롬 5:5; 고후 13:13, 『기독교강요』Ⅲ. i . 2).

믿음은 하나님의 말씀에 기초하여 우리를 향한 하나님의 뜻이 무엇인가를 아는 것이다. 그리고 하나님의 선하심과 사랑을 아는 것이기도 하다. 하나님의 긍휼과 참되심에 대한 지식을 성령께서 우리의 마음 깊숙이 심어줌으로써(롬 10:10) 구원의 확신을 가지고 담대하게 마귀와 죄와 사망을 이겨내야 참 성도이다(히 3:6; 요일 5:4). 하나님의 사랑이 마음에 차고 넘침으로 힘을 얻어 죄를 물리치는 것이다(『기독교강요』Ⅲ. ii. 2, 16, 18, 21).

믿음과 함께 역사하는 회개는 우리의 삶을 하나님께로 참되게 전향하여 우리의 육체(세속적 죄성)를 근원적으로 죽이고(렘 4:1, 3-4) 우리의 악한 정욕들을 끊어낸다(엡 4:22-23). 이 회개는 진정으로 경외하는 데서 우러나오며, 하나님의 심판을 두려워함으로써 가능하다(행 17:30-31; 고후 7:10, 『기독교강요』Ⅲ. ii. 6-8). 회개의 목적은 우리 안에서 하나님의 형상을 회복시키는 것인데, 우리 안에는 중생한 후에도 악을 촉발하는 불씨가 남아 있어서 죄에 대한 투쟁이 일평생 지속되는 까닭에 우리의 회개도 일평생 지속되어야 하는 것이다(『기독교강요』Ⅲ. iii. 9).

성령으로 말미암아 우리가 회개하게 되면, 마귀의 올무에서 벗어나 성령의 지배를 받아 살고자 하는 열망을 갖게 되고, 자기의 죄를 구차하게 변명하기보다는 죄 용서를 구하는 마음이 있게 되며, 자신의 허물을 찾아내어 자신에 대해 분개하고, 죄인들에 대한 하나님의 진노가 준엄함을 알고서 떨며 두려워하고, 자기의 본분을 행함에 있어서 열심을 품고서 기꺼이 순종하려는 적극적 자세를 갖게 되며, 자기의 죄를 날카롭게 검토하고 비판하게 된다(『기독교강요』Ⅲ. iii. 15).

회개의 열매들로는 하나님을 찬양하며 감사하는 바 하나님에 대한 경건의 의무와, 이웃을 섬기며 이웃과 사귐을 갖는 바 사람에 대한 사랑의 의무와, 전생애를 통해 거룩하고 순결해야 하는 바 자기 자신에 대한 근신의 의무 등이 있다(『기독교강요』Ⅲ. iii. 16). 성령은 우리로 하여금 회개를 촉구하면서 십계명의 둘째 돌판의 의무들을 상기시키는 것이다.

(2) 칭의와 성화

성령께서 우리 안에 믿음을 심어 주어 우리가 예수 그리스도를 믿어 그와 연합되면, 그리스도의 의 때문에 그리고 그가 십자가에서 저주와 형벌을 받아 피흘려 죽으시고 부활하심으로 성취하신 구속으로 인하여, 우리는 하나님 앞에 죄인이 아니라 죄를 용서받은 의인으로 하나님께 용납되어 그의 자녀의 권리를 얻게 된다(엡 1:5-6). 즉 하나님의 은혜로 값없이 의롭다 함을 받아(롬 3:24) 하나님과의 바른 관계를 회복하여 화목하게 되는 것이다(고전 5:18-20; 롬 5:8-10).

믿음 자체에는 아무런 가치나 능력도 없지만, 생명이요 의이신 그리스도를 믿음으로 소유하고 그에게 연합되는 까닭에 우리가 의롭다 함을 받게 되며 그 믿음이 권세가 있는 것이다(『기독교강요』Ⅲ. xx. 23). 믿음으로 의롭다 함을 받는 자는 하나님과 화평케 되고 하나님의 자녀의 권세를 가지고 그의 영광을 바라고 즐거워하게 되며 환난 중에서도 하나님의 사랑에 감격할 뿐만 아니라, 하나님의 진노에서 놓임 받은 것을 알고 하나님을 즐거워하며 큰 기쁨을 누린다(롬 5:1-11).

칭의가 죄를 용서받아 죄의 형벌에서 자유케 되는 것이라고 하면(롬 8:1), 성화는 그리스도의 피로 말미암아 의인된 성도를 성령께서 죄에 대하여 죽게 할 뿐 아니라 정결케 하는 사역이다(히 9:14). 확정적 의미에 있어서 성화는 우리를 죄에 대하여 죽게 하고 그리스도와 함께 부활하여 새로운 피조물이 되게 하신(롬 6:1-5) 성령의 사역이고, 점진적 의미에 있어서 성화는 우리를 계속 새롭게 하고 그리스도의 형상으로 회복시켜 은혜 안에서 성장케 하며 온전히 거룩하게 하시는(벧전 1:15-16) 성령의 사역이다. 확정적(definitive) 성화가 직설법(indicative)으로서 전적으로 성령의 사역이요 그리스도의 십자가의 죽음과 부활과의 연합에 근거한 하나님의 은사라고 한다면, 점진적 성화는 확정적 성화에 근거하여 성도들에게 능동적이고 적극적인 노력을 요구하는 하나님의 명령법(imperative)이다(참조, 고후 7:1; 빌 2:12-13; 히 12:4).

이 성화는 우리의 몸을 하나님이 기뻐하시는 거룩한 산 제물로 하나님께 드리는 것이기에(롬 12:1), 이제 후로는 우리가 오직 하나님의 영광만을 생각하고, 말하고, 묵상하며 실행하는 삶을 사는 것이다(『기독교강요』Ⅲ.vii. 1). 우리는 하나님께 헌신되었기 때문에 이제는 더 이상 우리 자신의 것이 아니고 하나님의 것이 되었으므로, 살아도 하나님을 위해서 살고 죽어도 하나님을 위해서 죽고, 하나님의 지혜와 의지가 우리의 모든 생각과 행동들을 다스리게 해야 한다. 그러기에 그리스도인의 성결된 삶은 하나님의 말씀에 전적으로 순종하여 자신을 부인하고 날마다 자기의 십자가를 지는 것으로 시작된다(참조, 마 16:24). 그리고 마음이 청결한 자가 하나님을 볼 수 있는 것처럼(마 5:8), 거룩함을 좇아 행할 때 하나님을 볼 수 있다(히 12:14; 요일 3:2-3).

(3) 구속의 목적과 영성

성령께서 그리스도 안에서 우리를 구속하신 데는 목적이 있다. 우리로 하여금 목적을 두고 거룩함을 이루어 가게 하신다. 첫째는 선한 일에 열심하는 친백성으로서(딛 2:14) 하나님의 아름다운 덕과 영광을 선포하게 하기 위함이다(벧전 2:9; 빌 1:11).

둘째는 하나님의 형상을 회복하는 데 있다. 그리스도 안에서 이제는 옛 사람을 단번에 벗고 새 사람을 입어 하나님의 새로운 피조물이 된 까닭에 날마다 새로워져야 하며(엡 4:24; 골 3:10) 그 아들의 형상을 본받아야 한다(롬 8:29-30).

셋째는 성령으로 거듭나고 변화를 받음으로 하나님의 나라에 들어간다(요 3:3, 5). 그리스도가 주인이요 왕이신 그 나라에서 그리스도의 은혜의 통치를 받아 순종하며 내세를 소망하고 묵상한다(롬 8:18, 23; 히 11:10, 16).

이처럼 기독교의 영성은 날마다 자신을 부인하며 고난 속에서도 즐거워하고 성령으로 충만하여 하나님의 임재와 사랑을 감사하며, 우리의 삶 가운데 그리스도를 주인이자 왕으로 모시고 하나님의 영광을 위하여 열정적으로 순종하고 헌신하여 사는 것이다.

경성과 경건

게 이르는 연습과 관련하여 말과 행실과 사랑과 믿음과 정절에
 본이 되고, 성경 읽는 일과 가르치는 일 등에서 전심전력하여
를 나타내야 하고, 경건과 형제우애 등에 있어서까지도 더욱 힘
영원한 나라에 들어갈 수 있는 것이다.
리의 선생이신 예수님은 친히 고난을 통해 순종하심을 배웠고
:8), 십자가에서의 죽음을 목전에 두고서는 땀방울을 쏟아 흘리
 혼신의 힘을 다해 기도하셨는가 하면(눅 22:44), 평소에는
 좇아 규칙적으로 기도하시고 때로는 밤 늦게까지 하셨다(눅
; 22:39). 그래서 예수님은 자기의 제자들에게 자신을 부인하
기 십자가를 날마다 지고 따르라 했으며(마 16:24) 늘 깨어서
라고 명하셨다(눅 22:46). 칼빈에 의하면, 기도는 믿음의 주
훈련이요 연습 또는 운동(exercise)이며 의무이다(『기독교강요』
. 1-2). 제자들이 날마다 십자가를 지는 일이 곧 훈련이요, 기
믿음을 강하게 하는 연습이요 훈련이기에, 예수님의 제자들의
로 인도함을 받는 삶은 훈련의 삶인 것이다.
째는 그리스도 안에서 우리가 회복한 하나님의 형상이 죄로 인
아주 손상되어 우리의 신지식(神知識)이 지극히 왜곡되기 때문
우리가 하나님과의 교제 가운데서 깊이 있는 삶을 살기 위해서
님을 아는 지식이 온전해야 하는데, 이를 위해서 성경말씀을
 읽고 묵상하며 연구하고 또 성령의 비추임과 깨우치심을 받기
기도해야 하는 것이다. 성경말씀 묵상과 기도가 없이는 하나님
 아는 지식이나 하나님과의 깊은 교제가 있을 수 없다.
는 죄가 뿌리 깊은 습관을 형성하고 있기 때문이다. 죄는 육
리 깊은 습관을 통해서 작용한다(롬 3:9-18; 고전 3:3). 우
의 결심만으로는 우리의 습관이 더 악화될 수 있으며, 성령의
 통해서 우리가 바로 잡히고 변화될 수 있는 것이다.
데 우리의 육신적 죄성은 아주 교활하여 하나님과의 교제하
을 오용하게 하기도 한다. 예를 들면, 성령의 은혜의 외적

제6장

영성 훈련

기독교의 영성은 성령으로 말미암는다.
매를 통해서 그 영성이 충분하게 계발된다.
령께서 자기의 기쁘신 뜻대로 성도들에게
시지만, 성도가 사모하며 구해야 하고 그
또한 성령의 열매도 성령이 친히 성도 안에
를 더욱 힘써 우리가 잘 풍성하게 맺어야
이로써 우리가 더욱 신령할 뿐 아니라, 하
적으로 헌신하여 살 수 있게 된다. 이를
적절한 원리와 방법에 따라 훈련을 받을

1. 영성 훈련의 필요

첫째는 하나님의 백성인 예수님의
ciples), 군사, 운동선수 또는 농부와도
그래서 경건과 영성을 위한 훈련이 필요
8). 이 훈련은 전심전력을 요구한다(딤

방편인 성경 말씀 연구, 성찬과 기도 등을 활용함에 있어서 하나님의 영광을 구하는 대신에, 관례적으로 정해진 방법에 따라 형식적으로 자기 중심적 성취를 위해서 하는 것이다. 그리고 그것이 건전한 영적 훈련인 줄로 착각하고 스스로 만족한다. 그러나 외식적이고 자기 중심적인 영성 훈련은 아무런 유익이 없고 오히려 사망을 가져올 뿐이다.

넷째는 기독교 영성이 우리의 실제적 삶에서 열매를 맺기 때문이다. 즉 그리스도인들은 실제 생활에서 선한 일을 위해 꾸준하게 열심을 내야 한다. 이 같은 선한 삶은 성령의 충만함과 인도하심을 따라 되어지지만, 이를 위해서 성령은 각종 은혜의 방편들을 사용하여 그리스도인들을 훈련시키신다(히 12:8).

2. 영성 훈련의 바른 활용과 거짓된 활용[1]

(1) 내적 훈련

① 말씀 묵상훈련

구약에서 모세의 경우를 보면, 여러 차례 흔들리고 주저앉고 싶었지만 하나님의 음성을 듣는 가운데 힘을 얻어 순종하는 법을 배웠다. 실제로 성경은 "사람이 그 친구와 이야기함 같이 여호와께서는 모세와 대면하여 말씀하셨다"(출 33:11)고 증거한다. 다윗은 하나님의 말씀을 묵상하는 자가 복이 있다고 자주 강조한 바 있다(시 1:2;

---

1) 리차드 포스터, 『영적 훈련과 성장』(생명의 말씀사, 1997)과 달라스 윌라드, 『영성 훈련』, 엄성옥 역(은성, 1993)에 소개되어 있는 영성 훈련의 분류를 기초하였으나, 참고자료로 나용화의 "칼빈의 기도론"『개혁신학』1994년 봄. pp. 73-98과 "성화와 기독교 윤리" 1995년 가을, pp. 65-102를 활용했다

19:14; 119:15-16).

성경을 묵상할 때 예수 그리스도와 깊은 교제 가운데 들어가며 하나님의 영광스런 임재를 경험하고, 하나님이 우리와 함께 계실 뿐 아니라 함께 동행하시는 것을 알 수 있게 된다(참조, 계 3:20). 주님은 우리가 말씀을 묵상할 때 우리 마음의 성소에서 영원한 성찬을 나누기를 원하시며, 우리가 영원한 생명을 풍성하게 누리기를 바라시는 것이다. 이로써 우리의 속사람이 변화되고 마음의 성소의 그 중심이 뜨거워지며, 성령 안에서 의와 평강과 희락을 누리게 된다(롬 14:17).

그런데 성경의 묵상의 특징은 동양의 이교적(異敎的) 묵상과는 근본적으로 다르다는 사실에 유의해야 한다. 동양의 묵상은 마음을 비우기 위한 노력이요, 세상에서 격리되는 것과 무아(無我) 상태에 이르는 것과 현실에서 초연하는 것 등을 목표로 하는 데 반하여, 기독교의 성경적 묵상은 마음을 채우기 위한 훈련이요, 세상에서 소금과 빛의 역할을 힘써 하는 것과 현실에서 하나님께 감사하고 만족하며 하나님을 가까이하고 즐기는 것을 목표로 하는 점에서 크게 다르다.[2]

포스터는 그의 『영적 훈련과 성장』에서, 묵상을 위한 준비로 일정한 시간을 정하고 조용한 장소를 마련하며 주위를 집중할 수 있고 편안한 자세를 취할 것을 권하고 있다. 그리고 기본적인 자세로는 등을 바로 세우고, 손을 무릎 위에 살며시 놓고 손바닥을 펴서 무엇을 받는 자세를 취하고 눈을 감을 것을 소개하고 있다. 또한 성경 말씀을 내면화시키고 창조세계를 묵상하거나 시대의 사건들을 묵상하는 것을 방법으로 제시하고 있다.[3]

---

[2] 리차드 포스터, 『영적 훈련과 성장』, pp. 38-39.
[3] 상게서, pp. 49-55; 말씀 묵상 훈련에 대해서는 제7장 "Lectio Divina와 영성"에서 상세하게 다루었다

포스터가 소개하고 있는 묵상을 위한 기본 자세는 토마스 머튼이나 로마 카톨릭 교회가 권장하고 있는 것으로서 불교의 가부좌와 참선을 연상케 한다. 성경의 말씀 묵상훈련은 자세에 대하여 언급하기보다는, 성경에서 하나님의 뜻을 깨달아 거룩한 삶을 살고 우리 자신을 하나님께 산 제물로 드리는 것과(롬 12:1-2), 그리스도의 십자가와 부활 및 내세를 묵상하므로 이 땅에서 그리스도의 은혜를 감사하고, 하나님의 영광을 위하여 살며, 장차 있을 몸의 부활을 소망하는 데 중점을 둔다(『기독교강요』Ⅲ. ix. 1-3). 바울의 경우 그리스도와 그가 십자가에 못박혀 죽으신 것만을 알고 자랑할 만큼 그리스도의 십자가를 묵상했다(고전 2:2; 갈 6:14).

② 침묵훈련
우리는 침묵할 때 각종의 소리들(소음, 음악, 말소리)로부터 우리를 차단한다. 소리는 어떻게 보면 우리의 영혼을 혼란시키는 경우가 많다. 따라서 우리의 영혼을 위해서 TV, 라디오, 녹음기 또는 전화를 꺼두는 시간이 필요하다. 이렇게 침묵을 훈련하면 하나님을 향하는 삶의 변화를 지속하는 데 크게 도움이 되고, 온유한 하나님의 음성을 깊이 있게 듣게 되며, 영적으로 힘을 얻게 된다(참조, 마 12:19; 사 30:15).[4]

우리가 하나님과 교제하고자 한적한 곳에서 홀로 시간을 갖고 기도하는 경우는 성경에서 흔히 볼 수 있으나(참조, 마 14:23; 26:36-46), 우리는 오히려 대화 속에서 하나님을 배울 수 있으며(참조, 눅 2:46), 절대적 의미에서의 침묵에 대해서는 성경이 말하고 있지 않다. 이는 하나님이 본래 말씀과 계시의 하나님이시요, 기독교의 본질이 하나님과의 말씀을 통한 교제이기 때문이다.

---

4) 달라스 윌라드, 『영성 훈련』, p. 188.

③ 기도훈련

기도는 믿음의 주요한 연습이며 힘쓰고 애써 규칙적으로 그리고 무시(無時)로 성령 안에서 해야 하고(눅 11:8-13; 엡 6:18), 또한 기도의 내용을 배워서 해야 한다(눅 11:1). 기도에는 훈련이 필요한 것이 사실이다.[5]

교회 안에서 실제로 행하여지고 있는 기도훈련 가운데는 새벽기도, 철야기도(또는 심야기도), 금식기도, 작정기도, 산기도, 다니엘기도 등 다양한 방식들이 있다. 이러한 방식들 가운데 성경적으로 그리고 전통적으로 사용되고 있는 건전한 경우도 있으나, 인위적으로 왜곡시켜 하는 기도훈련이 많이 있는 듯하다. 예를 들면, 불교식의 날자 계산에 따른 백일 작정기도라든지, 모세와 예수님이 40일 금식기도를 했으므로 금식기도는 꼭 40일을 해야 온전하다고 주장한다든지, 다니엘이 예루살렘을 향해 하루 세 번씩 기도한 것처럼 교회당을 향하여 하루 세 번씩 정한 시간에 기도해야 응답과 성취가 있을 줄로 믿는다든지 하는 것은 비성경적이다.

참된 기도는 육신적이고 세속적인 생각을 버리고, 회개하는 마음으로 겸손하게, 그리고 인내심을 가지고 해야 한다(『기독교강요』 Ⅲ. xx). 그리고 기도는 다양한 방식으로 열심을 가지고 하되, 성경적으로 건전한 방식을 좇아 하면 영성 계발을 위해 크게 유익하다.

④ 금식훈련

신구약을 막론하고 모세, 다니엘, 에스더, 예수님 등 많은 사람들이 금식을 통하여 하나님께 간절히 매달릴 수 있었다. 금식의 목적은 기도하며 하나님을 힘써 섬기는 데 있다(눅 2:37; 행 13:2). 그리고 중보기도의 효력을 증대시키고(욜 2:15-16; 에 4:16) 육체를 쳐서

---

5) 기도 훈련에 대해서는 제8장 "기도와 영성"에서 다루었다

복종시키는 데 있는 것이다(시 35:12). 칼빈에 의하면 금식은 권징의 한 방법이며, 육체를 굴복시켜 기도와 거룩한 묵상을 더 잘 준비하고 하나님 앞에서 겸비해지기 위하여 행한다(『기독교강요』 Ⅳ. xii. 14-15).

  그러나 금식훈련의 경우 준비가 부족하거나 금식 중 운동이 부족하거나 또는 금식 후 음식 조절을 잘 못할 경우 건강을 크게 잃을 수가 있다. 또한 금식을 문제 해결의 만능 열쇠로 오해하여 금식만하면 모든 어려움이 저절로 해결될 줄로 착각하기도 한다. 그런가 하면 금식을 하고 나서 영적으로 교만해져 금식하기 이전보다 신앙적으로나 윤리적으로 더 악해지는 경우도 허다하다.

⑤ 검약과 희생훈련

  검약은 명예욕, 사치욕, 허영심을 만족시키기 위하여 돈이나 재물을 사용하는 것을 절제하는 것이나, 희생은 자신의 삶을 위해 필요한 어떤 것들을 포기하고 하나님과 이웃을 위해 기꺼이 바치고 베푸는 행위이다(참조, 딤전 5:17-18; 롬 12:13; 잠 11:25). 검약은 사치와 향락을 예방하고 경제적인 부채 때문에 당할 수 있는 정신적 강박을 미리 면할 수 있게 해 준다.[6]

  그리고 희생은 베푸는 일을 통해 하나님의 은혜를 체험케 하기도 한다. 마게도냐교회는 극한 가난 속에서도 풍성한 헌금을 예루살렘교회를 위해 준비하여 드림으로 하나님의 은혜를 크게 체험한 바 있다(고후 8:1-7).

  검약은 하나님의 소유권을 인정할 때 가능하다. 재물에 대한 하나님의 주인되심을 알지 못하고서 행하는 검약은 깍쟁이요 구두쇠일 뿐이다(잠 11:24). 우리는 하나님이 선물로 주신 줄로 알고 감사함으

---

[6] 윌라드, 상게서, pp. 193-194.

로 받아 재물을 적절하게 사용할 줄도 알아야 한다. 즉 우리의 삶에 유익하고 도움이 되도록 선용해야 하는 것이다. 하나님은 우리의 필요를 위해서 뿐만 아니라 즐거움을 위해서도 재물을 주셨기 때문에 적당하게 사용하는 것이 미덕이다. 그러므로 하나님의 소유권을 인정하고 감사함으로 받아 사용하되, 내세를 묵상하는 중에 검소하게 살아야 하는 것이다(『기독교강요』Ⅲ. x. 1-4).

그러나 엄밀하게 말하자면, 이 세상의 모든 것의 주인은 오직 하나님 한 분뿐이시고, 인간의 소유는 아무것도 사실상 없기 때문에 인간에게는 사실상 검약하거나 희생할 것이 없는 것이다(참조, 욥 1:21).

따라서 재물이 하나님께로부터 오는 선물(약 1:17; 고전 4:7)인 줄 알면, 우리가 함께 나누며 사는 것이 너무나 당연하다. 그런데 어떤 사람들은 다른 사람에게 피해를 주면서까지 돈을 아끼거나 필요한 경우에도 사용하지 않는다. 또 어떤 사람들은 빚을 져 가면서까지 과도하게 헌금하거나 이웃에게 베푸는 일이 있는데, 이것은 희생이 결코 아니다.

⑥ 순결훈련

하나님 앞에서 하나님의 자녀로서 그리고 그리스도 앞에서 그리스도의 신부로서, 또한 성령님에 대하여 거룩한 성전으로서 우리는 믿음의 순결을 지켜야 한다. 오직 여호와 하나님만을 예배하고 섬김으로 음행을 피해야 하고(참조, 렘 3:1-2), 오직 예수만을 우리의 유일한 중보자요 구주로 알고 그를 사랑해야 하며(엡 5:28-33), 성령의 전으로서 자신을 성결케 해야 한다(고전 6:19-20; 고후 6:16-17).

이 같은 순결에 기초하여 부부간에도 거룩함과 존중함이 있어야 하는 것이다(살전 4:4). 부부관계는 충분한 성적 교제를 통해서 서로 하나가 되며, 인격적으로 깊이 사랑을 나누게 된다(참조, 창 2:24-25). 그러기에 부부간의 순결은 배우자와의 적극적인 성적 교제를 위해 정성껏 공(功)을 들일 때 유지되며, 배우자의 유익을 먼저 생각하고 피차 순종할 때 가능한 것이다.

순결과 관련하여 주의할 것은, 불신자를 전도할 목적으로 혼인하는 것은 그럴듯한 구실에 불과하고 성경적으로 적절하지 못하다(고후 6:14). 그리고 기도할 틈을 얻기 위하는 경우일지라도 부부간에 장기간 분방(分房)해서는 안 된다(고전 7:5).

⑦ 성경 연구훈련

성경말씀 묵상훈련과 통하는 훈련으로 성경을 연구하는 훈련도 있다. 예수님의 말씀에 의하면, 성경을 상고하면 그리스도를 만나 영생을 얻게 되며(참조, 요 5:39), 실제로 베뢰아교회 성도들은 마음의 문을 열고 성경을 간절한 마음으로 상고함으로써 그리스도를 영접하여 믿을 수 있게 되었다(행 17:11). 성령은 이처럼 성경을 연구하게 하여 우리의 신앙이 건강하게 자라나게 하신다. 그러므로 성경 연구가 없는 영성 훈련은 영적 낭만주의에 빠질 가능성이 크다.

오성춘에 의하면, 성경 연구훈련에는 지식훈련과 변화훈련이 있다. 전자는 성경 통독, 성경 옮겨 쓰기, 주제별 공부, 귀납적 공부, 성경 각 권 공부 등을 통해서 성경을 바로 배워 말씀에 순종하고자 하는 훈련이요, 후자는 성령의 한 단어나 문구를 깊이 묵상하는 가운데 나의 삶이 변화되어 하나님 앞으로 인도되는 훈련이다.[7]

성경 연구훈련은 성경 묵상훈련을 위한 준비로서 아주 중요하고 꼭 필요한 훈련이지만, 신앙적 자기 과시나 지식을 쌓기 위한 목적으로 하는 성경연구는 관념적으로 머리만 키우고 만다. 성경을 연구하는 데에만 치중하고 삶에 적용하여 실천하기를 게을리한다면 백해무익할 수 있다.

---

7) 오성춘, 『영성과 목회』, pp. 291-295.

(2) 외적 훈련

① 간소한 삶의 훈련

간소한 삶(simple life)이란 두 마음을 품는 대신에 한 가지에만 뜻을 두고서 거룩한 중심을 가지고 사는 것을 뜻한다. 즉 하나님의 나라와 의를 구하는 데 우선 순위를 두고 사는 삶이다. 이러한 삶을 위해 포스터는 열 가지 주요 원리들을 소개하고 있는데, 물건의 유용성을 고려하여 살 것, 중독성이 있는 것을 피할 것(커피, 술 등), 재물을 나누어 주는 습관을 기를 것, 충동 구매하지 말 것, 외상 구입하지 말 것, 위압감을 주는 일을 삼갈 것 등을 열거한다.[8]

우리는 하나님의 나라와 의를 구하는 일에 우선순위를 두고 살면서 이것을 방해하는 것들을 삼가야 할 것이나, 포스터가 열거한 원리들은 무슨 일이나 하나님의 영광을 위하여 하고(고전 10:31), 범사에 하나님을 인정하며 살라(잠 3:6)는 말씀으로 대신하는 것이 좋을 듯하다.

② 자적(solitude) 훈련

홀로 있을 때 하나님의 말씀을 묵상하며 기도하는 가운데 하나님을 만날 수 있다. 이 훈련을 위하여 포스터는 토막시간 사용, 하루종일 침묵하는 것, 며칠간의 휴식을 갖는 것 등을 제안했다. 예수님도 자주 홀로 계신 일이 있으나 기도하실 틈을 내기 위함이었을 뿐이다. 일부러 홀로 있는 훈련을 하는 것은 불교적 색채가 있어 보인다.

③ 복종과 섬김의 훈련

그리스도인은 자유인이면서 동시에 모든 사람의 종이요(막 9:35),

---

8) 리차드 포스터, 상게서, pp. 131-139.

왕 같은 존재이면서도 섬기는 자이다(마 20:26-28). 그래서 예수님은 우리에게 피차 복종하라 하셨고(골 3:18-22) 섬기기를 힘쓰라 하셨다(마 7:12). 서로 관용하고(딛 3:2) 대접하며(벧전 4:9) 짐을 서로 함께 져야 한다(갈 6:2).

우리는 비성경적, 비신앙적인 파괴적 제도나 명령에 대해서는 복종을 거부해야 하는데, 군사 독재자들을 맹종하는가 하면 주일 등교 지침을 거부하지 않는 목회자들과 성도들이 많다. 그리고 인간의 칭찬이나 외적 상급을 기대하거나 섬김의 대상을 선택하는 경우가 있는데 이러한 섬김은 거짓된 것들이다.

(3) 단체 훈련

① 죄고백 훈련

포스터는 죄고백이 하나님의 은혜이기도 하지만 훈련이기도 하다고 주장한다.[9] 그리고 개인적이기도 하지만 단체적이기도 하다고 한다(약 5:16). 죄고백을 훈련으로 보는 것은 로마 카톨릭 교회의 고해성사를 연상케 한다. 죄고백은 성령의 인도하심 가운데 자연스럽게 이루어져야 할 것이다.

② 예배훈련

포스터는 예배를 단체훈련으로 주장하고서 훈련의 방법을 열거한다. 첫째, 매일 하나님의 임재를 경험하는 시간을 갖는다. 둘째, 전적으로 하나님을 의지하는 일에 힘쓴다. 셋째, 예배를 미리 준비하고 예배 드리는 법을 익히며 예배 참석을 힘쓴다. 포스터가 말한 대로, 예배는 성도들이 집단적으로 정해진 시간과 장소에 모여 하나님께 드

---

9) 상게서, pp. 210-211.

리는 것이지만, 사실상 성도 개인이 다른 성도들과 더불어서 성령과 진리로 하나님께 드린다. 이 예배에는 찬양, 기도, 말씀 선포, 헌금 등의 순시가 있다.

그런데 요즈음 열린 예배가 개발되고 있다. 이 예배는 특별히 불신자들을 염두에 두고 드려지는 것으로서, 세속적인 악기와 방법들이 활용되고 복음송을 주로 부르며, 기도와 간증이 즉흥적으로 이루어진다. 이 예배는 엄밀하게 말하자면 성도들의 예배가 아니며, 세속적 곡조의 노래가 불러지고 있어서 참된 예배로 볼 수 없다. 이 열린 예배는 하나님께 드려지는 것이 아니고 인간의 상황을 먼저 고려한 인본주의적 집회에 지나지 않을 수도 있다.

③ 주일 성수훈련

주일(안식일)은 하나님이 최초로 복주시고 거룩하게 하신 시간(날)이다. 이날을 거룩하게 지킬 때 나머지 육일이 복되고 거룩하게 된다.

주일 성수할 이유는 첫째로 영원한 안식을 기대할 수 있기 위해, 둘째로 우리의 삶 가운데 행하신 하나님의 일을 생각해 보고 감사하기 위해, 셋째로 노동자들을 억압하지 않기 위해서이다. 주일 성수 방법으로는 예배, 독서(성경 읽기, 종교·교양서적 읽기), 대화, 친구나 동료 성도 방문, 가벼운 휴식이나 산책 등이 있다.

요즈음 여러 교회 안에서 중·고등학생들의 주일 등교와 학습을 돕기 위해서 주일 이른 아침 시간을 이용하여 주일학교 예배를 편법적으로 드리는 경우가 있다. 또한 주일 새벽예배로 주일 낮예배를 대신하고 일반적인 일을 보거나 원거리 여행이나 취미생활을 할 수 있게 주일 예배를 편리하게 드리는 경우도 있는데 이것은 삼가야 한다.

3. 성경적 영성 훈련[10]

성경에 보면 하나님의 은혜를 효과적으로 누릴 수 있게 성령의 은혜의 외적 방편으로 하나님의 말씀(행 15:7; 롬 10:17; 요 15:3)과 기도(딤전 4:4-5)와 성례(마 26:26-29; 28:19-20) 그리고 권징(히 12:10-11; 마 18:15, 17, 칼빈, 『기독교강요』 Ⅳ. xii. 2-8) 등을 허락하셨다. 또한 자기를 부인하고 날마다 십자가를 지는 삶을 영성 훈련을 위한 원리로 제시하였다(마 16:24; 갈 5:24, 칼빈, 『기독교강요』 Ⅲ. vi-viii.). 그리고 구약의 에스라(스 7:10; 9:1-6; 10:1-4)와 느헤미야(느 8:1-9:2; 10:28-39; 13:27)의 경우를 보면, 영성 회복을 위해서는 하나님의 말씀 앞에서 회개하는 일과 하나님 앞에서 하나님의 자녀 백성으로서 순결을 위해 혼인의 순결성을 지키는 것이 필요하다.

특별히 오늘의 시대적 형편을 볼 때 이혼이 급증하고 부부간에도 사실상의 간음과 강간이 자행되고 가정이 파괴되고 있고, 기독교인들의 윤리의식이 현저하게 낮아져 있어서 자기를 부인하며 십자가를 지는 훈련이 필요하고 사회 윤리적 차원에서 회개 운동이 필요하다.

---

10) 성경적 영성 훈련은 위에 소개된 훈련들을 성경적으로 계획하여 실시하면 좋을 것이나, 말씀공부와 묵상, 기도 그리고 경건훈련 등에 초점을 맞추는 것이 바람직하다. 이 다음에 소개된 7~10장에서 상세하게 다루었다.

제7장

Lectio Divina와 영성

본래 성경에서 "영성"(Spiritual)이라고 할 때에는 인간의 영이나 정신을 가리키기보다는 성령을 말한다. 예컨대 로마서 8장에서 "육신"과 대조되는 "영"은 인간의 내면적인 "영"이 아니고 "성령"이다. 성경은 인간에게서 영과 육이 대립되는 것으로 보지 않고, 죄의 지배 아래 사는 육적인 인간과 성령을 대립시켜 이해하고 있는 것이다.

그런데 헬라철학의 영향을 받아 "영적"이라는 용어를 인간의 정신과 관련지어 이해하고 정신적인 것, 곧 지적인 것을 선하게 여기는 풍조가 생겨나면서, 성경을 읽는데도 '하나님과의 관계'를 멀리하고 지식적으로 대하기에 이르렀다. 따라서 성경을 문법적으로 분석하여 연구하는 것만이 성경 해석의 첩경이라는 사상이 자리잡게 되었다. 이에 성경을 암송하고 묵상하며 영적으로 이해하고, 즉 성령의 조명을 받아 성경말씀에서 하나님의 임재를 체험함으로 하나님의 음성을 듣는 일이 소홀히 되고 교회는 영적 침체를 겪게 되었다.

어거스틴은 성경을 해석할 때 문법적 역사적 의미를 찾는 것은 기본적으로 중요하나, 그것이 성경의 목적이 아님을 강조했다. 그는 영적 해석, 즉 성경 본문에서 성령이 개인적으로 독자에게 주시는 의미를 발견하는 것이 성경 해석의 고유한 방법이라고 가르쳤다. 12세기의 귀고(Guigo II)도 하나님과의 개인적인 관계를 돈독하게 할 목적으로 성경을 읽어야 할 것을 강조했다. 그러던 것이 토마스 아퀴나스(1225-74년)에 이르러 성경을 조직적이고도 논리적으로 읽는 흐름이 발달되었고, 그 후로 지식적인 연구가 교회를 지배함으로써 Lectio Divina(렉티오 디비나)는 약화되었다.

그러나 이제 우리는 영적 회복을 위해 성 베네딕트(480~547)에 의해 발전되기 시작한 Lectio Divina의 전통을 회복할 필요가 있다. 우선 피터 툰(Peter Toon)의 "Meditating as a Christian"(Collins, 1991), 게이츠(Gary Bert Gates)의 "Bible Reading as Communion with God"(Regent College, 신학 석사 논문, 1995)와 피터슨(Eugene H. Peterson)의 "Caveat Lector"(CRUX, 1996. 3월)에 근거하여 Lectio Divina의 원리와 방법을 살펴본다.

1. Lectio Divina의 원리

(1) Lectio Divina의 정의

하나님 앞에서 겸손과 애정과 순종하는 믿음을 가지고 성경을 인격적(personally)으로 읽는 가운데, 성경 본문을 통해 하나님께서 말씀하시는 음성을 듣는 훈련을 Lectio Divina(divine reading 또는 meditative reading, formative reading, prayerful reading, Spiritual reading)라고 한다. 다시 말해서 하나님의 말씀을 입으로 반복하여 읽고, 마음속으로 암송하며 되새김하여 묵상하고 나서 하나님의 임재를 느끼며 감사함으로 기도한다. 그리고 그 말씀이 삶 속에서 이루어지기를 다짐하며 종일토록 명상하는 가운데 삶이 전체적으로 변화를 받는 훈련이 Lectio Divina이다. 이 Lectio

Divina에 의하면, 하나님에 대한 지식(informational knowledge)을 위해서가 아니라 살아 계신 하나님과의 만남을 통해서 하나님을 인격적으로 알고(personal and relational knowledge) 인생의 가치관과 목적뿐 아니라 성품까지도 근본적으로 변화되게 하기 위하여 성경을 읽는다.

따라서 Lectio Divina는 근본적으로 관계적(relational 또는 formative)이지, 지식적(informational)이지 않다. 즉, 살아 계신 하나님의 임재를 구하며 하나님을 만나 사귐(fellowship 또는 communion)을 갖는 데 있고, 성령으로 더불어 사는 데 있으며(갈 5:25), 하나님에 대한 합리적인 지식을 얻는 데 목적이 있지 않다. 또한 성경에서 영생을 얻기 위해 성자 예수님께로 나아가는 데 있다 (요 5:39-40). 그래서 청교도들의 경우 성경은 하나님의 뜻을 알기 위한 방편일 뿐만 아니라 살아 계신 하나님을 만나는 장(場)이었다.

이처럼 Lectio Divina는 학식을 위해 성경을 과학자처럼 분석하여 읽는 것이 아니고, 하나님을 사랑하는 자녀로서 성경말씀에 대하여 실제의 삶을 드림으로써 반응하며 읽어 나간다. Lectio Divina는 눈으로 성경말씀을 보고, 입으로 소리내며, 귀로 듣고, 가슴으로 느끼며, 손발로 실천하는 것이다. 그래서 Lectio Divina는 가장 훌륭한 영성 훈련이다.

(2) Lectio Divina의 성경적 근거

Lectio Divina를 의미하는 히브리어 용어는 '시아흐'(שִׂיחַ)와 '하가'(הָגָה)가 있는데, '시아흐'는 "암송하다", "곰곰히 생각하다"(창 24:63; 시 119:15)를 뜻하고, 하가는 "제비가 지저귀듯이 중얼거리다", "속삭이다", "깊이 생각하다"(시 1:2; 사 38:14; 잠 15:28)를 뜻한다.

헬라어로는 '프로멜레타오'($\pi\rho o\mu\epsilon\lambda\epsilon\tau\alpha\omega$)가 있는데 "대답하기

전에 생각하다"(눅 21:14)를 의미한다. 이상의 단어들을 비유적으로 생각해 보면, 소가 여물을 되새김질하듯이 깊이 생각하는 것을 의미한다. 말하자면, 성경의 구속사적 전체 흐름이나 역사적 배경 또는 문맥을 염두에 두고서 어떤 본문 말씀을 하루종일 조금씩 묵상하는 것을 의미한다.

Lectio Divina에 대한 성경적 근거로는 시편 1:2의 "(복 있는 사람은) 오직 여호와의 율법을 즐거워하여 그 율법을 주야로 '묵상'하는 자로다", 시편 19:14의 "내 입의 말과 마음의 '묵상'이 주의 앞에 열납되기를 원하나이다", 시편 119:15의 "내가 주의 법도를 '묵상'하며"(참조, 23, 27, 48, 78, 148절) 등이 있다.

특히 시편 **119편**에 나타난 Lectio Divina의 경우를 살펴보면, 하나님의 말씀을 사랑할 뿐 아니라(20, 97절) 하나님 자신을 사랑하기 때문에(10, 57절) 그 말씀을 깊이 묵상하고(15, 48, 97, 148절), 그 말씀을 위하여 기도하며(18, 22, 26, 149절), 그 말씀을 놓고 명상하며(103, 165-166절), 그 말씀을 인하여 찬미하며(7, 48, 171, 175절) 그리고 그 말씀에 순종하는 것이다(5, 17, 56, 168절).

신약성경에서는 마태복음 4:4의 "하나님의 입으로 나오는 모든 말씀으로 살 것이라", 요한복음 6:63의 "내가 너희에게 이른 말이 영이요 생명이라", 68절의 "영생의 말씀이 계시매 우리가 뉘게 가오리까", 15:7의 "너희가 내 안에 거하고 내 말이 너희 안에 거하면" 등이 그 근거를 제공하고 있다.

(3) Lectio Divina의 기본 요소와 목적

Lectio Divina의 기본 요소로는 우선 마음의 준비가 필요하다. 마음의 준비를 위해서는 무엇보다도 성령을 의지해야 한다(요 14:26; 16:13). 준비가 되면 성경을 읽는다. 성경 읽기와 관련해서 우선 중요한 것은 규칙적으로 시간을 정해놓고 읽는 것이다(딤전

4:13; 딤후 3:14-17). 성경을 읽으면서 묵상하고 그 후에 그 말씀으로 기도하며 기도하는 가운데 명상한다. 이처럼 Lectio Divina는 마음 준비, 말씀 읽기, 묵상, 기도, 명상 등이 기본적인 요소이다.

Lectio Divina의 목적은 하나님의 말씀을 통해 살아 계신 하나님과의 친밀한 관계를 깊게 하며, 사귐을 나누는 가운데 하나님을 찬미하고 하나님의 임재를 즐거워하며 성령으로 기뻐하고 예수 그리스도와 삶을 함께 하는 데 있다. 그리고 하나님이 그 말씀에서 독자에게 직접 인격적이고 실제적으로 들려주는 음성을 듣고 마음이 감동하여 생활에서 순종하는 데 있다.

(4) Lectio Divina의 필요

첫째, 서구교회가 Lectio Divina의 전통을 버림으로 해서 중세 수도원의 고행 주의를 피하기는 했으나, 말씀 묵상생활을 중단함으로 교회가 영적으로 쇠퇴하게 되었다. 따라서 영적 쇠퇴현상을 극복하려면 Lectio Divina의 전통이 회복될 필요가 있다.

둘째, 계몽주의의 영향과 함께 지식위주(scholatistic)의 성경 읽기가 발달됨으로, 성경을 지식적으로 이해하여 합리적으로 생활에 연결짓게 되었다. 따라서 살아 계신 하나님과의 관계가 무시되고 하나님과의 교제 속에서 이루어지는 정서생활의 결핍으로 인하여 영적 공허가 생겨났다.

즉, 하나님과의 정서적 교제를 가능케 하는 성경말씀 묵상이 없음으로 해서 영적 빈곤이 초래되었다. 다시 말해서, 성경 본문을 상품을 위한 원자재로 보고, 본문에서 얻은 지식을 상품(product)으로 비유하여 이해함으로써 살아 계신 하나님과의 인격적인 만남이 희생되고 만 것이다.

셋째, Lectio Divina가 오늘날도 중요한 것은 그것이 성경을 읽는 총체적 방법(holistic way)이기 때문이다. Lectio Divina는 독자로 하여금 하나님과의 참여적 교제(participatory communion)를 나누게 한다.

넷째, Lectio Divina는 전인적(全人的)인 성품의 변화를 가져오게 한다.

다섯째, 성경은 누구나 읽으면 그 자명성 때문에 알 수 있다고 하는 종교개혁의 원리에 Lectio Divina가 잘 부합된다. 뿐만 아니라 Lectio Divina를 통해서 오늘의 개신교가 중세기 교회의 좋은 전통까지 물려받을 수 있다.

(5) 영성 계발을 위한 거짓된 방법과 참된 방법

영성 계발을 위한 거짓된 방법들로는 하나님과의 접촉을 위해 황홀경에 이르려고 스스로 노력하는 신비주의적 방법과, 우리 안에 있는 신적(神的) 잠재력을 계발하려고 수련하는 수덕주의적(修德主義的) 방법, 동굴에 들어가 자신을 철저히 비우거나 죽이는 훈련을 통해 하나님을 직접 체험하는 고행주의적 방법 등이 있다. 한편 힌두교와 불교의 영향을 받아 초념(超念·TM)과 요가를 이용하는 방법도 있다.

이에 반하여, 참되고 건전한 방법으로는 성경에 의지하여 하나님의 객관적 계시인 성경말씀을 주의하여 읽는다. 그리고 성령의 인도함을 받아 묵상하며 기도하고 그 말씀대로 이루어지기를 소원하는 마음으로 하나님과의 실제적 사귐을 갖는 Lectio Divina가 있다.

여기서 말하는 영성 계발은 우리가 예수님처럼 신적 능력이나 속성의 소유자가 되기까지 각종 훈련을 통하여 자기를 계발하는 것을 의미하지 않고, 우리의 몸과 삶에서 예수 그리스도가 나타나고 존귀하게 되도록 믿음으로 순종하고 성령의 지배를 받아 사는 것을 뜻한다.

2. Lectio Divina의 방법

(1) 준비(preparation) : 마음 집중(concentration)

Lectio Divina를 위한 준비로는 살아 계신 하나님과의 깊은 만남과 사귐을 위해 조용한 시간과 장소를 확보해야 한다. 조용한 시간으로는 이른 새벽(시 5:3)이나 늦은 밤(시 17:3; 42:8)이 적절하고, 조용한 장소로는 골방이나 예배당 또는 산(눅 6:12; 9:28; 22:39)이 적절하다.

Lectio Divina를 위해 무엇보다 중요한 준비는 마음을 집중하는 것이다. 이를 위해서는 겸손히 성령을 의지하며(고전 2:10-12) 말씀을 들을 자세를 취한다. 우리는 흔히 마음이 너무 바쁘고 시간에 쫓기는 까닭에 차분하게 인내심을 가지고 듣지를 못한다. 우리는 말씀을 들을 자세를 취하면서 집중력을 길러야 한다. 예컨대 주변을 정리하고 자세를 단정히 하고서 예수님을 생각하되, 예수님과 나와의 관계 또는 나에 대한 그분의 사랑을 깊이 묵상한다.

그리고 하나님의 말씀을 들으며 그분과 교제할 준비가 충분하게 될 때까지 결코 서두르지 않는다. 그리고 성경을 펴기 전에 성령의 인도하심을 위하여 간절히 기도한다. 또한 하나님께 기쁜 마음으로 순종할 준비가 되어야 한다. 예컨대 마리아는 천사의 예기치 못한 메시지를 들었을 때, "주의 계집종이오니 말씀대로 내게 이루어지이다"(눅 1:38)라고 하며 기쁜 마음으로 순종하고자 했다. 주의할 것은 여기서 말하는 마음 집중은 인본주의적 마인드 컨트롤, 초념 또는 요가의 방법과는 전혀 다르다는 것이다.

(2) 성경말씀 읽기(Lectio: Reading) : 하나님의 말씀 듣기 (Listening)

기록된 글은 말하는 입과 듣는 귀를 전제한다. 그러므로 글을 읽을 때는 말하는 사람의 말씨와 말하는 내용을 잘 알아듣고 말에 담긴 뜻을 제대로 알아야 한다. 즉 해석(exegesis)을 잘 해야 하는 것이다. 물론 이 해석은 주관적인 은유적(allegorical) 해석과는 다르다.

말을 잘 알아듣는다는 것처럼 어려운 일이 없다. 부부 사이에도 말을 얼른 알아듣지 못하는 경우가 있다. 사이가 가까우면 가까울수록 더욱더 주의를 기울여 정확하게 듣고, 깊이 이해하며 적절하게 대답할 수 있어야 하듯이, 성경을 읽을 때에도 건성으로 읽어서는 안 된다. 성경을 통독하거나 속독하는 것이 어떤 면에서는 유익이 있을 수 있으나 묵상을 위해서는 바람직하지 못하다.

글의 행간(行間)을 읽고 해석할 수 있으려면 아는 척하고 읽어서는 안 된다. 글을 해석하는 것은 사랑의 행위이다. 다시 말해서, 성경 해석은 성경에서 하나님의 하시는 말씀을 귀담아 들을 만큼 하나님을 사랑하는 행위인 것이다. 따라서 하나님을 사랑하는 자는 그의 말씀을 결코 건성으로 읽거나 듣지 아니하며, 말씀을 잘 음미하고 숨은 뜻을 깨닫게 된다.

성경말씀을 묵상하기 위하여 읽는 방법과 순서는 다음과 같이 하는 것이 좋다. 우선 정해진 본문을 전체적으로 훑어 읽는다. 그 다음 천천히 소리내어 읽으면서 관심을 끄는 단어나 구절에 주목한다. 벌이 꽃에서 꿀을 모으고, 농부가 나무에서 열매를 따듯이 Lectio(읽기)는 성경 본문에서 특별한 단어들을 모아 연결지어 읽는다. 그리고 관주를 참조하여 관련된 성구나 병행구를 찾아 읽음으로 본문의 정황이나 뜻을 더욱 분명하고 확실하게 이해한다. 이를 위해서는 성경 전체의 주제, 목적, 역사적 배경 그리고 구속사적 흐름 등을 기본적으로 먼저 파악해야 한다.

또한 적어도 서너 차례 이상 본문을 읽으면서 그 본문에서 하나님으로부터 음성을 들어야 한다. 다시 말해서, 하나님이 독자에게 하시려고 의도하는 말씀을 그 본문에서 개인적으로 들어야 하는 것이다.

실제로 요한복음 10:1-6을 본문으로 위의 방법에 따라 읽어보라.

관심을 끄는 단어나 구절에 주목하라(예, '목자', '타인', '자기 양의 이름을 각각 불러'). 시편 23편이나 에스겔 34:11-16 등을 참조한다. 또한 요한복음 1-9장에서 예수님이 이름을 불러 주시고 인도하시고 용납해 주신 사람들을 차례대로 한 사람씩 점검해 본다(예, 베드로, 나다나엘, 니고데모, 수가성의 여자, 38년 된 병자, 간음하다 잡힌 여자, 소경 거지 등). 그리고 나서 1-6절의 본문을 서너 차례 천천히 읽어보라.

(3) 말씀 묵상(Meditatio: meditation) : 되새김(pondering)

동양적 묵상 방법은 어떤 한 단어, 또는 짧은 구절을 되뇌임으로써 자아의 중심에 이르는 내적 여행을 하고 그 결과로 득도(得道)를 시도한다. 이를 위해 복식 호흡과 가부좌(跏趺坐), 마인드 컨트롤(mind control) 등을 이용한다. 그러나 기독교적 묵상 방법은 하나님의 객관적 계시인 성경 말씀을 깊이 상고한다. 이때 구속사적 흐름, 전체 주제, 목적, 역사적 배경, 문맥 등을 고려하여 어떤 단어나 구절을 집중적으로 묵상할 수 있다.

그런 까닭에 Lectio Divina의 방법에 의해 말씀을 깊이 있게 읽게 되면 그 말씀의 세계 또는 정황 속으로 들어가 본문 말씀을 내면화시키게 된다. 즉, 마음속에서 그 말씀을 소화하여 현재적으로 이해하게 되는 것이다. 이것이 소위 묵상이다.

말씀을 묵상함에 있어서는 본문에 문자적으로 나타나 있지 않은 배경이나 상황을 전체적으로 깊이 생각하고, 본문의 주인공과 깊이 있고 살아 있는 대화를 나누거나 주요사상을 자기 것으로 만들어야 한다. 성경 본문 말씀의 가장 중요한 정황은 예수이다. 그러므로 모든 성경 본문은 예수님의 살아 계신 현존 앞에서 읽어야 한다. 예수님을 마음속으로 잘 그려(imagination) 생각할 수 있어야 한다.

조셉 홀(Joseph Hall, 1574-1656)은 말씀 묵상의 아홉 가지 유

익을 다음과 같이 소개했다. ① 우리 마음속을 살펴 내부에 있는 적을 찾아내어, ② 그 적을 쫓아내고 다시 들어오지 못하게 막으며, ③ 선한 방법들을 사용하여 선을 행하고, ④ 우리 자신을 알며, ⑤ 유혹을 예방하고, ⑥ 홀로 있는 것(solitariness)을 즐기며, ⑦ 들뜨기 쉬운 감정을 절제하고, ⑧ 우리의 지식에 빛을 던져주며, ⑨ 우리의 정서를 뜨겁게 하고 헌신을 활성화시켜 준다.

죠셉 홀은 묵상하는 사람의 자질과 준비를 강조했는데, 첫째는 마음을 정결케 해야 하고, 둘째는 세상적인 생각들을 버려야 하며, 셋째는 정신을 집중하여 피곤함 없이 지속하고, 넷째는 고요한 장소와 시간을 택하고 묵상하는 데 적절한 자세를 취하는 것 등을 언급했다.

조셉 홀은 묵상의 실제를 크게 두 부분으로 나누었는데, 첫째 부분은 이해(understanding)를 위한 열 단계이고, 둘째 부분은 정서(affection)를 위한 일곱 단계이다. 이해를 위한 묵상을 하는 데 시간이 더 걸릴지는 모르나, 정서를 위한 묵상이 조셉 홀에게는 더 중요하다.

이해를 위한 묵상의 첫 단계는 묵상을 위하여 선택한 주제를 확인하고, 다음에는 그 주제를 세부적으로 나누며, 셋째로는 본질적 내용을 살펴서 원인이 되는 것들을 찾아내고, 넷째로는 영생의 기쁨이 되는 그 내용의 열매들을 통해서 찬미와 감사의 노래를 하며, 다섯째로는 묵상하는 것의 목적을 생각하고, 여섯째로는 관련된 주요한 것들을 생각하되, 천국에서도 영원히 함께 있고 싶은 가족이나 친구나 그리스도와 관련하여 생각한다. 일곱째로는 묵상하는 것과 반대되는 상황을 비교하여 생각하고, 여덟째로는 그 반대되는 것들과 또 반대되는 것들을 생각하며(예, 앞 단계에서 죄의 결과와 지옥 형벌을 생각했다고 하면 이제는 천국에서의 잔치를 생각한다), 아홉째로는 우리가 묵상하고 있는 것에 적용될 수 있는 제목을 붙여보고 (예, 영원한 생명), 마지막으로는 성경적으로 확증을 얻는 것이다. 즉, 우리가 묵상하는 것이 성경적으로 보아서 적절하다는 확신을 얻어야 하는 것이다.

　정서를 위한 묵상의 첫 단계는 묵상하는 내용의 단맛이나 쓴맛을 마음으로 감지하여 감격을 느끼며, 둘째로는 이 같은 정서적 반응에 우리 자신의 허물과 우둔함을 애통하는 것이 따르고, 셋째로는 우리의 영혼이 하나님의 의를 갈망하며, 넷째로는 의를 갈망하여 하나님 앞에서 자신의 허물을 고백하며 자신을 철저하게 쳐 복종시키고, 다섯째로는 하나님께 용서를 구하며, 여섯째로는 하나님의 약속에 근거하여 더 열정적으로 힘있게 간구하고, 일곱째로는 간구한 것이 응답될 것을 확신하고 기뻐하는 것이다.

　그리고 조셉 홀의 경우 말씀 묵상의 결론은 감사이다. 이는 살아계신 하나님에 대한 사랑의 정서는 감사로 표현되기 때문이다. 말씀 묵상은 하나님께서 부어주신 사랑이 마음에서 넘쳐남으로 감사와 찬양과 기쁨으로 마무리되는 것이다. 더불어 하나님의 임재를 깊이 생각하며 즐거워하고, 살든지 죽든지 우리의 몸에서 그리스도가 존귀하게 되는 삶을 살고자 다짐하게 된다.

　조셉 홀이 소개하고 있는 말씀 묵상의 단계들을 더 간략하게 말하자면, 말씀 묵상의 기본은 성경 본문을 읽는 가운데 성령의 인도함을 받아 어떤 단어나 구절 또는 교훈에 마음이 끌릴 때 본문의 정황이나 교훈의 속뜻을 마음속으로 깊이 있게 그리면서(imagination) 그것을 조용히 되새기는 것이다. 우리가 음식을 먹을 때 이로 씹고 혀로 맛보고 위와 장에서 소화하여 영양분을 섭취하듯이, 말씀 묵상은 말씀을 눈으로 보고 귀로 듣고 머리로 생각하여 음미하고 가슴속으로 잘 되새기고 소화하여, 그 말씀이 개인적으로 직접 하나님의 음성으로 들리게 한다.

　하나님의 말씀은 살았고 운동력이 있으므로(히 4:12), 우리 마음에 자라나고 있는 잡초나 걸려 넘어지게 하는 돌맹이들을 삽으로 파서 제거하고 하나님과의 깊은 교제를 성령 안에서 그리스도를 통하여 나누게 한다.

실제로 요한복음 10:1-6을 다시 읽고, '나를 아시고 내 이름을 불러 늘 위해서 기도하시는 목자이시자 대제사장이신 예수님을 묵상해 보라. 그가 우리를 어떻게 알고 계시는가? 이사야 49:16과 요한계시록 13:8 등을 참조해 보라. 그가 우리를 위해 어떻게 기도하시는가? 로마서 8:34과 히브리서 7:25 등을 참조해 보라. 그는 우리를 손바닥에 새겨 놓듯이 그리고 이미 창세 전, 생명록에 기록해 놓고서 하나님 보좌 우편에서 기도하고 계시다.

그가 우리를 위해 기도하시므로 우리는 무엇을 확신할 수 있는가? 로마서 8:33-39을 읽어보라. 주님이 나를 잊지 않고 사랑하며 위하여 이름을 불러 기도해 주시기에 내게 영생이 있는 것이다. 이로 인하여 나는 주님을 기뻐하고 감사하며, 주님의 음성을 따라 그와 함께 빛 가운데서 행하기를 소원하며 다짐한다.

(4) 기도(Oratio: Prayer): 하나님께 대한 반응(responding)

성경 본문 말씀을 주의 깊게 해석하고 본문의 세계 속으로 들어가 본 다음에는, 그 말씀을 가지고 하나님께 우리가 반응을 보여야 하는데 그것이 바로 기도이다. 하나님의 말씀으로 계시하는 것에 기도로 반응을 보여 적극적으로 참여하고 자신에게 적용시켜야 하는 것이다. 예컨대 구약의 시편이나 신약의 몇몇 찬미(눅 1:46-55, 68-79; 2:29-32) 등은 율법과 선지서와 같은 하나님의 주요한 말씀에 기초하여 하나님께 응답하여 나온 기도이다.

하나님은 우리를 말씀 가운데서 초청하고 명하여 우리 자신의 말로 하나님의 말씀에 구체적으로 응답하기를 원하시는데 그것이 기도이다. 하나님은 그의 말씀을 통해서 우리가 벌떡 일어나 걸으며 뛰며 찬미하기를 원하시는 것이다. 이렇듯 기도는 하나님이 성경에서 우리에게 계시하고 있는 말씀에 우리가 구체적으로 참여하는 것으로서 그의 명령, 책망, 판단, 인도, 위로에 응답하는 것이다.

기도는 우리의 입술로 드리는 감사와 찬미의 예배이다(시 103:1-5). 하나님의 임재를 겸허하게 감지하고서 하나님의 긍휼과 자비를 구하여 하는 반응이 기도이다(마 5:3-9; 시 51:1-12). 그래서 기도할 때 감격하여 소리내어 울면서 할 수도 있는 것이다. 우리는 기도할 때 하나님을 향하여 감사, 찬미하고 우리 자신에 대하여는 회개하며, 이웃을 위해서는 중보 기도를 할 수 있어야 한다.

실제로, 요한복음 10:1-6에 근거하여 기도하라. 우리의 선한 목자이시요 영원한 대제사장께서 우리를 먼저 아시고 우리 이름을 각각 불러가면서 우리를 위하여 기도해 주심을 깊이 감사하고 찬미하자. 그리고 우리도 예수님을 본받아 이웃의 이름을 기억하고 부르면서 위해서 기도하라. 주님의 기도로 인하여 하나님의 사랑에서 우리가 끊어지지 아니하고, 모든 일에서 승리케 하시는 하나님을 찬양하라. 그리고 범사에 승리하며 하나님 앞에서 살기를 다짐하라.

(5) 명상(Contemplatio: Contemplation) : 하나님께로부터 오는 평온함(resting)

명상은 세상을 떠나 한적한 곳에서 단순히 조용하게 홀로 지내는 것만이 아니다. 감정적으로 정신적으로 평온을 되찾는 것만도 아니다. 또한 명상은 자랑할 만한 공적이나 훈장도 결코 아니다. 더욱이 불교의 참선과 관련된 방식의 명상은 성경의 것과 전혀 다르다.

명상은 하나님의 말씀을 읽고 묵상하며 기도하는 가운데 성령께서 마음의 문을 열어 예수님을 감격적으로 만나게 하고 하나님 아버지의 임재를 체험할 뿐 아니라, 성령의 충만함 가운데 성령이 주시는 인도와 평온을 누리게 되는 것을 의미한다. 그러므로 우리는 말씀을 통해 명상할 때 하나님의 사랑이 마음에 넘치고 하나님의 임재를 깊이 느끼며 하나님이 주시는 평온을 맛보는 것이다. 또한 하나님의 말씀을 묵상하고 즐거워하는 가운데 하나님의 평온을 맛보게 되면 사람이 변화를 경험하게 되고, 삶도 변화하게 되어 "말씀대로 내게 이루어지이다" 하며 순종하게 된다.

그러기에 하나님이 주시는 평온함을 맛보며 성령의 충만과 인도함 가운데서 독자가 읽고 묵상한 성경 말씀대로 사는 것이 명상이다. 다시 말해서, 명상의 삶은 특별한 종류의 것이 아니고, 우리가 읽고 묵상하고 기도한 하나님의 그 말씀대로 사는 그리스도인의 보통의 삶일 뿐이다. "말씀대로 내게 이루어지이다" 하며 사는 평온한 삶이 곧 명상이다. 이로 보건대, 말씀과 삶은 근본에 있어서 동일하다. 삶은 말씀에서 연유되고 말씀은 삶을 만든다.

"말씀대로 내게 이루어지이다"는 기도는 말씀이 나의 현실의 삶에서 실현되는 것이요, 그리스도가 내 몸과 삶에서 존귀케 되는 것, 아니 그리스도가 나타나는 것을 의미한다.

명상한다는 미명하에 완전주의자들처럼 과욕을 부려서는 안 된다. 과욕을 부리면 성령으로 시작했다가 육체로 마치게 되는 수가 있으며, 그리스도를 드러내기보다는 우리 자신을 나타내는 결과를 가져올 수 있다.

요약하자면, 명상은 하나님의 말씀에 계시되어 있는 것을 이해하고 즐거워하는 가운데 성령이 주시는 평온을 맛보며, 하나님의 말씀을 읽는 대로 삶을 살아서 내 몸과 삶에서 예수 그리스도를 나타내는 보통의 삶 자체이다. 그러기에 읽고 묵상하고 기도한 것을 또 계속해서 읽고 묵상하고 기도하며, 잠시 쉬어가면서 "말씀대로 내게 이루어지이다" 하며 살아가는 것이 명상인 것이다.

실제로 요한복음 10:1-6을 읽고 묵상하며 기도하는 가운데 성령께서 만나게 하신 선한 목자요 우리의 영원한 대제사장이신 예수님을 명상하라. 그가 주시는 평온함을 맛보라. 그 주님의 사랑에 감동, 감화되어 그 주님이 나의 몸과 삶에서 나타나도록 하라. 당장 무릎을 꿇고 내게 영생을 보장해 주신 주님께 감사하고 또한 사랑하는 이웃들을 위해 중보하는 기도를 하라.

3. 결론

　Lectio Divina(Spiritual reading)를 음식 먹는 것에 비유하자면, 말씀을 읽는 것(reading)은 음식을 적당하게 고르고 정리해서 입에 넣는 것이요, 묵상(meditation)은 충분하게 반복적으로 음식을 씹는 것이요, 기도(prayer)는 그 음식의 맛이 나게 하는 것이요, 명상(contemplation)은 여러 시간 또는 하루 종일 음식의 맛을 즐기는 것이다. 그리고 심리학적인 용어를 빌어서 말하자면, 말씀 읽기는 사람의 감각들(눈, 입, 귀)을 사용하는 것이요, 묵상은 말씀에서 감지된 것이 이해 단계로 들어선 것이요, 기도는 묵상한 말씀에 근거하여 하나님께 대하여 정서적으로 반응을 나타내는 것이요, 명상을 우리의 간구에 대하여 하나님이 평온을 주시고 말씀대로 살 수 있게 해주시는 바 하나님의 은혜이다.

　한편 마태복음 7:7과 비교하여 말하자면, 말씀 읽기는 구하는 것(asking)이요, 묵상은 찾는 것(seeking)이요, 기도는 하나님의 임재를 경험하는 명상의 문(시 16:11)을 여는 문 두드리기(knocking)이다.

　Lectio Divina는 살아 계신 하나님과의 만남과 사귐과 섬김 그리고 사랑 나눔을 위한 말씀 묵상이요, 따라서 성격상 하나님에 대한 지식을 얻는 데 기본 목적이 있지 않고 하나님과의 관계를 갖는 데 중요성을 두고 있다. 그리고 지적으로 하나님의 말씀을 나의 삶에 적용하기보다는, 성령의 충만과 인도함을 받아 말씀이 우리의 삶에 자연스럽게 적용되고 특별히 예수 그리스도가 우리의 몸과 삶에서 나타나게 하는 데 그 역점을 둔다.

　성경은 역사적 문법적 해석에 기초하여 읽고 해석하는 것이 기본적으로 중요하지만, 영적으로 해석하여 하나님의 음성을 그 말씀 속에서 개인적으로 듣는 것이 더욱 중요하다. 그러기에 Lectio Divina의 전통을 되살려 성경을 읽고 묵상하는 것은 영적 성숙에 도움이 될 수 있다. 그러나 항상 주의할 것은 말씀을 묵상할 때 하나님의 객관적 계시인 성경의 역사적, 문법적 의미를 벗어나지 않고, 전체적인 문맥과 구속사적인 흐름 그리고 주제와 목적 또는 역사적 배경 등에 비추어서 묵상해야 한다는 점이다. 그리하여 기록된 성경말씀 밖으로 넘어가 주관적인 은유적(allegorical) 해석을 하지 않도록 각별히 유의해야 한다.

그리고 말씀을 묵상함에 있어서 묵상하는 말씀을 여러 시간 또는 하루 종일 소가 되새김질하듯이 때마다 일마다 지속적으로 묵상하고 기도하면서 주님과 함께 성령을 힘입어 그 말씀대로 살기를 힘써야 한다. 즉 하나님의 말씀에 붙들려 성령의 지배와 인도 아래 하나님의 임재를 느끼며 살아야 한다.

제8장

기도와 영성

기도에 대한 연구와 이해에 있어서 그것의 깊이와 넓이, 짜임새 및 경건성에서 종교개혁자 칼빈은 다른 신학자들의 추종을 불허할 만큼 탁월하다. 칼빈의 경우 그리스도인의 일상생활에 관한 그의 가르침에도 기도의 중요성이 잘 드러나 있다. 그리스도인이 그리스도를 섬김에 있어서 일상생활에서 만나게 되는 끊임없는 갈등과 대립 가운데서 믿음을 행사할 때, 그리스도인들은 하나님의 섭리 아래서 기도로, 믿음의 힘으로 그리고 말씀으로만 살게 되어 있다고 칼빈은 가르친다. 이로 보건대 칼빈에게 있어서 기도와 믿음과 하나님의 말씀은 그리스도인의 생활에서 아주 밀접하게 관련되어 있으며, 기도는 하나님의 말씀으로 동기가 부여되고 틀이 형성되며 인도되는 바 믿음의 으뜸가는 연습(the chief exercise of faith)이다.

기도에 대한 칼빈의 가르침의 중요성을 이해하는 데 있어서 첫째로, 칼빈이 그의 대표적 저서인 『기독교강요』에서 언제부터 기도에 관하여 다루었는가를 알 필요가 있다. 그는 1536년 4월에 『기독교강요』 첫 판을 낼 때 이미 기도에 관하여 다루었다. 그 첫째판은 십계명, 사도신경, 주기도, 성례, 그리스도인의 자유 등 여섯 장으로 되어 있었는데, 그 가운데 제3장에서 칼빈은 기도를 다루었다. 그 이후로 계속해서 기도에 관한 주제를 보충하고 발전시켜 1559년 최종판에서 제3권 20장에 다루어 놓았다. 이처럼 칼빈의 사상에서 기도는 중요한 관심의 대상이 되어 온 것이다.

둘째로 『기독교강요』 최종판에서 80장 가운데 기도에 관한 부분(제3권 20장)이 가장 분량이 많다. 제4권 17장에 다루어져 있는 성만찬에 관한 가르침이 분량에 있어서 두 번째인데, 그 부분보다 상당히 더 많다. 칼빈이 기도에 관하여 가장 많은 분량을 할당하여 가르친 사실은 그가 기도를 얼마나 중요하게 여기고 있는가를 잘 말해 주고 있는 것이다.

셋째로, 기도에 관한 가르침이 『기독교강요』 최종판에서 그리스도인의 자유와 예정론 사이에 다루어져 있다는 사실이 기도의 중요성을 웅변해 주고 있다. 인간은 피조물이기에 절대주권자이신 '하나님의 은혜'에 전적으로 의존할 수밖에 없으면서도 하나님의 형상으로 창조된 존재이기에 자유가 있는 바, 하나님의 주권적 은혜와 인간의 책임 간에 얽혀 있는 비밀을 기도를 통해서 깨닫게 되기 때문이다. 이로 보건대 기도는 칼빈의 신학체계의 중심교리들과 깊게 관련되어 있는 것이다.

그런데 기도에 관한 칼빈의 가르침을 보면 그의 『기독교강요』 3권에서 성령 하나님의 내면적 사역과 관련하여 믿음으로 말미암은 칭의(11-18장)와 그리스도인의 자유(19장)에 이어서 기도가 살아 있는 믿음의 표현으로 다루어져 있고, 제4권의 은혜의 방편과 관련하여 다루어져 있지 않음으로 해서 칼빈 이후의 조직신학 체계에서는 그것의 위치가 모호하게 되었다.

그래서 웨스트민스터 신앙고백에서는 '예배와 안식일'에 관한 부분(21장 3-6항)에서 기도가 다루어져 있으나 대요리문답에서는 '성만찬'(168-177문답)에 이어 제178문답부터 마지막 제196문답까지에서 다루어져 있다. 다시 말해서 웨스트민스터 신앙고백서는 직접적으로는 기도를 은혜의 방편으로 다루지 않고 믿음의 표현으로서, 하나님의 은혜와 구원에 대한 확신과 관련하여 다루고 있는 데 반하여, 대요리문답은 은혜의 방편인 하나님의 말씀과 성례와 더불어 기도를 다루고 있는 것이다. 이와 같은 이유로 해서 바빙크, 벌코프, 벌카워 등은 그들의 조직신학에서 기도를 별도의 항목으로 전혀 다루고 있지 않으나 딕(John Dick)과 하지(Charles Hodge)는 상세하게 다루고 있다.

그런 까닭에 칼빈의 기도론은 좀더 깊이 연구될 필요가 있는 바 여기서는 특별히 기도에 있어서 삼위 일체 하나님의 역할과 하나님의 말씀의 역할, 기도의 필요성과 동기 그리고 만인제사장직 등과 관련하여 기도에 대한 그의 가르침을 연구하고자 한다.

1. 기도의 정의

(1) 기도의 본질

칼빈에 의하면 기도는 그것을 통해서 하나님의 은택을 매일 받는 믿음의 으뜸가는 연습이다(『기독교강요』, III. xx. 2 이하에서는 책명을 생략함). 하나님의 자녀들에게 있는 으뜸가는 특권이 기도하는 것이요, 칼빈은 기도를 '믿음의 영속적 연습'(perpetual exercise of faith)이라고 부른다(III. xx. 2). 즉 우리의 심령 속에 참되고 살아 있는 믿음이 있으면 기도가 저절로 즉시 터져 나온다(마 21:22 주해). 기도를 통해서 믿음은 복음이 우리에게 약속해 준 보화들을 캐낸다(III. xx. 1). 그런 의미에서 기도는 살아 있는 믿음의 표현이요, 하나님께 대한 사랑과 필요(love and desire)를 말로 알리는 믿음이다(시 54:6 주해).

칼빈이 말하는 믿음은 우리에게 베푸시는 하나님의 자비(부성적 은총과 돌보심)에 대한 확실한 지식이다. 이 지식은 그리스도 안에서 거저 주신 약속의 진리에 기초하여 성령을 통해서 우리 마음에 계시되고 확증된다(Ⅲ. ii. 2, 7). 그러기에 그가 말하는 믿음은 첫째로, 우리를 향한 하나님의 자비에 대한 확실한 지식이요, 둘째로 그리스도의 약속을 우리 마음에 계시하는 방편이며, 셋째로 그 약속의 성령으로 우리 마음에 인쳐진다는 것을 의미한다.

따라서 하나님의 자녀들의 기도는 하나님의 부성애(fatherly favor)와 선하심에 대한 믿음과 지식에 의해서 고취된다(시 18:7 주해). 그러므로 참되고 순수한 기도는 "단지 목소리만 높이면 되는 것이 아니고 신앙의 내적 원리로부터 우리의 간구들을 하나님께 아뢰는 것이다"(시 140:6 주해). 그러기에 우리의 기도는 "신앙의 발자취를 따라야 한다"(Ⅲ. xx. 11). 그리고 우리의 기도는 예수 그리스도 안에서 하나님의 사죄 은혜(forgiving grace)에 대한 회개와 믿음의 반응이다(시 143:10 주해). 우리가 이미 하나님의 용서를 확신하고 그의 용서의 사랑에 온전히 붙들린바 되었기 때문에 용서를 확신하고 용서를 비는 기도를 믿음으로 할 수 있다. 그러므로 우리의 기도는 하나님의 용서의 긍휼에 근거한다(Ⅲ. xx. 8).

칼빈의 신학사상에 결정적으로 영향을 받았고 또한 그의 사상에 주로 기초한 웨스트민스터 신앙고백서에는 기도가 다음과 같이 정의되어 있다.

> 감사함으로 드리는 기도는, 종교적 예배의 한 특별한 요소로서 하나님께서 모든 사람들에게 요구하신다. 기도가 열납되도록 하기 위해서는 성자의 이름으로 성령의 도우심을 받아 하나님의 뜻을 따라서 사리분별과 경외심과 겸손과 열심과 믿음과 사랑과 인내를 가지고 하되, 만일 소리를 내어 하는 경우에는 일상적인 말로 해야 한다(신앙고백서 21:3).

기도는 그리스도의 이름으로 성령의 도움을 받아 하나님께 우리의 필요를 아뢰고 더불어서 우리의 죄를 자복하며 그의 긍휼에 깊은 감사를 드리는 것이다(대요리문답 178문답).

웨스트민스터 표준문서도 칼빈처럼 기도를 하나님의 선하심과 용서의 사랑, 곧 긍휼에 근거한 것으로 보며 그것을 감사하는 믿음의 표현이 기도이다. 그런데 이 믿음이 하나님의 말씀과 성령의 사역에 의하여 심어지고 인쳐지는 것이기 때문에 믿음의 표현이요, 으뜸가는 연습(exercise)인 기도는 하나님의 은혜를 더욱 풍성하게 받아 누리게 하는 방편이다. 그래서 기도는 말씀과 성례와 더불어 하나님이 제정하신 은혜의 방편인 것이다.

(2) 기도의 목적

칼빈에 의하면, 하나님께서 우리에게 기도를 명하신 것은 그분 자신을 위해서가 아니고 우리를 위해서이다. 우리의 믿음이 약해지거나 태만해지지 않도록 하고, 하나님을 사랑하며 섬기겠다는 열의가 우리 마음속에서 불일 듯하며, 하나님 앞에 우리의 모든 소원을 온전하게 아뢰고, 하나님께서 여러 가지 은혜를 주실 때에 진심으로 감사하면서 받고, 그의 인자하심을 더욱 열심히 묵상하며, 더욱 큰 기쁨으로 하나님의 응답을 받아들이고, 그의 섭리를 확신하도록 하기 위해서 우리가 기도한다(III. xx. 3). 요약하자면 우리의 기도는 하나님의 말씀에 기초하여 그의 선하신 뜻을 따라서 하게 되어 있는 까닭에 기도의 유일한 목적과 합당한 용법은 하나님의 약속의 열매들을 거두는 것과(시 119:38 주해), 하나님을 찬미하여 그의 도움을 구하는 것이다(III. xx. 29).

또한 기도는 사람이 하나님과 교통하는 것(III. xx. 2)이기 때문에, 기도의 목적은 하나님과의 교통을 통해서 성령의 능력을 힘입어 성장하는 데 있다.

2. 기도에 있어서 삼위일체 하나님의 역할

기도에 있어서 삼위일체 하나님의 역할은 너무나도 분명하다. 성부 하나님은 기도를 들으시며 응답하시는 분(hearer and answerer)이시고, 성자 하나님은 중보자(mediator)이시며, 성령 하나님은 기도를 활성화시키는 분(activator)이시다.

(1) 성부의 역할: 기도를 들으시며 응답하신다

사람이 자기의 무력함을 인식하고 또한 복음의 약속을 듣고서 믿음으로 하나님의 이름을 부르게 되는 때(참조, III. xx. 1), 사람의 심령을 살피시는 하나님은 그들의 필요를 아시고 응답하신다. 즉 하나님을 섬김에 있어서 인간적인 필요에서 나오고, 또한 하나님의 말씀에 기초하여 드려진 기도에 대하여 하나님이 응답하지 않으실 수가 없다. 사실 우리가 기도할 수 있다고 하는 것은 우리가 하나님께 대하여 담대하게 나아갈 수 있다고 하는 것뿐만 아니라, 우리를 도울 준비가 하나님께는 항상 되어 있다는 것을 의미한다(III. xx. 3). 그래서 칼빈은 시편 65편을 주해하면서 "기도의 응답은 하나님이 경우에 따라서만 하시는 것이 아니고 하나님의 영광의 항존적(恒存的) 요소이다. 그러므로 하나님이 우리의 간구를 듣지 않으시면 곧 자신을 부인하는 것이 되고 만다"(시 65:3 주해)고 말한다.

귀찮은 과부의 비유에서 알 수 있는 바에 의하면, 하나님은 기도에 의하여 기진맥진하게 되어 있고 사람들이 기도를 통해 고집을 부릴 경우 응낙하신다(눅 18:1-8 주해). 하나님은 그의 속성이 선하시기 때문에 "우리의 기도와 간구에 따라 자신을 크게 제한하여 그 기도와 간구로 말미암아 방해를 받아 진노를 삼가시고 때로는 모든 것을 멸하고자 하실 경우에도 우리가 하나님 앞에 나아와 우리 자신을 낮추면 그가 마음을 바꾸시는 것처럼 보인다"(신 9:13-14 주해).

웨스트민스터 대요리문답(제179문답)에도 이와 같이 진술되어 있다. "오직 하나님만이 우리의 마음을 살피실 수 있기 때문에 우리의 간구를 들으시며, 죄를 용서하시고, 모두의 요구들을 충족시켜주신다…기도는 예배의 특별한 요소로서 오직 하나님께만 드려져야 하고, 여타의 다른 아무에게도 드려져서는 안 된다." 오직 하나님만이 우리의 기도를 들으시며 응답하실 수 있다.

(2) 성자의 역할: 중보자이시다

우리가 하나님께 예수 그리스도의 이름으로 기도해야 하는 것은 아무도 자신의 이름으로는 하나님의 면전에 나아가 나타날 수가 없어서 하늘에 계신 우리 아버지께서 공포와 수치를 덜어주기 위해 우리에게 자기의 아들 예수 그리스도를 우리의 대언자와 중보자로 보내시어 우리가 그의 인도하심을 받아 안전하게 나아갈 수 있도록 해 주셨기 때문이다. 그리고 아버지의 경우 우리가 그의 이름으로 구하는 것을 결코 거절하지 않을 것을 확신하기 때문이다.

사실 우리가 하나님의 지극한 위엄을 생각할 때마다 경악으로 몸을 떨 수밖에 없으며, 따라서 그리스도께서 중보자로 나서서 두려움의 영광의 보좌를 은혜의 보좌로 바꾸어주시지 않는 한 우리 자신의 비천함 때문에 우리는 하나님으로부터 멀어질 수밖에 없다. 우리에게는 중보자 예수 그리스도가 있기 때문에 "우리가 긍휼하심을 받고 때를 따라 돕는 은혜를 얻기 위하여 은혜의 보좌 앞에 담대히"(히 4:16) 나아갈 수 있게 된다(III. xx. 17).

우리가 하나님께 나아갈 수 있도록 허락된 유일한 길과 통로는 오직 그리스도이시므로(참조, 요 14:6), 하나님께 나아가는 다른 길이나 통로가 없다. 더욱이 아버지 하나님께서 그리스도를 우리의 머리요 지도자로 인치셨기 때문에 그리스도만이 유일한 중보자가 되시며 그의 중보를 통해서 아버지는 우리에게 은혜를 베푸시고 우리의 기도에 응답하신다(III. xx. 19). 그러기에 그는 하나님과 사람 사이에 유일한 중보자(딤전 2:5)라고 불리운다(III. xx. 20). 그래서 칼빈은 성자들의 중보기도를 가르쳐 온 로마 카톨릭 교회의 교리를 반성경적인 것으로 논박하고(참조, III. xx. 21-26) 결론짓기를, 하나님의 말씀에 기초한 믿음이 바른 기도의 어머니이며, 죽은 성자들에게 기도하는 것은 명백한 신성모독이라고 하였다(III. xx. 27).

웨스트민스터 신앙고백서에도 칼빈의 이 같은 가르침이 잘 반영되어 있다. "하나님과 피조물 사이의 간격은 너무나 크기 때문에…오직 하나님 편에서 자원하여 베풀어 주시는 은혜로서만" 하나님을 창조주로 순종할 수 있으며(신앙고백서 VII장 1항), 우리가 그리스도의 이름으로 기도해야 할 이유가 있는 것은 우리의 죄악됨과 그 죄악성으로 인하여 하나님과 우리 사이가 너무 멀어서 중보자 없이는 하나님 앞으로 우리가 나아갈 수 없으며 오직 그리스도만이 우리의 중보자 되시기에 합당하기 때문이다(대요리문답 181문답).

(3) 성령의 역할: 기도를 활성화시키신다

칼빈은 로마서 12:19을 주해하면서 성령의 순결한 열심으로 하지 아니하고 우리 자신의 개인적인 감정 특히 악하고 복수하려는 마음으로 하는 기도는 기도가 아니라고 말한다. 즉 기도는 우리의 심령의 절박한 필요와 감사가 동기가 되어 순수하게 하나님께 드려져야 하고, 심령의 본성적 충동에 의해서 되어져서는 안 된다는 것이다. 우리 자신의 본성적 충동에 따라 기도를 드리는 것은 하나님을 우리의 사악한 정욕의 대행자(agent)로 이용하려는 것에 해당한다. 그러므로 성령께서 바르게 기도하는 방법을 가르쳐 주시지 않는 한 하나님 앞에서 우리의 입을 여는 것은 아주 위험하다(III. xx. 34).

칼빈은 또한 로마서 8:26이하를 주해하면서 우리가 성령의 증거로 말미암아 하나님이 우리의 아버지라는 것을 알며, 바로 그 성령으로 말미암아 우리가 하나님께 어떤 방법으로 무엇을 구해야 할 것인가를 가르침받는다고 말한다. 요약하자면, 성령은 우리를 위해 기도하는 방식을 규정해 놓으시고, 우리의 마음을 감화하여 하나님의 원하시는 바대로 기도할 수 있게 우리의 입을 열어주시는 것이다(롬 8:26 주해).

칼빈이 주장하는 바 기도의 가장 중요한 요소는 죄 용서에 대한 간구이다. 올바른 기도의 준비와 시작은 겸손하고 성실하게 죄를 고백하며 용서를 간구하는 데 있다(III. xx. 9). 우리는 성령의 사역을 통하여 깨어 있어 정직함과 겸허함 그리고 소망과 확신을 가지고 기도할 수 있는 것이며, 이 같은 성령의 사역이 없이는 기도의 바른 법칙을 지킬 수도 없다.

기도에 있어서 성령의 역할에 대한 칼빈의 가르침은 로마 카톨릭 교회가 내세웠던 교회의 권위 대신에 예수 그리스도의 죽음의 단번의 사건을 통하여 확증된 바 말씀으로 역사하는 성령의 권위를 염두에 두고 있다. 다시 말해서 만유를 주관하시고 섭리하시는 하나님께 대한 인격적 지식은 말씀과 성령을 통해서 우리에게 전달되고 예수 그리스도의 죽음의 사건을 통해서 가능케 된다고 주장함으로써 칼빈은 객관적 표준으로서의 말씀의 권위를 고려하여 하나님을 아는 지식이 믿음 충만한 기도(the faith-full prayer)에 의하여 심어지고 보전되며 강화된다는 점을 강조한다.

그리고 칼빈의 경우, 성령으로 기도한다(고전 14:15)고 하는 것은 기도하는 일을 성령에게 전적으로 맡겨 버리고 우리는 아무렇게나 행하여도 된다는 것이 결코 아니라 성령의 도움을 간절하게 바라며 깨어 있으라는 뜻이다(III. xx. 5). 기도에 있어서 성령의 역할에 대한 칼빈의 가르침은 웨스트민스터 대요리문답에 역시 잘 요약되어 있다.

문: 성령께서는 어떻게 우리의 기도를 도우십니까?

답: 우리가 마땅히 기도할 바를 알지 못하므로 성령께서 우리의 연약함을 도우셔서 누구를 위해, 무엇을, 어떻게 기도할 것을 우리로 하여금 깨달을 수 있게 함으로 그리고 기도의 의무를 올바르게 행하는 데 필수적인 이해력과 열정과 은혜들을 우리 심령 속에서 활성화시킴으로써 우리를 도와주십니다(182문답).

3. 기도와 하나님의 말씀

웨스트민스터 대요리문답(186문답)에서 기도를 위한 지침으로 하나님이 우리에게 하나님의 전체 말씀을 주셨다고 진술되어 있는 대로, 기도가 신앙의 순수한 표현이 되기 위해서는 하나님의 말씀에 기초되어야 한다고 칼빈은 말한다. 즉 기도를 불러일으키는 신앙은 말씀에 의해서 생겨나고, 말씀의 약속들을 경청함으로써 더욱 활성화된다(눅 1:18-25 설교). 이로 보건대 칼빈이 주장하려는 것은 우리의 기도가 하나님의 말씀에 의하여 시작되고 틀을 갖추게 되며 제한된다는 것이다.

(1) 기도는 하나님의 말씀에 의해 문이 열린다

우리의 믿음은 복음의 말씀을 들음으로 생겨나고 그 말씀의 약속들을 경청함으로써 더욱 생명력이 있게 된다. 이 믿음을 통해서 기도의 문이 열리는 것이기 때문에 하나님은 자기의 말씀을 통하여 우리가 그의 백성임을 알게 하여 그를 붙잡을 수 있도록 자신을 우리에게 계시하신다. 하나님이 말씀을 통하여 이렇게 하여 주시는 것은 우리로 하여금 하나님의 은총을 담대하게 구하고 하나님을 찾으며 그의 존전으로 나아갈 수 있게 하기 위함이다(시 27:8 주해). 이처럼 하나님은 말씀을 통하여 우리에게 인격적으로 은혜롭게 접근해 주시고 우리로 하여금 말씀의 약속에 대한 확신을 가지고 두려움 없이 담대하게 하나님의 존전으로 나아갈 수 있게 하신다(시 71:22 주해). 즉 하나님은 그의 말씀을 통해서 우리에게 믿음을 심으시고 우리의 기도의 문을 활짝 열어 주시는 것이다.

그러므로 하나님의 말씀 위에 기초하게 될 때 우리는 참으로 담대하게 기도를 드릴 수가 있게 된다. 우리가 하나님의 은혜의 보좌 앞으로 나아갈 때 겁을 먹으면 기도가 더럽혀지고 하나님의 이름이 손상을 입는다(눅 1:73-78에 관한 설교). 하나님은 자기의 약속들 때문에 마치 자기가 우리에게 채무자이신 것처럼 우리 앞에 계심을 우리는 알아야 한다(시 119:58 주해). 그런 까닭에 하나님의 말씀을 듣는 자들에게는 겸손과 경외를 불러일으키고, 육체의 정욕들을 제어하여 하나님의 뜻에 절대 복종케 하는 바로 그 말씀이 다른 한편으로는, 듣고 순종하는 자들로 하여금 담대함과 확신을 가지고 하나님께로 나아갈 수 있도록 그들의 기도의 문을 열어 주는 것이다.

(2) 기도는 하나님의 말씀에 의하여 틀이 형성된다

칼빈은 주기도의 용도와 관련하여, 우리 주님이 우리의 입에 말씀들을 넣어주어 우리가 무엇을 구해야 할 것인가에 대해 전혀 망설이지 않게 하신다고 가르친다(III. xx. 34). 즉 주기도는 우리에게 보다 더 확실한 기도의 방법뿐 아니라 기도의 형식 자체를 가르쳐 주며, 우리가 하나님께 구해도 좋을 것과 우리에게 유익한 것과 우리가 구할 필요가 있는 것 등을 하나의 도표로 하듯이 제시하고 있다.

그래서 우리가 기도하는 데 필요한 말들을 공급받을 수 있도록 성경의 약속들을 묵상할 것을 칼빈은 강권하며(참조, 시 85:6 주해), 성령에 대하여 기도의 형식들을 우리에게 구술해 주시는 분으로 이해하고 있다(시 102:9). 하나님은 우리의 기도가 뜨겁게 하기 위해서 우리에게 말씀을 집어넣어 주신다는 사실에 칼빈은 주목하고 있다(요 12:13 주해). 그래서 그는 간주하기를 성령께서 말씀을 가지고 기도의 형식들을 성도들의 입에 넣어 주신다는 사실로 미루어 그러한 형식들을 사용하는 것은 무익하지 않다고 하였다(시 17:8 주해).

(3) 기도는 하나님의 말씀에 의하여 지배된다

기도가 하나님의 말씀 위에 기초하여 시작되고 그 말씀에 의하여 성령께서 기도의 틀을 만들어 주시는 까닭에 말씀에 의해서 제한된다고 하는 것은 당연할 것이다. 하나님의 말씀이 기도를 시작하기 전에 선행하고 동기를 제공해야 할 뿐만 아니라 우리의 기도는 그것의 방향과 세부적인 사항에서 바로 그 말씀에 의하여 지배되고 억제되어야 한다고 칼빈은 강조한다(시 35:23 주해).

그러므로 기도할 때 우리 자신의 마음의 생각, 특별히 순간적인 감정적 충동을 아무렇게나 따르거나, 우리 자신의 공상을 따라서 우리의 소원을 지어내서도 안 되는 것이다(시 91:15 주해). 살아 있는 신앙의 표현인 기도를 위한 지배적인 원리들은 자기부인과 자기억제 및 하나님의 말씀에 대한 순종이기 때문이다(마 21:21 주해).

그런 점에서 우리가 우리의 욕구들을 절제하여 하나님이 말씀하신 것에 우리의 기도를 제한시키지 않으면 우리의 기도는 믿음으로 드리는 것이 될 수 없다(시 7:7 주해). 그러므로 기도를 위한 유일하고 안전한 법칙은 하나님의 말씀에 잘 비추어 그가 명시한 것을 따라 우리의 기도를 구성하고 우리의 기도가 우리의 심령 속에서 하나님의 약속들의 메아리가 되게 하며, 그가 약속하신 것 이상을 구하지 않는 것이다(시 7:7 주해).

4. 기도의 필요성과 동기

하나님께서 무한히 지혜로우시고 자비하시며 우리가 구하기 전에 우리에게 필요한 것을 그가 미리 아시고(마 6:8), 또한 우리가 구하는 것이나 생각하는 것보다 더욱 넘치게 행하실 수 있다고 하면(엡 3:20), 무엇 때문에 기도할 필요가 있으며 우리가 기도하든 하지 아니하든 우리에게 가장 좋을 대로 하나님은 행하지 않겠는가 하고 기도의 필요성에 대하여 반론을 제기할 수 있다.

그러나 기도는 살아 있는 믿음의 연습이요, 하나님께서 사람들에게 기도하라고 명령하셨으므로 분명코 필요한 것이 사실이다. 칼빈이 가르치는 바에 의하면 기도의 필요성은 절대적이지 않고 상대적이며, 기도의 동기는 개인의 인간적인 필요에 의한 것이다.

(1) 기도의 필요성

만일 기도의 필요를 절대적인 것으로 볼 것 같으면, 하나님은 피조물인 사람의 기도가 없이는 아무것도 행하실 수 없다는 말이 된다. 이렇게 되면 피조물에 대한 하나님의 주권적 통제가 부인되고 범사가 유한하고 죄악된 인간의 자유의지에 좌우되는 것으로 보아야 하는 중대한 오류에 빠지게 된다.

그러나 사실 하나님의 백성들이 기도할 마음을 품게 되는 것이나 기도할 수 있게 되는 것은 하나님께서 말씀과 성령으로 그들 가운데 믿음을 심어주고 죄 용서와 화목의 약속을 주신 데서 기인한 것이기 때문에, 즉 기도의 문을 여시고 기도할 힘을 주신 것은 하나님이시기 때문에 기도는 그것에 의하여 범사가 결정된다는 의미로 절대적으로 필요하다고 결코 말할 수가 없다. 그러기에 기도의 필요성은 상대적이다. 기도는 그것을 방편으로 하여 하나님이 자기의 목적을 성취하신다는 점에서 필요한 것이다.

그래서 칼빈도 기도는 사람이 자기의 무력함을 인식함으로 해서 가능케 되었다고 하고(III. xx. 1), 하나님께서 우리에게 기도를 명하신 것은 그분 자신 때문이 아니라 우리 때문이라고 하며 여섯 가지

이유를 제시하고 있다. 첫째, 하나님에 대한 우리의 사랑을 활성화하고 둘째, 우리의 욕망들을 순결하게 하며 셋째, 하나님의 은혜에 대한 감사를 깊이 느끼게 하고 넷째, 하나님의 자비를 더욱 고마워하게 하며 다섯째, 받은 바 하나님의 복들을 더욱 크게 기뻐하고 여섯째, 하나님의 약속들에 대해 더욱 큰 확신을 가져야 할 필요 때문에 하나님이 우리에게 기도를 명하셨다고 칼빈은 말한다(III. xx. 3).

(2) 기도의 동기

기도가 하나님의 성령과 말씀에 의하여 예수 그리스도의 사랑과 은혜에 대한 반응으로 시작되는 것은 사실이지만, 기도의 동기는 우리의 인간적 필요에서 나온다(III. xx. 6). 우리 자신의 무력함과 죄악됨을 느끼며 우리가 구하는 모든 것이 얼마나 필요한가를 진심으로 지각할 때 그것이 기도의 동기가 되는 것이다. 그래서 칼빈은 "우리가 하나님의 은혜에 대한 필요를 느낄 때 구하는 것이 바로 기도하는 것이다"(렘 29:31 주해)라고 말한다.

그러므로 우리의 필요를 우리의 기도의 구실과 동기로 삼는 것을 부끄러워해서는 안 된다. 다윗의 경우를 보면, 그가 하나님께로 나아감에 있어서 자기의 필요를 전차(chariot)로 삼아 나아가 기도했다(시 143:6 주해). 우리의 상황이 편안하고 순탄할 때일지라도 기도해야 할 것이지만, 극심한 환난은 우리에게 더욱더 간절하게 기도하라는 하나님의 요구요 도전임을 깨달아야 한다(시 118:5 주해). 그래서 칼빈은 권하기를, "우리가 시험을 받을 때마다 거룩한 피난처로 나가듯이 기도하는 데로 곧장 나아가자"(빌 4:6 주해)고 했다.

그러나 우리가 기도할 때마다 항상 기억해야 할 것은 하나님 앞에서 우리의 참된 필요는 죄 용서에 대한 것이라는 점이다. 모든 다른 복의 근원이 사실상 하나님의 긍휼이기 때문에, 하나님의 자녀된 자들은 마땅히 자기의 죄의 치유를 먼저 하나님께 구해야 한다(III. xx. 9).

우리가 기도함에 있어서 실제적 동기는 인간의 필요, 곧 하나님의 죄용서의 긍휼을 구하는 것이지만 모든 기도에서 무엇보다 하나님의 영광이 첫 번째 동기가 되어야 한다(시 115:1 주해). 기도할 때 우리는 우리의 모든 인간적인 자만과 허영을 던져 버리고 오직 겸손히 하나님께 온전한 영광을 돌려드려야 하는 것이다(III. xx. 9). 웨스트민스터 대요리문답에도 우리는 하나님의 영광을 위해서 기도하되(184문답), 죄에 대한 깊은 인식과 통회하는 마음을 가지고(185문답) 할 것을 가르치고 있다.

5. 기도의 법칙

칼빈은 성령과 말씀을 따라 기도함에 있어서 특별히 네 가지의 법칙, 곧 경외하는 마음, 진심과 열정으로, 겸손하게 그리고 믿음으로 할 것을 제시한다.

(1) 첫째 법칙: 경외하는 마음으로

구약성경에 보면, 예컨대 레위기에 나오는 의식법(레 10:1-3) 등은 하나님의 거룩성과 초월성을 유념하게 하여 우리가 하나님께 나아갈 때 경외심을 가질 것을 강조한다. 그리고 기도할 때 결코 불경건해서는 안 된다는 것을 다음과 같이 경고한다: "너는 하나님의 전에 들어갈 때에 네 발을 삼갈지어다…너는 하나님 앞에서 함부로 입을 열지 말며 급한 마음으로 말을 내지 말라 하나님은 하늘에 계시고 너는 땅에 있음이니라 그런즉 마땅히 말을 적게 할 것이라"(전 5:1-2).

예수님께서도 그가 가르쳐 주신 주기도문에서 하나님을 부를 때 "하늘에 계신 우리 아버지"(마 6:9)라고 호칭하게 한 것은 하나님이 하늘에 계신 것을 우리로 하여금 알게 하려는 데 있지 않고, 하나님의 위엄이 무한하며 그의 본질을 불가해하고 그의 권능이 한량 없으며 그의 존재 또한 영원함을 알게 하려는 데 있다고 칼빈은 해석한다 (III. xx. 40).

그리고 주기도문의 첫째 기원, "이름이 거룩하게 되오며"에 대해서도 칼빈은 이 기원이 사람들로 하여금 하나님께 영광을 돌려드릴 것을 요구하는 것으로 해석한다. 하나님의 영광이 부분적으로는 우리의 배은망덕에 의해서 그리고 부분적으로는 우리의 악한 의지에 의해서 흐려졌기 때문에(III. xx. 41), 우리가 기도할 때 우리의 큰 수치를 인하여 하나님을 경외할 것을 칼빈은 아주 강조한다. 칼빈에 의하면 하나님께 나아가 하나님과 대화하며 기도하려는 자들은 합당한 생각과 마음을 가져야 한다. 즉 육신적이고 세속적인 염려나 생각들을 떨쳐내 버려야 하는 것이다(III. xx. 4).

(2) 둘째 법칙: 진심과 열정으로

유대 종교 지도자들에 대한 예수님의 질책에는 기도할 때에 그들이 보여 주는 위선에 대한 것이 포함되어 있다. 그들은 기도할 때에 사람에게 보이려고 회당과 큰 거리 어귀에 서서 기도하기를 좋아했고(마 6:5) 외식으로 길게 기도하였다(막 12:40). 이러한 위선에는 자만심이 자리잡고 있었다. 그들의 기도에는 그들 자신의 필요에 대한 절실함이 전혀 없었고, 그래서 기도는 진실하지 못했다.

성경은 위선적인 기도를 정죄할 뿐만 아니라 기도를 진실하고 열정적으로 할 것을 적극적으로 권한다. 그래서 예수님은 중언부언하는 기도를 경고하셨고(마 6:7-8), 기도의 응답이 더딜 때 끈기있게 기도할 것을 권하였다(눅 11:5-8; 18:1-7). 그리고 기도에는 열정적인 열망이 포함되어 있어야 한다. 하나님의 긍휼을 구하여 기도한 세리는 자기의 감정이 고조되어 있음을 표현하여 자기의 가슴을 쳤으며(눅 11:13), 그리스도가 드린 기도들은 심한 통곡과 눈물로 되어졌는데(히 5:7) 겟세마네 동산에서는 더욱 간절하게 기도하셨다(눅 22:44). 엘리야도 간절하게 기도했던 것으로 성경은 말한다(약 5:17).

그래서 칼빈은 진실하고 열정적으로 기도하는 것을 기도의 둘째 법칙으로 제시한 것이다. 그가 말하는 바에 의하며 우리가 기도할 때 우리 자신의 무력함을 항상 느끼며, 우리가 구하는 모든 것이 우리에게 어떻게 필요한가를 간절하게 생각하고서 그것을 응답받고자 하는 간절한 열망을 이 기도에 가미시켜야 한다(III. xx. 6). 따라서 열심과 마음에 감동이 없는 기도는 진실성이 결여되어 있는 것이다.

(3) 셋째 법칙: 하나님 앞에 겸손하게

기도는 열정적으로만 한다 해서 다 되는 것이 아니다. 우리의 열정은 하나님의 뜻에 합치되어야 하기 때문이다. 겸손한 기도의 전형적인 실례는 겟세마네에서의 예수님의 기도이다: "내 아버지여 만일 할만 하시거든 이 잔을 내게서 지나게 하옵소서 그러나 나의 원대로 마옵시고 아버지의 원대로 하옵소서"(마 26:39). 우리도 이와 같은 태도로, 진실하면서도 겸손하게 하나님의 뜻에 순복하여 '뜻이 하늘에서 이룬 것같이 땅에서도 이루어지이다'(마 6:10)라고 기도해야 하는 것이다.

그래서 칼빈은 주장하기를 기도하기 위하여 하나님 앞에 서는 사람은 누구나 겸손하게 영광을 전적으로 하나님께 돌리고 자신의 영광을 전혀 생각치 않으며 자신을 가치있는 존재로 여기려는 모든 생각을 버려야 한다고 한다. 즉 모든 자만심을 버려야 한다고 말한다(III. xx. 8). 그에 의하면 올바른 기도의 준비와 시작은 겸손하고 성실하게 죄를 고백하며 용서를 간구하는 데 있다(III. xx. 9).

하나님의 뜻에 순복하는 것은 그 뜻을 받아들일 뿐 아니라 그 뜻이 이루어지기를 갈망하는 것을 의미하는 것이기 때문에, 이로 말미암아 사실상 우리의 기도의 내용이 결정되며 우리 스스로 기도의 내용을 조작하지 않게 된다. 이로써 겸손하고 순복하는 기도가 가능하다.

(4) 넷째 법칙: 믿음과 확신을 가지고

성경이 분명하게 지시하는 바에 의하면 믿음은 응답받는 기도의 필수 조건이다. 예수님께서는 이 점을 직시하여 말씀하기를, "만일 너희가 믿음이 있고 의심치 아니하면…이 산더러 들려 바다에 던지우라 하여도 될 것이요 너희가 기도할 때에 무엇이든지 믿고 구하는 것은 다 받으리라"(마 21:21-22)고 하였으며, 야고보도 "오직 믿음으로 구하고 조금도 의심치 말라"(약 1:6)고 권면하였다. 그러므로 믿음의 기도는 어떤 일들에 대하여 확신과 소망을 갖는 기도이다(약 5:15).

이와 관련하여 칼빈이 제시하는 넷째 법칙은 기도하되, 우리의 기도가 응답되리라는 확실한 소망을 품고서 용기를 내어 기도해야 한다는 것이다. 기도에 대한 응답으로 주어지는 것은 모두 믿음을 통해서 얻는다고 하는가 하면(Ⅲ. xx. 1), 사람들은 확신을 가지고 기도할 것이요 공포심 없이, 그러나 경외심을 가지고 기도해야 한다고 칼빈은 또한 말한다(Ⅲ. xx. 14).

칼빈이 제시한 바 네 가지 법칙은 웨스트민스터 대요리문답(185문답)에 다음과 같이 진술되어 있다.

문: 우리는 어떻게 기도해야 합니까?
답: 우리는 기도할 때 하나님의 위엄 앞에서 두려움을 느끼며 우리 자신의 무가치함과 필요한 것들과 죄악들을 깊이 깨닫고 마음으로 회개하며 감사하고 열심을 품되 이해, 믿음, 신실, 열정, 사랑 그

리고 인내로써 하나님을 섬기고 그의 뜻에 겸손히 순복하여 기도해야 합니다.

6. 기도의 내용

믿음으로 그리스도의 이름으로 그리고 하나님의 뜻에 순복하여 우리가 구하면 무엇이든 하나님께서 응답하실 것이므로, 우리가 무엇을 구해야 할 것인가 하는 기도의 내용은 사실상 기도의 법칙에 의하여 결정되는 것이며, 칼빈은 주기도문에서 우리가 드려야 할 기도의 내용을 하나님께서 제시해 놓으신 것으로 말한다(III. xx. 34).

(1) 기도의 내용을 제한하는 요소들

기도가 응답될 것으로 믿는 믿음은 기도를 응답하시는 하나님을 믿는 믿음과 불가분하다. 이 믿음에는 기도를 응답하시는 하나님의 능력과 자비하심을 믿는 믿음뿐만 아니라 하나님의 지혜와 약속에 대한 확신이 포함되어 있다. 즉 하나님의 계시된 의지에 나타난 약속을 믿고 확신하는 것이 포함되어 있는 것이다. 하나님께서 우리에게 자기의 기록된 말씀을 통해서, 약속한 것들이 확실히 응답될 것임을 믿는 믿음에 의하여 우리의 기도의 내용은 제한된다(참조, III. xx. 11, 14).

이 믿음의 기도는 하나님의 뜻을 따라 하는 기도이다. 하나님이 자기 자신의 뜻에 일치하여 행하시기 때문에 하나님의 계시된 뜻을 따라 우리가 기도할 때에 우리는 기도의 응답을 확신할 수 있게 되며, 따라서 하나님의 계시된 뜻(the revealed will of God)에 의하여 우리의 기도의 내용이 제한되는 것이다.

또한 요한복음 14:13, "너희가 무엇을 구하든지"라는 구절이 "내 이름으로" 즉 "예수 그리스도의 이름으로"라는 구절에 의해 제한되어 있는 데에 나타나 있듯이, 기도응답의 약속은 그리스도에 관한 계시와 일치하는 기도에 대해서만 주어지는 것이기 때문에, 결국 우리의 기도의 내용은 그리스도에 관한 계시인 하나님의 말씀에 의하여 또한 제한되는 것이다.

(2) 주기도에 나타난 기도의 내용

우리는 우리의 감정적인 생각대로 결코 기도할 수가 없다. 우리가 간구하여도 정욕으로 쓰려고 잘못 구하면 응답을 받지 못하는 경우 (약 4:3)에서 알 수 있듯이, 우리의 기도는 그리스도의 이름을 믿는 믿음과 하나님의 계시된 뜻 등에 의하여 제한된다. 그러나 주님께서는 그가 가르쳐 주신 기도에서 우리가 하나님께 구해야 하고 또 구해도 좋을 것들을 제시해 주셨다.

첫째로, 우리의 기도는 하나님의 이름이 거룩하게 되는 것, 곧 하나님께 영광을 돌려드리는 것을 간구해야 한다. 그러므로 시편 기자처럼 "하나님이여 주의 이름과 같이 찬송도 땅 끝까지 미쳤도다"(시 48:10) 하며, 그의 이름에 합당한 영광과 찬송을 그에게 돌려드려야 하는 것이다(III. xx. 41).

둘째로, 우리의 기도는 하나님의 나라가 이 땅위에 임하기를 간구해야 한다. 사람들이 자기를 부인하고 세속의 생활을 경멸하며 천국 생활을 사모함으로써, 하나님께서 그의 성령의 권능으로 육체의 모든 정욕들을 바로잡고 우리의 모든 생각을 하나님의 통치에 순종하도록 인도하시기를 구해야 하는 것이다. 우리는 여기서 모든 사람의 생각과 마음이 하나님의 말씀에 기꺼이 순종하도록 만드시기를 하나님께 기원하라는 명령을 받는다(III. xx. 42).

셋째로, 우리의 기도는 하나님의 뜻이 이루어지기를 간구해야 한다. 이는 모든 사람들이 하나님의 말씀에 계시되어 있는 그의 뜻에 순복할 때, 하나님이 세상에서 왕노릇하실 것이기 때문이다. 우리는 이 기원을 통해서 자기를 부인하는 것을 배우게 되고 하나님은 우리 안에 새로운 마음을 창조하시는 것이다(III. xx. 43).

넷째로, 우리의 기도는 일용한 양식을 구해야 한다. 이 기원을 통해서 우리 몸에 필요한 일반적인 모든 것을 구함으로써 우리는 하나님의 보호에 우리 자신을 맡기고, 그의 섭리를 신뢰하여 하나님이 우리를 먹이시고 키우시며 보존하도록 하는 것이다(III. xx. 44).

다섯째로, 우리의 기도는 하나님께 죄 용서를 구해야 한다. 우리를 위하여 자신을 대속물로 주신 그리스도 안에 있는 구속(또는 배상)을 하나님께서 긍휼을 베풀어 받으신 결과, 우리의 죄를 용서하심을 알고 우리가 하나님의 그 크신 긍휼에 근거하여 죄 용서를 간구하는 것이다.

그런데 "우리가 우리에게 죄지은 자를 사하여 준 것같이"라는 말은 우리가 다른 사람의 허물을 용서할 권세가 있다는 뜻에서가 아니다. 왜냐하면 죄 용서의 권세는 하나님께만 속해 있기 때문이다. 그러므로 우리가 남의 허물을 사해 준다는 말은 우리 마음속에서 분노, 증오, 복수심 등을 다 제거한다는 것을 뜻한다. 그리고 또 여기서 유의할 것은 우리가 다른 사람의 허물을 용서하는 것이 우리의 죄사함 받는 것을 위한 조건이 아니라, 우리의 연약한 믿음을 부분적으로 주님께서 위로하기 위함이라는 점이다(III. xx. 45).

여섯째로, 우리의 기도는 시험에 들지 않기를 간구해야 한다. 우리가 기원하는 것은 우리에게 있는 계속되는 사탄과의 싸움에서 승리를 얻을 수 있도록 주님의 권능으로 굳게 설 수 있게 해 주옵소서 하는 것이다(III. xx. 46).

결론적으로 우리의 모든 기도는 교회의 공적인 건덕과 신자들 간의 교제의 증진을 도모해야 하고 우리의 확신과 기도를 위한 영원한 기초는 하나님 나라와 권세와 영광에 있음을 알아야 한다. "아멘"은 우리의 소원을 확고하게 하고 우리가 하나님께 구한 것을 얻고 싶어

하는 우리의 간절한 바람을 나타낸다(III. xx. 47).

웨스트민스터 대요리문답에는 우리가 하나님의 영광과 교회의 평화와 우리 자신들과 다른 사람들의 선을 위하여 기도할 것이나, 무엇이든지 불법적인 것을 위해서 기도해서는 안 된다고 진술되어 있다(185문답).

7. 기도의 실제

(1) 공적 기도의 필요성과 교회당의 중요성

개인의 기도처럼 교회의 공적 기도 역시 끊임없이 드려져야 하되 공동의 합의에 의하여 해야 하며 정해진 시간에 할 수도 있다. 그러나 마음의 깊은 곳에서 우러나오지 않고 내용도 없는 말로 반복하는 기도는 위험하다(마 6:7). 공적 기도의 참된 목표는 하나님을 찬미하는 것이거나 그의 도움을 구하는 것이다.

교회의 공적 기도가 멸시되지 않도록 주께서는 일찍이 성전을 "기도하는 집"(사 61:7)이라고 칭하셨다. 이로 보건대 기도의 의무가 예배의 주요한 부분이며 성도들이 한 마음과 한 뜻으로 기도에 참여할 수 있도록 그의 성전을 일종의 깃발로 그들 앞에 세워 놓으셨음을 알 수 있다. 교회의 건물인 예배당은 성도들 가운데 신앙의 통일성을 촉진하기 때문에 아주 중요하다(III. xx. 29).

그러나 하나님이 예배당에 특별하게 임재해 계신다고 믿는다거나 예배당에서 드려진 기도를 보다 더 효과적이게 하는 특별한 거룩이 거기에만 있는 것으로 생각하는 불건전한 신앙을 갖지 않도록 해야 한다. 왜냐하면 우리 자신이 하나님의 참된 성전이기 때문에 만일 우리가 그의 거룩한 성전에서 하나님께 기도하려고 할 것 같으면 우리는 마음속으로 진실하게 기도해야 하는 것이다(요 4:23; III. xx. 30).

(2) 노래와 일상언어 사용 문제

우리의 마음이 깨어 있도록 하고 모두 함께 한 영과 한 믿음으로 하나님께 영광을 돌리며 성도들 상호간에 서로 덕을 세우기 위하여 노래와 일상 언어가 사용되는 것이 좋다(III. xx. 31). 사도 바울은 "내가 성령으로 찬미하고 또 마음으로 찬미하리라"(고전 14:15), "모든 지혜로 피차 가르치며 권면하고 시와 찬미와 신령한 노래를 부르며 마음에 은혜로(또는 감사함으로) 하나님을 찬양하라"(골 3:16)고 함으로써 그는 목소리와 심령으로 노래할 것을 명하고 있다. 이 노래는 우리의 마음을 움직여 기도할 때 참된 열정을 품게 해 준다. 그러나 단지 귀를 즐겁게 하기 위해서 하는 노래는 교회의 위엄에 어울리지 않고 하나님께 가장 혐오스런 것이 되어 버린다(III. xx. 32).

(3) 기도의 시간과 인내심

각 사람은 기도하기 위하여 일정한 시간을 정하는 것이 좋다. 예를 들면 아침에 일어났을 때, 식사 때 또는 잠자리에 들기 전 등이 좋다. 그리고 우리 또는 다른 사람들이 역경을 당할 때나 형통할 때 우리는 하나님을 향하여 기도해야 하는 것이다(III. xx. 50).

우리는 기도 시간을 정해 놓고 기도할 뿐 아니라 인내심을 가지고 기도해야 한다. 하나님의 섭리의 법칙에 의하여 우리 자신이 기꺼이 다스림을 받을 것 같으면, 우리는 기도할 때 쉽게 인내할 수 있게 되고 낙망하지 않으며 주님을 기다릴 수 있게 될 것이다. 주님은 우리의 간구를 결코 듣지 않는 분이 아니시다. 다만 하나님께서는 자기가 사랑하는 자들에게는 긍휼을 베풀어 어떤 것을 거절하나 악한 자들에게는 진노하시어 어떤 것을 오히려 때때로 허락하시는 수가 있을 뿐이다(III. xx. 51).

사랑이 많으신 하나님은 결코 자기가 사랑하는 성도들을 버리지 않으시며 자기 백성의 기대와 인내를 실망시키지 않으신다. 하나님께서 우리의 기도를 응답하심에 있어서 우리가 요구하는 바 그대로 반드시 응답하는 것이 아니며 놀라운 방식으로 그는 우리의 기도가 헛되지 아니했음을 보여 준다(참조, 요일 5:15). 우리가 항상 인내하여 계속적으로 기도하지 않는다고 하면 우리의 기도는 헛되고 말 것이나, 진지하게 하는 경우 응답이 없는 기도는 사실상 없다(III. xx. 52).

8. 기도와 만인 제사장직

주 하나님께서는 모든 성도들을 산 돌같이 신령한 성전으로 세우셨을 뿐만 아니라 신령한 제사를 드릴 거룩한 제사장(벧전 2:5), 왕같은 제사장들로 삼으셨다(벧전 2:9). 하나님께서 우리를 성별하여 자기의 성전으로 삼으신 것은 그가 우리 가운데 거하시고 예배를 받으시기 위함이요, 우리를 제사장들로 삼으신 것은 하나님을 더욱더 열심히 섬기도록 고무하기 위함이다. 우리는 우선 먼저 우리 자신을 부인함으로 제물로 우리를 하나님께 드리고, 그리고 나서 기도와 감사와 구제 등을 드려야 한다(벧전 2:5 주해).

그리고 하나님께서 사탄과 죄와 사망의 종들에게 왕의 자유를 누리게 하시고 세속적이고 부패한 자들에게 제사장의 영예를 주시어 왕같은 제사장으로 삼으신 것은(참조, 벧전 2:9 주해), 우리가 머리 되신 그리스도의 중보와 제사장직에 참여하여 그리스도의 몸의 지체들로서 사랑으로 고취되어 교회를 위해 중보기도를 드리도록 하기 위함이다(III. xx. 19).

교회를 위하여 우리의 중보기도는 그리스도께서 항상 하시는 중보기도의 되울림(echo)이다. 그것은 또한 교회의 몸 안에서 우리가 서로간에 하나되어 있는 것과 우리의 큰 대제사장이요, 머리이신 그리스도와 하나인 것을 나타내 준다.

시편 20편에는 다윗의 기도가 응답되기를 위하여 기도하는 백성들에 대하여 묘사되어 있는데, 이를 통하여 칼빈은 그리스도의 제사장적 중보와 교회의 기도간의 관계에 대한 유추를 발견하고 말하기를, "우리의 왕이신 그리스도가 영원한 제사장이 되어 하나님께 중보하기를 결코 쉬지 않으시기 때문에 교회의 온 몸이 그와 더불어 기도로 하나가 되어야 한다"(시 20:2 주해)고 했다.

그러므로 제사장의 직분을 받은 우리 모든 성도들의 기도는 자기중심적이어서는 안 되고, 우리의 동료들과 사랑으로 깊이 결속되어 그들의 필요를 우리 자신의 것처럼 절실하게 느껴 드려져야 하는 것이다(딤전 2:1-2 주해). 우리의 기도는 항상 온 인류를 위하여 하되, 특별히 이 세대뿐만 아니라 오는 세대들까지 포함하여 온 교회를 위하는 중보기도여야 한다(시 90:16 주해). 사람들을 위하여, 온 교회를 위하여, 중보기도를 드리는 것은 우리가 그들에 대한 우리의 사랑을 표현할 수 있는 가장 강력하고 실제적인 방법이다(욥 2:11-13 설교).

그래서 웨스트민스터 대요리문답에도 "우리는 지상에 있는 그리스도의 전체 교회를 위하여, 위정자들과 교회의 직분자들을 위하여 우리 자신들과 우리의 형제들뿐만 아니라 원수들을 위해서 그리고 살아 있는 자들이나 장차 태어날 모든 사람들을 위하여 기도할 것이지만, 죽은 자들이나 사망에 이르는 죄를 범한 것으로 알려진 자들을 위해서는 하지 말 것입니다"(183문답)라고 진술되어 있다.

9. 결론

기도는 하나님의 자녀의 살아 있는 믿음의 표현으로서 하나님과의 친밀한 교통(intimate intercourse)이다. 성부 하나님이 기도를 들으시고 응답하시며 성자께서 그의 이름으로 중보하시고, 성령께서 하나님의 계시된 뜻을 보여 주고 있는 하나님의 기록된 말씀을 가지고 우리의 기도를 활성화시켜 주시기 때문에 우리는 기도를 통하여 삼위 하나님을 아는 지식이 깊어지게 된다. 이로써 칼빈이 말한 대로(I. i. 1, 2), 하나님을 아는 이 지식은 우리에게 참된 지혜와 경건 그리고 건강한 믿음을 준다. 그래서 우리가 하나님께 영광을 돌리고 그를 영원토록 즐거워할 수 있게 되는 것이다.

기도는 우리의 믿음의 표현이요 연습이되, 웨스트민스터 대요리문답과 하지(C. Hodge) 및 박형룡이 이해한 대로 은혜의 방편이므로 이 기도는 교회 안에서 말씀 선포와 성령의 교제를 통해서 우리로 하여금 하나님의 은혜를 더욱 풍성하게 누리게 한다. 기도를 통하여 그리스도의 대속적 죽음과 부활에 나타난 하나님의 사랑을 감사할 때 그의 찢기신 살과 흘리신 피가 성령으로 우리를 성결케 하며 사랑과 능력, 성령 충만, 성령의 열매와 은사, 내세 소망을 가능케 해 준다.

그래서 바운즈(E. M. Bounds)도 말하기를 "성도를 만드는 것은 기도의 힘이다. 기도하면 기도할수록 참된 성도가 되어간다. 기도를 위하여 많은 시간, 특별히 아침 시간을 바치면 성스러운 생활에서 그 효과가 현저하게 나타나게 된다"(*Power Through Prayer*, p. 57) 고 했다.

그리고 우리의 기도는 하나님의 말씀에 의하여 문이 열리고 틀이 형성되며 그 내용이 규제되기 때문에 철저하게 말씀의 묵상을 요구하며, 말씀 묵상하는 기도는 하나님의 약속을 알기 때문에 확신과 소망을 갖게 한다. 또한 마음속에 깊은 감동과 큰 감격을 심어주어 마음으로부터 하나님을 찬미하게 한다. 그래서 기도는 말씀 묵상과 찬미와 더불어 행해지는 것이다. 그러나 우리의 찬미는 말씀에 기초해야 하고 지나치게 감정적이거나 충동적이어서는 안 된다.

우리의 기도는 하나님의 제사장으로서의 특권이요 의무이다. 하나님 앞에서 죄 용서의 은혜를 감사하고, 그리스도 예수의 대속적 사랑에 감격하며 그의 대제사장으로서의 중보기도를 본받아 온 인류와 우주적 교회를 위하여 드리는 우리의 중보기도는 교회의 공동체성 회복의 지름길이요, 사랑과 믿음과 소망으로 하나되어 하나님의 사랑을 체험할 뿐 아니라 형제사랑을 실천할 수 있는 까닭에 우리의 영성을 위한 최상의 방편인 것이다.

제9장

경건생활과 영성

　참된 경건생활은 목표 설정 중심이 아니라, 목적 설정 중심의 생활에서 가능하다. 목표는 언제나 측정이 가능하고 한정된 시간 안에 성취될 수 있으며 성취된 경우에는 새로운 목표로 대체될 수 있기 때문에, 목표 설정 중심의 생활은 어떤 목표를 위해 방법과 수단을 정당화하기 쉽다.[1] 또한 목표 달성을 위해 긴장하고 속박되기 쉽기 때문에 양심의 자유가 유린될 수도 있으며, 어떤 목표가 성취될 경우 그로 말미암아 자만에 빠지거나 허무를 느끼며 또 다른 목표를 설정해야 하는 피곤이 수반될 수 있다.[2] 따라서 목표 설정 중심의 생활은 우리의 경건의 능력을 함양하기보다는 오히려 위선과 이기주의를 조장할 수 있다.

　반면에 목적은 측정할 수 없고 평생토록 완전하게 달성될 수 없으며 다른 것으로 대체될 수도 없다.[3] 다만 살아가면서 다듬고 재진술될 수 있을 뿐이어서 목적 설정 중심의 생활은 방법과 수단이 그 목

---

1) 밥 쉥크, 『생테크』, 김성웅 역 (한세, 1996), p. 29.
2) 상게서, p. 26.
3) 상게서, p. 29.

적에 부합해야 하고, 이로써 수단을 정당화하지 않으므로 양심의 자유를 누리기 때문에 경건의 능력을 키워준다.

종교개혁자 칼빈의 경우 그의 경건생활은 인생의 제일되는 목적을 확실하게 정하고, 거기에 부합하는 신령한 신앙적 방법들을 사용하고 있다. 그가 만들어 사용한 요리문답(1538년)에서 우리의 으뜸되는 관심사는 온 마음을 기울여 하나님을 찾으며 사모하고 의지하되, 모든 찬양을 하나님께 돌리는 것이다고 진술되어 있는가 하면,[4] 그의 대표적 저서인 『기독교강요』에서도 하나님을 아는 지식이 인생의 목적으로 강조되어 있다.[5] 칼빈은 이러한 인생의 목적을 위하여 은혜의 방편으로 하나님의 말씀 묵상과 기도를 언급하고, 그리스도를 본받아 자기를 부인하며 십자가를 지는 훈련을 강조하였다.

1. 경건을 위한 인생의 목적

웨스트민스터 소요리 제1문답에 인생의 제일되는 목적이 잘 명시되어 있는 것처럼, 칼빈의 『기독교강요』(1권 2장)에도 이미 인생의 목적이 잘 기술되어 있다.

"경건한 사람은…유일하고 참되신 한 분 하나님만을 생각한다. 그리고 하나님이 자기를 계시한 대로 그를 아는 것으로 그 사람은 만족해 한다…그래서 경건한 사람은 하나님이 모든 것을 다스리신다는 것을 알고, 하나님이 인생의 안내자요 보호자이심을 믿고서 자신을 전

---

4) John Calvin, *Catechism*(1538) trans. by F. L. Battles(Pittsburgh: The Pittsburgh Theological Seminary, 1972), p. 1.
5) John Calvin, *Institutes of the Christian Religion*, trans. by F. L. Battles(Philadelphia: The Westminster Press, 1973), I.v.1.

폭적으로 하나님께 맡겨 그만을 신뢰하기 때문에 범사에 그를 인정한다…경건한 사람은 하나님을 주와 아버지로 인정하는 까닭에 범사에 그의 권위를 높이는 것을 당연하게 여기며 그의 위엄을 경외하고 그의 영광을 드러내기를 힘쓰며 그의 명령들을 순종하는 것을 합당하게 생각한다."[6]

칼빈의 사상에 의하면, 인생의 존재 목적은 먼저 하나님을 알고 그리고 하나님을 앎으로 그에게 영광을 돌리며 감사하고, 또한 그에게 영광을 돌림으로 영광스런 하나님을 즐거워하는 데 있다. 칼빈이 이해하고 있는 인간은 하나님이 자기의 영광을 나타내시는 객체일 뿐만 아니라, 하나님의 영광스러움을 맛보고 즐길 줄 아는 주체인 것이다.[7] 그래서 칼빈은 그의 요리문답(1538)에서 다음과 같이 가르친다. "우리에게 있어서 하나님은 모든 생명의 유일하고 영원한 원천이요, 지혜, 의, 능력, 선과 긍휼이다. 모든 좋은 것이 예외없이 그에게서 흘러 나오는 까닭에 모든 찬양이 그에게 돌려져야 마땅하다."[8] 만유의 통치자이신 만주의 주 하나님이 우리의 아버지요 모든 좋은 것의 원천이심을 우리가 알 때, 우리는 주 하나님을 경외하고 순종할 뿐 아니라 아버지 하나님을 사랑하고 신뢰하게 된다. 이로써 우리가 경건에 이르게 되는 것이다.

본래 고전 라틴어의 경우 경건은 자녀가 부모를 경외하고 순종하며 사랑하는 관계를 가리켜 사용되었다. 즉 부모와 자녀간의 상호적 사랑과 배려를 가리켜 경건이라 한 것이다. 이처럼 초대 교회에서도

---

6) 상게서, I. ii. 2.
7) B. B. Warfield, *The Works of B. B. Warfield*. vol. Ⅵ: *The Westminster Assembly and Its Work*(Grand Rapids: Baker Book House, 1981), pp. 382, 397.
8) Calvin: *Catechism*, p. 4.

경건이라는 단어가 하나님 아버지와 그의 자녀들 간의 관계를 가리켜 사용되었을 뿐 아니라 부모와 자녀간의 관계를 두고 사용되었다(행 3:12; 17:23; 딤전 2:2; 5:4; 6:5-6). 칼빈의 경우, 아마도 로마서 1:21 "하나님을 알되 하나님으로 영화롭게도 아니하며 감사치도 아니하고 오히려 그 생각이 허망하여지며 미련한 마음이 어두워졌나니"라는 말씀에서 참 경건이 무엇인가를 확인한 듯하다.[9] 그러기에 칼빈의 경건의 중심된 주제는 하나님께 영광을 돌리는 것과 그에게 감사 드리는 것이다.

칼빈이 말하는 바 하나님을 아는 지식은 단순하거나 단지 머리로만 아는 사변적 지식이 아니고, 우리를 향한 하나님의 부성적 은총을 가슴으로 체험하여 아는 산신앙의 지식이다.[10] 하나님을 아는 이같은 지식이 인간의 으뜸되는 목적인 것이다. 이 지식은 하나님에 대한 사랑과 신뢰와 경외를 포함하고, 하나님의 공의를 따라 순수하고 참된 열심을 가지고 사는 것을 의미한다. 경건한 사람은 먼저 하나님을 두려워하고 경외하기를 배워야 하며, 하나님에게 모든 좋은 것을 구하는 것을 배워야 하고, 좋은 것을 받은 경우 그것을 하나님의 것으로 돌리며 감사하는 것을 배워야 한다.

그리고 경건한 사람은 하나님을 주와 아버지로 인식하기 때문에, 범사에 그의 권위를 인정하고 그의 위엄을 존중하며 그의 영광을 드러내는 데 마음을 기울이고, 감사하며 그의 계명들에 순종하는 것을 합당하게 여긴다. 경건한 사람은 하나님을 아버지로 사랑하고 경외하기 때문에, 그를 또한 주님으로 경배하며 감사하고 찬양한다. 그리고 자발적으로 모든 일에서 하나님께 순종하고 봉사한다. 이렇듯

---

9) Ford Lewis Battles, ed. *The Piety of John Calvin* (Grand Rapids: Baker Book House, 1978), pp. 15-16.
10) 『기독교강요』, I. v. 9.; Ⅲ. ii. 14.

칼빈에게 있어서 하나님을 아는 지식은 경건을 낳으며, 이로써 하나님을 참으로 예배할 마음을 갖게 하고, 내세 소망을 갖게 해 주며 인생을 참된 행복에로 인도한다.

칼빈 시대의 로마 카톨릭 교회는 하나님을 아는 지식을 크게 결여했을 뿐 아니라 그릇된 형상숭배를 가르쳤다.[11] 인생의 목적을 하나님을 아는 데 두기보다는 공로를 쌓아 구원을 얻으려 하는 목표 설정 중심의 삶을 가르쳤다. 그래서 중세 로마 카톨릭 교회는 참된 경건도 없고, 양심의 자유도 없으며, 영적 능력을 지니고 있지 못했다.

중세 로마 카톨릭 교회와는 달리 칼빈은 성경에 계시된 하나님 그리고 성령의 빛으로 파악하는 바 자연에 계시된 하나님께 영광 돌리고 감사하며 그를 즐거워하는 데 인생의 제일되는 목적을 설정함으로써 참된 경건의 능력을 체험하였다. 그래서 그는 종교개혁 운동을 성공시킬 수 있었고, 타락한 세상과 역사를 바로 잡기도 했던 것이다. 하나님께 목적이 확고하게 세워진 인생은 칼빈이 보여 준 대로 경건의 능력이 있어서 세상을 변화시키며 진리가 주는 자유를 누린다.

2. 경건을 위한 신령한 신앙적 방법

칼빈에게 있어서 경건의 능력을 위한 인생의 목적은 하나님께 영광을 돌리는 것이요 그를 즐거워하는 것이다. 이 목적을 위하여 그는 자연과 성경에서 하나님을 아는 지식을 얻었다. 칼빈은 하나님을 알면 알수록 우리 자신을 알아 자기를 부인하며 또한 십자가를 지는 삶을 힘써 감당할 것을 가르쳤다. 이로써 경건생활이 효과적으로 훈련되었다. 칼빈은 이를 위하여 하나님의 말씀을 묵상하되, 그리스도

---

11) 『기독교강요』, I. xi. 8.

를 본받아 자기를 부인하고 십자가를 지며 기도로 훈련할 것을 강조하였다.

(1) 오직 하나님의 말씀으로

칼빈에게 있어서 말씀에 의한 경건 훈련 방법으로는, 첫째 성경을 하나님의 말씀으로 받아 전심으로 꾸준하게 묵상하는 것이요, 둘째 하나님 앞에서 자신을 말씀으로 검토하는 것이 있다.

칼빈에게 있어서 그리스도인의 경건생활은 하나님의 말씀의 영향과 인도를 받아 사는 생활이다.[12] 그리스도인이란 하나님의 말씀의 가르침이 우리의 부패한 본성과 맞지 아니할지라도, 그 가르침을 겸허하게 받아 단련되는 자이다. 하나님의 말씀의 권위에 우리 자신을 복종시킬 때 하나님 자신을 두려워하게 되는 것이다. 사실 하나님의 말씀을 멸시하는 것은 참되신 하나님 자신을 멸시하는 것이다.[13] 하나님의 말씀에 기초하고 그 말씀에 의하여 지도받고 고쳐지는 생활만이 하나님을 참으로 영화롭게 할 수 있다. 경건하고 바른 신앙은 하나님이 말씀하실 때마다 그를 경청하고 그의 거룩한 입으로부터 나오는 것은 무엇이나 주저없이 받아들인다.[14]

칼빈에 따르면 하나님의 말씀을 묵상하는 자세가 먼저 중요한 바, 우선 온 마음과 영혼과 뜻과 힘을 다하여 말씀을 사랑하고, 그 말씀이 우리의 마음과 생각을 지배하고 주장하게 해야 한다.[15] 하나님의 말씀을 묵상함에 있어서 사상석으로, 시석으로 우리의 마음과 감성이 하나님의 말씀에 의해 지배되어야 우리가 하나님을 전적으로 사랑하

---

12) 칼빈, 『시편주석』(시 19:7).
13) 『기독교강요』, Ⅱ.ⅰ.4.
14) 칼빈, 『히브리서 주석』(히 11:7).
15) 칼빈, 『시편주석』(시119:2).

는 것이 가능하다.

그리고 하나님의 말씀을 묵상하되 꾸준하게 해야 된다.[16] 하나님의 말씀을 피상적으로 받아들여서는 안 되고, 그리스도인의 마음에 깊이 그리고 끊임없이 영향을 미치도록 해야 하는 것이다. 이와 같이 말씀 묵상을 통해서만이 말씀이 영혼 속에 새겨지거나, 깊이 자리잡게 되거나, 심령 깊은 곳에 저장되어 우리의 심령을 성화시킨다.

칼빈은 하나님의 말씀 묵상과 관련하여 다음 몇 가지를 특별히 강조한다. 첫째, 그리스도인은 미래에 있을 부활을 묵상해야 한다. 그리스도의 죽음과 부활에 현재적으로 참여하는 것이 자극이 되어 미래의 천국생활을 묵상하고, 십자가를 사닥다리로 삼아 현재 생활에 대한 미련을 버리고 부활의 영광을 갈망해야 하는 것이다.[17] 일반적으로 사람들은 타락의 결과로 이 세상을 사랑하고 미래생활을 묵상할 수 있는 능력을 완전히 상실했다. 사람들의 심령은 이 세상의 것들로는 결코 만족할 줄 모르는 밑터진 항아리 같으나, 이 세상에서 만족을 헛되이 구하고, 세상 염려와 세상에 대한 무절제한 사랑 때문에 천국생활을 열망하지 아니한다. 그러나 성령으로 중생한 자는 하나님의 말씀을 묵상하는 가운데 미래의 영광의 부활을 갈망함으로써 이 세상으로부터 초연할 수 있다.

둘째, 칼빈은 그리스도의 수난과 죽음의 의미를 묵상할 것을 권한다.[18] 우리가 그리스도의 십자가의 고난과 죽음을 묵상하게 될 때, 우리가 강하게 되어 역경과 시험들을 이겨내며, 핍박을 견디어 내고, 십자가를 묵상하게 되면 부활하여 하늘의 영광 중에 계시는 그리스도를 또한 자연히 묵상할 수 있게 되는 것이다.

셋째, 창조세계에 나타난 하나님의 솜씨를 감사함으로 묵상해야

---

16) 상게서(시 39:2).
17) 『기독교강요』, Ⅲ. xvi. 17.
18) 칼빈, 『갈라디어서주석』(갈 2:20).

한다.[19] 칼빈에게 있어서 하늘의 기업의 더 큰 영광을 사모하고 미래 생활을 묵상하는 것은 하나님의 창조질서의 한 부분이다. 인간의 현재 생활의 목적은 인간의 최종 목표가 될 천국의 더 좋은 생활을 묵상하게 하는 데 있다. 그리스도인은 하나님의 말씀을 통해서 그리고 자연에 나타난 영광을 통해서 하나님과의 교통을 더욱 깊게 가지며 천국생활을 묵상하고, 자연환경에 대하여 질서있는 관계를 가지고 살게 되어 있다.

칼빈의 경우 만물의 자연적 질서에 순응하는 것은 경건의 본질적 요소이자, 그리스도 안에서의 기독교인의 새생활에서 절대 필요한 요소이다. 칼빈은 자연의 질서에서 하나님께 복종하는 본성적 경향과 자연계 내에서의 상호복종과 교통의 법을 발견하고서 그리스도인이 자연계에 나타난 하나님의 솜씨를 묵상함으로써 하나님의 영광과 부성애를 감사할 뿐 아니라 상호복종과 섬김의 삶을 살 것을 권하였다.[20]

넷째, 하나님의 진노에 관해 묵상할 것을 칼빈은 권한다. 칼빈에 의하면, 하나님의 진노를 가볍게 여기면 하나님의 진노를 충천케 한다. 그러므로 우리가 항상 일깨워서 하나님을 경외하면 우리의 생활을 규제할 수 있게 되고, 재갈처럼 그 경외감이 우리의 광폭한 정욕들을 억제시킬 수 있다.[21] 하나님께 대한 경외감으로 우리 자신을 억제하는 일에는 죄의 결과들에 대해 엄숙하게 생각하는 것이 포함된다. 다시 말해서 하나님의 심판을 믿음의 눈을 가지고 묵상해야 하는 것이다.[22]

다섯째, 하나님의 선하심을 묵상해야 한다. 강요된 두려움보다는

---

19) 칼빈, 『시편주석』(시 104:1).
20) 로날드 윌레스, 『칼빈의 기독교 생활원리』, 나용화 역(기독교문서선교회, 1988), pp. 184-186.
21) 칼빈, 『시편주석』(시 36:1).
22) 상게서(시 119:127).

하나님의 은총에 대한 감사가 하나님의 뜻을 행하고자 하는 열망을 우리 안에 심어주고, 환난 중에서 인내할 수 있는 힘을 주며 악을 극복할 수 있게 한다. 우리를 향한 하나님의 섭리적 선하심을 묵상하게 될 때, 큰 시험을 물리칠 수 있을 뿐 아니라 하나님을 신뢰하고 찬미하고 사랑할 수 있게 되는 것이다.[23] 그리고 이로써 육체의 방탕함이 억제되고, 하나님의 선하심과 은택들을 사닥다리로 삼아 우리가 하나님께 더 가까이 올라갈 수 있는 것이다.

한편 칼빈은 경건생활 훈련에 있어서 하나님의 말씀 묵상에 끊임없는 자기 검토가 수반되어야 한다고 말한다. 하나님을 기쁘시게 하는 유일한 길은 우리가 우리 자신에 대하여 신랄한 비판자가 되는 데 있다.[24] 즉 말로만 우리의 죄를 고백하는 것으로는 충분하지 않고, 우리의 죄들을 하나님의 말씀에 비추어 엄격하고 무섭게 검토해야 한다. 이 같은 자기 검토는 매일 아침 저녁으로 부지런하게 행해져야 하는 것이다. 즉 하나님의 면전에서 하나님 보시기에 무엇이 죄인지에 대하여 하나님의 말씀의 가르침에 따라 우리 자신을 검토해야 하는 것이다. 자기 검토는 기독교 경건생활에서 필요한 훈련이다. 이는 자기 검토를 통해서 모든 자만심이나 거만함 그리고 모든 자긍심이 철저하게 제거될 수 있기 때문이다.[25] 또한 이로써 우리가 유혹에 빠지는 일을 미리 방지할 수도 있기 때문이다.

(2) 자기를 부인하고 십자가를 지는 훈련

효과적인 경건생활은 기본적으로 하나님의 말씀을 전심으로 끊임없이 밤낮 묵상할 뿐 아니라, 그리스도와 함께 십자가에 죽고 부활하

---

23) 『기독교강요』, I. ii. 1;『요한복음주석』(요 5:14).
24) 칼빈, 『시편주석』(시 106:6).
25) 월레스, 상게서, p. 285.

는 것이다. 철저하게 자기를 부인하며 십자가를 질머지는 데서 경건에 이른다.

칼빈은 그의 창세기 주석에서 죄의 시작은 하나님의 말씀을 믿지 않는 데 있다고 하였다. 칼빈에 의하면, 하나님은 그의 말씀 안에서 만나며 경배될 수 있기 때문에, 말씀을 무시하고서는 하나님에 대한 경외가 결코 있을 수 없고 뿌리째 흔들리고 만다. 하나님의 말씀을 멸시할 때 자기를 주장하게 되며 이로써 교만해지고 자기를 높이며 하나님과의 동등권을 주장하려 하고, 하나님께 일체 감사하지 아니하며 불순종하고 마침내 하나님을 배반한다.[26] 하나님을 전혀 경외하지 않게 되고 만다. 다시 말해서 하나님의 말씀의 권위에 순종하지 아니할 때 인간은 자기를 주장하며 교만하고 불경건해져 하나님을 거역한다. 중세 로마 카톨릭 교회가 부패하고 타락하게 된 근본 원인이 하나님의 말씀인 성경을 멀리하여 떠남으로 경건의 능력을 상실한 데 있음을 칼빈은 잘 알고 있었던 것이다.

그래서 칼빈은 죄를 이기는 방법으로 우선 하나님의 말씀을 가까이 하며 묵상하는 것을 강조하는 한편, 하나님의 말씀을 멸시할 때 사람이 자기를 주장하며 교만해지는 죄의 근본 성질에 비추어 예수님의 제자도, 곧 자기를 부인하여 날마다 십자가를 지는 것을 그리스도인의 생활의 핵심으로 간주했다.

칼빈은 그의 『빌립보서주석』(2:5-11)에서 둘째 아담이신 예수님은 첫째 아담과는 달리 그가 본래 하나님의 본체이면서도 하나님과 동등됨을 감히 취할 것으로 여기지 아니하고 자기의 영광을 숨기며 자기를 내세우지 아니하고 철저하게 죽기까지 하나님 아버지에게 순종하셨다고 해석하였다.[27]

---

26) 칼빈, 『창세기주석』(창 3:1이하)
27) 칼빈, 『빌립보서주석』(빌 2:5-11).

그리고 칼빈은 공관복음을 주해하면서 예수님의 시험(마 4:1-4; 눅 4:1-4)이 단순히 먹는 문제와 관련된 것으로 보지 아니했다. 오히려 사탄이 예수로 하여금 하나님을 신뢰하는 대신 스스로 자신의 신적 능력을 발휘하여 돌을 떡으로 만들도록 시험한 것으로 보았다.[28] 예수님이 사탄의 이 같은 시험을 받았을 때, 비록 먹을 양식이 없을지라도 하나님의 말씀에 순종하여 하나님을 신뢰하고 경외하는 것이 마땅하다고 여겨 말씀의 검과 믿음의 방패를 가지고 시험을 물리친 것으로 칼빈은 해석하였다.[29]

첫째 아담과는 달리 둘째 아담 예수님은 자기를 결코 내세우지 아니하고 하나님의 말씀의 권세에 의지하여 시험을 이기신 것으로 칼빈은 이해하였다. 즉 하나님의 말씀을 높일 때 자기를 내세우는 대신 부인하여, 하나님을 경외하는 믿음을 가지고 하나님께 순종함으로 죄를 이길 수 있음을 칼빈은 예수님에게서 발견한 것이다.

그래서 칼빈은 『공관복음』(마 16:20-28; 막 8:30-38; 눅 9:21-27)을 주해하면서 예수님의 제자도를 그리스도인의 삶의 핵심으로 주장했다. 칼빈의 해석에 따르면 하나님 나라는 예수님의 수치스런 죽음을 통해서 시작되었다. 예수님은 그가 세운 하나님의 나라를 위해서 자신이 스스로 자기부인의 모범을 보이시고, 자기의 제자들로 하여금 본받게 하셨다. 즉 예수님은 자기의 제자들에게 자신들을 부인하며 자원하여 십자가를 짐으로써 자신의 생각과 육체의 소욕을 버리고 이기적 자기 사랑도 버리며 끝까지 경건을 훈련하라고 명하신 것이다.[30]

이 같은 제자도, 곧 자기를 부인하며 십자가를 지는 생활을 칼빈은 『기독교강요』(3권 7장-10장)에서 상론하였다. 칼빈이 강조하는

---

28) 칼빈, 『공간복음주석』(마 4:1-4, 눅 4:1-4).
29) 칼빈, 『에베소서주석』(엡 6:10-20).
30) 칼빈, 『공관복음주석』(마 16:20-28, 막 8:30-38, 눅 9:21-27).

바에 의하면 그리스도인의 의무, 곧 삶의 목적은 오직 하나님의 영광만을 생각하고 말하며 묵상하고 사는 것이다. 우리는 이제 우리 자신의 것이 아니라 하나님의 것이기 때문에 살아도 그분을 위해서 그리고 죽어도 그분을 위해서 하고, 하나님의 지혜와 의지가 우리의 모든 언행심사를 다스리게 해야 하는 것이다.[31] 그러기에 그리스도인의 생활의 첫걸음은 하나님의 말씀에 전적으로 순종하기 위하여 자신을 버리고 떠나는 것이다.

칼빈은 디도서 2:12에 언급된 근신함과 의로움과 경건함을 자기부인의 삼요소로 보았다. 여기서 근신함이란 검소와 정절과 절제 등 자기통제를 의미하며, 의로움이란 모든 공평의 의무 곧 이웃에 대한 헌신적 사랑을 의미하고, 경건함이란 참된 거룩으로 하나님께 대한 온전한 사랑을 의미한다.[32]

이로 보건대, 칼빈은 자기부인을 세 가지 방면으로 이해하고 있다. 첫째, **일상생활에서 자기를 부인하는 것**이다. 칼빈은 엄격한 금욕주의나 잘못된 방종을 경계하고, 하나님이 주신 세속적인 축복을 감사함으로 받아 삶의 필요와 즐거움을 위해 사용할 것을 권한다. 그러나 내세를 묵상하는 가운데 현재생활에 집착하지 말고 검소하고 절제된 삶을 살 것을 강조했다. 예컨대 과음 과식하지 말고 사치스런 옷을 삼가며 지나친 오락을 금하라고 하였다.[33]

둘째, **이웃에 대하여 자신을 낮추는 것**이다. 사람마다 자기 잘난 생각을 가지고 있다. 이 교만을 제거하는 치료책은 자기 중심적 사랑을 뽑아내 버리는 것이다. 우리가 이러한 참된 온유를 체득하는 길은 진심으로 자기를 낮추고 다른 사람들을 존경하는 마음을 갖는 것뿐이다. 우리의 이웃 사랑은 사람들의 외모나 행위를 보지 아니하

---

31) 『기독교강요』, Ⅲ. vii. 1.
32) 상게서, Ⅲ. vii. 3.
33) 상게서, Ⅲ. x. 3, 4.

고 악한 심성을 염두에 두지 아니하며 그들에게 있는 하나님의 형상을 볼 때 가능하다. 하나님의 형상의 아름다운 위엄과 영광을 볼 때 이웃의 허물이 감추어지고 이웃을 사랑으로 용납하게 되며 진실한 감정으로 섬기며 사귀게 된다.[34]

셋째, **하나님께 대하여 겸비하여지는 것**이다. 자기부인의 가장 중요한 요소는 하나님을 바라보는 것과 우리 자신과 우리의 모든 소유를 하나님의 뜻에 맡기는 것이요, 하나님의 축복만을 신뢰하고 하나님의 사랑과 참된 부성적 관용을 의지하여 믿음으로 역경을 참는 것이다. 그래서 경건한 그리스도인은 하나님만이 우리의 삶을 주장하고 가장 정연하고 공정하게 선악간에 우리를 다스리시어 합력하여 선을 이루신다는 것을 믿는다.[35]

이로 보건대, 칼빈에게 있어서 자기부인의 기본적 요소는 우리 자신의 판단과 본성적 이성의 생각을 포기하고, 이기적 사랑의 육체적 정욕을 죽이며 본성적 충동을 제어하고 이웃을 자신보다 먼저 생각하며 하나님의 부성적 사랑에 우리의 삶을 온전히 맡기는 것이다. 그런데 이러한 내면적인 자기부인의 과정은 외형적인 십자가를 지는 삶을 통해서 이루어진다. 우리는 환경적 고통과 환난과 질병 등을 체험함으로써 육체의 정욕을 죽이며 자기를 부인하게 되는 것이다.

칼빈은 십자가를 짊어지는 것이 자기 부인을 위해 아주 필요하다고 강조한다. 칼빈은 우리의 본성적 기질을 다루기 힘든 야생마와 당나귀에 비교하면서,[36] 하나님이 우리에게 환난을 주시되 거친 야생마를 다루는 거친 기수처럼 행동하신다고 말한다. 그러기에 십자가 아래서 환난을 체험할 때, 우리가 육체를 죽이며 자만심과 이기적 사랑을 없애게 되는 것이다.

---

34) 상게서, Ⅲ. vii. 4, 5, 7.
35) 상게서, Ⅲ. vii. 8, 10.
36) 상게서, Ⅲ. viii. 5: 참조, 윌레스, 상게서, p. 101.

칼빈은 『기독교강요』에서 그리스도인들이 십자가를 지는 이유를 여섯 가지로 말하고 있다.[37] 첫째, 우리가 십자가를 져야 하는 이유는 우리로 하여금 하나님의 권능을 온전히 신뢰하게 하기 때문이다. 하나님이 우리의 교만과 육체적 정욕을 꺾는 최상의 방책은 빈곤이나 질병이나 심한 환난을 통해서 우리를 괴롭게 하는 것이다. 둘째, 십자가는 우리로 하여금 하나님의 신실성을 체험하게 하며 우리에게 장래에 대한 소망을 준다. 십자가를 통해서 우리는 맹목적 자기 사랑이나 자만심을 버리게 된다. 셋째, 십자가는 우리를 단련시켜 인내하며 순종할 수 있게 한다. 십자가의 고통이라고 하는 학교를 통해서 인내를 배우게 한다. 이로써 십자가는 우리의 경박한 생각을 버리고 하나님의 뜻대로 사는 것을 배우게 한다. 넷째, 하나님은 십자가를 통해서 우리의 무절제한 육체를 굴복시키고 제어하신다. 다섯째, 십자가는 일종의 사랑의 징계이다. 하나님이 우리를 괴롭게 하는 것은 우리를 멸망시키려는 것이 아니고, 도리어 세상의 정죄로부터 우리를 자유케 하기 위함이다. 여섯째, 의를 위하여 핍박을 받는 것은 독특한 위로가 된다. 십자가의 고난을 감사와 고요한 마음을 가지고 달게 받을 때 그리스도가 우리 안에서 영광을 받으시기 때문에 십자가는 우리에게 유익을 주고 위로가 되는 것이다.

(3) 기도의 훈련

칼빈은 그의 『기독교강요』(3권)에서 그리스도인이 회개하고 성화될 뿐 아니라 자기를 부인하고 십자가를 지는 삶과 하나님 앞에 의롭다 함을 받는 것이 모두 오직 믿음으로 된다고 가르친다. 그런데 이 믿음을 강화시켜 주는 은혜의 방편 중에 하나가 기도이다. 다시 말해

---

37) 상게서, Ⅲ. viii. 2, 3, 4, 5, 6, 7, 8.

서 기도 없이는 믿음이 튼튼하게 성장할 수 없고, 따라서 경건생활이 있을 수 없다는 것이다.[38]

칼빈은 그의 『에베소서주석』(6:18)에서도 기도가 영적 싸움을 위한 참된 방편이요, 믿음과 소망의 으뜸가는 연습(exercise)이라고 하였다. 즉 그리스도인이 하나님의 전신갑주(믿음의 방패와 성령의 검, 곧 하나님의 말씀 등)를 입고 나서 싸움을 위해 기도로 힘을 길러야 하는 것이다. 공격용 무기인 성령의 검, 곧 그 하나님의 말씀이 날선 칼처럼 공격용 무기 노릇을 하고 믿음이 최상의 방어용 무기 노릇을 하려면 기도가 없이는 효과적이지 못하다.[39] 이로 보건대 그리스도인의 경건훈련을 위해서는 말씀묵상과 기도가 필수적이요, 말씀과 기도를 통해서 그리스도인이 자기를 부인하며 십자가를 지는 삶을 즐거움으로 감당할 수 있게 된다.

칼빈은 우리가 기도해야 할 이유를 다음과 같이 열거한다.[40] 우선 우리의 믿음이 약해지거나 태만해지지 않도록 하기 위함이다. 다시 말하면 우리의 믿음이 사탄의 공격들을 잘 막아내고, 성령의 검 곧 하나님의 말씀을 가지고 사탄을 무찔러 승리할 수 있는 경건의 능력을 배양하기 위함이다. 둘째는 하나님을 사랑하며 섬기고자 하는 소원과 열의가 우리의 심령 속에서 불일 듯하기 위함이다. 셋째는 하나님께서 여러 가지 은혜를 주실 때에 진심으로 감사하고 하나님의 인자하심을 더욱 열심히 묵상하며, 끝으로 하나님의 섭리를 확인하도록 하기 위함이다.

이 기도는 하나님을 경외하는 마음으로 하되, 우리 자신의 무력함과 부족함을 느끼며 회개하는 마음으로 해야 하고, 모든 자만심을 버

---

[38] 상게서, Ⅲ. xx. 1.
[39] 칼빈, 『에베소서주석』(엡 6:10-20).
[40] 『기독교강요』, Ⅲ. xx. 3.

리고 하나님 앞에 겸손해야 한다.[41] 그러기에 올바른 기도의 준비와 시작은 겸손하고 성실하게 죄를 고백하며 용서를 간구하는 데 있는 것이다. 또한 참으로 겸손하게 기도하되 우리의 기도가 응답되리라는 확실한 소망을 품고서 용기를 내어 기도해야 한다.[42] 그러므로 열심히 기도하려면 시간을 정해 놓고 규칙적으로 하며, 인내심을 가지고 계속적으로 간절하게 하여야 하는 것이다.[43]

그런데 칼빈은 우리의 기도가 신앙의 순수한 표현이 되기 위해서는 하나님의 말씀에 철저하게 기초해야 한다고 말한다.[44] 칼빈에 의하면 기도는 하나님의 말씀에 의하여 문이 열린다. 하나님이 말씀 위에 기초하게 될 때 우리는 참으로 담대하게 기도를 하나님께 드릴 수가 있다. 왜냐하면 우리 안에서 겸손과 경외심을 불러일으키고 육체의 정욕들을 제어하여 하나님의 뜻에 절대 복종하게 하는 바로 그 하나님의 말씀이 다른 한편으로는, 우리가 그 말씀을 듣고 순종할 때 담대함과 확신을 가지고 하나님께로 나아갈 수 있도록 우리의 기도의 문을 열어 주기 때문이다.[45]

또한 기도는 하나님의 말씀에 의하여 틀이 형성된다. 하나님은 우리의 기도가 뜨겁게 되도록 하기 위해서 말씀을 가지고 기도의 형식들을 우리의 입에 넣어 주신다.[46] 즉 주기도를 통해서 우리가 하나님께 구해도 좋을 것과 우리에게 유익한 것과 우리가 구할 필요가 있는 것 등을 제시하고 있으며, 성경에 나오는 많은 경우들을 통해서 구체적으로 기도의 틀을 제시하시는 것이다.

---

41) 상게서, Ⅲ. xx. 6-9.
42) 상게서, Ⅲ. xx. 11-14.
43) 상게서, Ⅲ. xx. 50-51.
44) 참조, 칼빈, 『시편주석』(시 27:8, 71:22).
45) 월레스, 상게서, p. 351.
46) 칼빈, 『요한복음주석』(요 12:13).

또한 기도는 하나님의 말씀에 의하여 제한되고 지배되고 통제되어야 한다. 기도가 하나님의 말씀 위에 기초하여 시작되고 성령께서 기도의 틀을 만들어 주시는 까닭에, 우리의 기도는 그것의 방향과 세부적인 사항에서 바로 그 말씀에 의하여 지배되어야 한다고 칼빈은 말한다.[47] 그러므로 기도할 때 우리의 생각이나 감정적 충동을 버리고, 자기를 부인하며 억제하고 하나님의 말씀에 순종해야 하는 것이다. 우리는 하나님이 약속한 것 이상을 구하지 말아야 한다.

칼빈은 또한 그의 『에베소서주석』(6:18)에서, "무시로"라는 말에 대하여 우리가 형통할 때뿐 아니라 오히려 고난과 역경에 처할 때에도 기도해야 한다고 말한다. 특별히 우리는 고통을 받을 때 하나님께로 달려가 간구하게 된다고 하였다. 그리고 "여러 성도를 위하여"와 관련해서, 칼빈은 우리가 우리의 필요 때문에 한순간도 기도하지 않고서는 살 수 없으나, 우리의 형제들 때문에도 기도하지 않으면 안된다고 말한다.[48] 교회의 지체된 형제들을 살펴보면 고통 가운 데 있는 자가 언제나 있게 마련이므로, 우리는 늘 성도들을 위해서 기도하므로 형제 사랑을 나타내야 하는 것이다.

칼빈은 이처럼 그리스도인들이 역경 중에서 기도하거나, 역경과 고통 중에 있는 여러 성도들을 위해서 기도하므로 주 안에서 그 힘의 능력으로 강건하여지고 마귀를 능히 대적할 수 있도록 주님께서 능력을 공급해 주시는 것으로 이해하였다(엡 6:10-11).

3. 칼빈의 경건생활

칼빈은 하나님의 말씀을 깊이 사랑하고 묵상하며 그 말씀에 기초

---

47) 칼빈, 『시편주석』(시 35:23).
48) 칼빈, 『에베소서주석』(엡 6:18).

하고 의지할 뿐 아니라, 말씀에 철저하게 순종하여 기도하고 자신을 쳐 복종시키는 가운데서 하나님을 사랑하고 경외하며 신뢰하고 순종할 뿐 아니라 그에게 영광을 돌리고 감사하는 삶을 살았다. 칼빈이 얼마나 하나님의 말씀을 사랑하여 묵상하고 기도하는 일에 헌신적이었는가 하는 것은 앞에서 '경건을 위한 신령한 신앙적 방법'을 기술하는 가운데 어느 정도 언급되었기 때문에, 칼빈의 일상생활, 가정생활, 목회생활, 사회생활 그리고 경제생활 등과 관련하여 칼빈이 실제 경건한 생활을 어떻게 살았는가를 살펴보고자 한다.

(1) 칼빈의 일상생활

파커(T. H. Parker)의 『존 칼빈의 생애와 업적』에 칼빈의 일상생활이 소상하게 소개되어 있다.[49] 1509년 7월 10일 아버지 제라르(Gerard)에게서 셋째 아들로 태어난 칼빈은 어려서 전염병의 위협을 받으며 자란 까닭에 몸이 허약하였고, 소년시절 형편없는 식사를 한 까닭에 항상 금식한 것과 마찬가지여서 더욱더 허약했다.

그럼에도 불구하고 10대 초반부터 엄격한 훈련과 규율 밑에서 힘든 공부를 하느라 몸이 아주 허약해졌다. 그는 몽떼규 대학 시절 새벽 4시에 일어나 저녁 9시에 잠자리에 들 때까지 예배, 독서, 묵상과 기도 등 꽉 짜여진 틀 속에서 생활하였다. 그는 12살에 대학에 입학하여 다른 사람보다 4-5년 빠르게 16-17살경 석사학위를 받을 만큼 열심히 공부하였다.[50]

그래서 칼빈은 장성한 후에도 아주 지성적이고 성격이 단호하였으며, 하나님의 말씀에 순종하는 데 아주 철저하였다. 그의 좌우명 "즉

---

49) 파커, 『존 칼빈의 생애와 업적』, 김지찬 역(생명의 말씀사, 1986). 칼빈의 일상생활에 관한 자료를 소상하게 소개하고 있는 중요한 저서이다.
50) 상게서, pp. 25, 33-36, 39.

각적으로 그리고 성실하게"(prompte et sincere)에도 그의 성격과 삶의 태도가 나타나 있다. 그는 일에 중압감을 느끼면서도 밤낮 일하기를 쉬지 아니하고 일을 위해서라면 지체할 수가 없었고 최선을 다했다. 그는 지나칠 정도로 자기를 철저하게 부인하고 자기 몫의 십자가를 졌다. 그래서 그는 평상 음식조차 거르고 하루 한끼로 만족하는가 하면 하루종일 굶고서도 일하기를 멈추지 아니했다. 그는 잠을 매우 적게 잤다. 이로 인하여 항상 피로에 지쳐 있었으나, 새벽 5시경이면 일어나 책을 쓰는 작업을 항상 계속하였다.[51]

칼빈이 그의 대표작인 『기독교강요』(1559년, 최종판)를 저술하던 때에는 사일열(四日熱)로 고생하고 폐병도 악화되었다. 심한 각혈을 하기까지 했다. 그는 결석과 치질 때문에도 고생했고 신장염과 관절염으로 인해 불편은 아주 대단하였다. 그럼에도 불구하고 그는 1564년 몸을 더 이상 움직일 수 없을 때까지 평상 업무를 계속하였던 것이다.[52] 그는 몸져 누운 지 3개월 만인 그해 5월 27일에 죽었다.

그는 죽음의 문턱에서 "그리스도를 통해 우리를 위해 획득해 놓으신 영생의 희망으로 부르시는 지금, 우리는 얼마나 더 하나님의 선하심을 높이 찬양해야 하겠는가?"라고 설교하고, "전능하신 하나님, 우리가 이미 영원한 기업의 문턱을 넘어 영원한 희망 안으로 들어갔음을 깨닫게 하옵시고, 예수 그리스도께서 하늘에 들어가신 후에 우리를 위해 처소를 예비하셨음을 알게 하옵소서"라고 기도하였다.[53]

그는 병상에 누워 있을 때, 사람들이 그에게 좀 푹 쉬라고 말하면 자기의 빈둥거리는 모습을 주님께 보여 주고 싶지 않다고 말하면서 누워 있는 것을 안타까워했다. 그러기에 그는 일을 하지 아니했다는

---

51) 상게서, pp. 198, 209-211.
52) 상게서, pp. 292-294.
53) John Calvin, *Ezekiel* II, tr. Thomas Myers(Grand Rapids, Eerdmans), p. 345.

핑계로 생활비 받기를 거절하기도 했다. 그는 죽음을 맞기 2주일 전 낙망과 고통 가운 데 있으면서도 일을 하려고 애썼으며, 하나님께 감사와 영광을 돌리는 가운데 맑은 정신을 유지한 채 운명했다. 그는 파렐에게 보낸 편지에서 이렇게 그의 마지막 순간의 신앙을 고백하였다. "나는 매우 힘들게 숨을 쉬고 있고 매순간이 나의 마지막 호흡인 양 생각하고 있소. 내가 그리스도를 위하여 살고 또 죽으니 그것으로 족합니다."54) 그는 오직 그리스도를 위하여, 그리고 하나님의 영광을 위하여 자기의 몸을 조금도 아끼지 않고 산제물로 드리며 살았다. 그는 한평생 고난이라는 학교에서 인내와 순종과 헌신과 감사를 배워 내세를 묵상하는 가운데 살았던 것이다.

(2) 칼빈의 가정생활

칼빈은 1540년 3월 10일 두 자녀를 둔 미망인인 이델레트 드 뷔르(Idelet de Bure)와 결혼하였다. 그녀는 정숙하고 사려가 깊으며 검소하고 절약하며 인내성 있는 여자로서 칼빈의 건강을 보살피는 데 아주 헌신적이었다.55) 그들의 결혼생활은 처음 6주 동안 너무 행복하였으나, 그만 둘 다 몸이 병들어 허약해지고 말았다. 칼빈은 유명한 개혁자의 명성에 전혀 어울리지 않게 매우 초라한 집에서 살았으며, 그의 집과 가구들은 모두 의회의 것이었고 1년에 4회 지급되는 사례금 외에는 땅 한 평 살 돈이 없었다. 그가 사용하던 식탁이나 침대도 자기 것이 아니었다.56)

칼빈의 결혼생활은 인간적으로 보면 아주 불행했다. 결혼한 지 5

---

54) 파커, 상게서, pp. 296-302.
55) 상게서, p. 154; R. 스토페르, 『인간 칼빈』, 박건택 역(엠마오, 1989) pp. 26, 30.
56) 상게서, p. 205.

년이나 되어 난산 끝에 겨우 얻은 아들은 금방 죽고 말았고, 그의 아내는 건강을 회복하지 못한 채 1549년 3월 29일에 죽고 말았다. 아들을 잃고 또 얼마 안 되어 아내까지 잃은 칼빈은 너무나도 고통스럽고 큰 슬픔을 억제할 수가 없었다. 그는 보통 사람들처럼 크게 슬퍼하고 상처와 고통을 가슴에 품고서 살았다. 그래서 그는 다시는 결혼할 생각을 갖지 않고, 천국에서 먼저 간 아내와 재회할 날을 소망하면서 남은 생애를 살았던 것이다.[57]

칼빈은 비록 결혼생활도 짧았고 자기가 늦게 낳은 아들까지 일찍 잃어버림으로 해서 고통과 슬픔이 커 그 고통을 이겨내는 일이 여간 어려운 것이 아니었지만, 하늘의 소망 가운데서 하나님의 위로를 받고, 하나님을 더욱 의지하였으며, 먼저 간 아내의 따뜻한 사랑을 가슴에 간직하고 하나님께 감사하며 살았던 점에서 참으로 훌륭한 남편의 모습을 보여 주었다. 칼빈은 유산을 조금 남겼는데, 그 유산 중에서 이복 누이 마리의 딸과 동생 앙트완느의 아들들과 딸들에게 나누어 주고, 부인이 데려온 아들에게도 얼마를 남겨 줌으로써 외삼촌으로서, 큰아버지로서 그리고 양아버지로서의 의무를 다하려고 노력하였다. 그는 어려운 여건 중에서도 자기의 혈족을 생각하였던 것이다.[58]

(3) 칼빈의 목회생활

1536년 4월 『기독교강요』 초판이 출간된 후 피난길에 오른 칼빈은 7월에 제네바를 방문하였고, 파렐의 강한 권유를 받아 10월에 제네바에서 설교를 시작함으로써 목사직을 맡아 27년간 목회를 하였다.

칼빈은 예배를 중요시하였다. 그는 예배에서 설교와 성찬과 기도

---

57) 스토페르, 상게서, pp. 35-40.
58) 파커, 상게서, p. 296.

와 찬송을 강조했다. 그는 목사의 첫 번째 직무로 "공적으로나 사적으로, 하나님의 말씀을 선포하고 가르치고 훈계하고 권면하고 책망하는 일", 곧 설교를 꼽았다. 그는 설교할 때 회중이 "하나님 자신이 하시는 바로 그 말씀을 듣는 것"같이, "하나님께서 한 인간의 입을 통해 우리에게 말씀하시는 것처럼" 아주 확신을 가지고 말씀을 선포했다.[59] 그는 주일 오후에는 시편을 강해하는 경우가 많았고, 주중에는 구약을 강해하고, 주일 오전 예배에는 신약을 강해하는 것이 관례였다.[60]

평상시 주일 오전 예배 순서를 살펴보면, "우리의 도움이 천지를 지으신 하나님의 이름에 있을지어다"라는 개회선언이 맨 먼저 있고, 이어서 죄를 고백하고, 시편에 곡을 붙인 찬송(metrical psalm)을 불렀으며, 설교말씀을 밝히 깨우쳐 주실 것을 기도하고 나서 성경을 읽고 설교하였다. 그 다음 헌금순서를 갖고 중보기도와 '풀이 된 주기도문'(Paraphrase of Lord's Prayer)으로 긴 기도를 하고 그리고 아론의 축복기도로 마쳤다.[61]

그의 예배순서 가운데 특징적인 것은 죄의 고백에 있어서 목사가 선도하여 온 성도가 간절한 마음으로 죄를 깊이 있게 고백하고 죄용서를 구하는 일과 중보기도와 풀이된 주기도가 아주 길다는 것이다. 그의 기도에는 하나님의 거룩한 위엄을 높이며 우리의 허물을 철저하게 고백하며 긍휼을 간절하게 구하는 내용이 담겨 있다. 그리고 하나님을 '좋으신 아버지 하나님'으로 자주 호칭한다. 다시 말해서, 그의 기도에는 하나님을 아버지로 섬겨 사랑하고 신뢰하며 그 하나님을 주님으로 경외하며 그에게 죄를 회개하고 용서를 구하는

---

59) 상게서, pp. 184-185.
60) 상게서, p. 187.
61) F. L. Battles, ed., *The Piety of John Calvin* (Grand Rapids: Baker Book House, 1978), p. 118.

것이 주요한 내용이다.62)

그의 예배 순서 중 또 하나의 특징은 시편을 즐겨 찬송한 점이다. 칼빈은 성령 자신이 시편을 써서 노래하게 하신 까닭에, 시편을 노래할 때 하나님의 영광을 높이는 찬양을 할 수 있는 것으로 확신했다. 그가 곡을 붙여 노래한 시편으로는 25편, 36편, 46편, 113편, 138편 등이 있다.63) 그가 부른 찬송마다 죄고백, 하나님의 위엄을 찬양, 하나님의 선하심과 인자하심을 묵상하고, 도움이 되시고 피난처가 되심을 감사하고 하나님께 영광 돌리는 내용으로 가득 차 있어서 칼빈의 경건을 엿볼 수 있다.

칼빈은 예배를 중요시했을 뿐만 아니라, 하나님을 순종하고 성결된 삶을 날마다 사는 것을 중요시하였다. 그래서 술 취하는 일을 예방하기 위해 술집 대신 일종의 클럽을 개업케 하고 식사하거나 포도주를 마실 때마다 기도하게 하고, 가게 안에 프랑스어 성경을 비치케 하며, 욕설과 춤을 금하였다. 또한 고대 영웅들의 업적을 기리는 연극을 금지시켰고, 불경스럽고 의미없는 세례명을 지어주는 것을 금하고, 귀로 듣기에 거북한 이름도 삼가하게 하고, 신의 이름이나 십자가 등 종교적인 용어도 이름으로 사용하는 것을 금하였다.64) 이와 같이 칼빈은 아주 일상적인 것으로 보이는 일에서도 하나님의 영광을 위하여 우리가 성별되기를 원하였던 것이다.

칼빈은 교회를 사랑했다. 교회가 성도들의 사귐과 섬김의 마당이요 성도들의 어머니요 학교인 까닭에 칼빈은 교회를 떠나서는 구원이 없다는 것을 확신하고서 교회를 믿고 사랑했다.65) 그래서 칼빈은 1536년 4월 제네바에서 첫 개혁 운동을 시작하였으나, "제네바의 교

---

62) 상게서, pp. 119-124.
63) 상게서, pp. 144-165에 악보가 실려 있다.
64) 파커, 상게서, pp. 202-204.
65) 상게서, p. 263; 『기독교강요』, Ⅳ. i. 3, 4.

회조직과 그 예배에 관한 조문"을 놓고 제네바 시민들이 서명을 거부하고 이에 제네바의 200인 의회가 칼빈과 파렐에 대해 적대적인 태도를 취함으로써, 칼빈은 제네바에서의 개혁 운동을 제대로 시작도 해보지 못하고서 2년도 못 되어 쫓겨났다.[66] 그때 칼빈이 제네바의 시의회로부터 받은 상처는 엄청나게 컸으나, 칼빈은 그의 개혁 운동을 받아들이기에는 아직 준비가 되어 있지 못한 사람들에게 너무 성급하게 서둘렀던 것을 반성하고, 제네바 시의회가 3년 만에 칼빈을 다시 초청하자 1541년 9월에 제네바로 돌아왔다. 그는 시의회를 생각하면 제네바로 다시 돌아가고 싶지 않지만, 교회를 위해 자신을 산제물로 드리는 것이 하나님께 영광을 돌리는 것이라 믿었기에 그는 망설임없이 제네바로 돌아왔고, 3년 전에 중단했던 일들을 그대로 계속하였다.[67]

칼빈은 교회가 그리스도 안에서 하나임을 알고 교회연합 운동과 성도들간의 물질적 상호교통을 역설하였다. 그래서 그는 파렐의 동의를 얻어 즈빙글리파와의 화합을 목적으로 쥬리히의 불링거(Henri Bullinger)와 1540년에 협상을 시작하여 9년간의 노력 끝에 스위스 개신교의 교리적 통일을 결실하였다. 그 후 칼빈은 루터파와의 화합을 이루려고 시도하였으나 실패하였다. 하지만 그는 루터파 목사들을 순수한 의도를 가지고 열린 대화와 우아한 태도로 대하여 아주 좋은 인상을 심어 주었던 것이다.[68]

칼빈은 로마 카톨릭 교회를 그 당시 더 이상 하나님의 교회로 인정할 수 없었기 때문에 떠날 수밖에 없었지만,[69] 폭력은 어떠한 모양

---

66) 상게서, pp. 139-144.
67) 스토페로, 상게서, pp. 78-80.
68) 상게서, pp. 80-83; 참조, F. Wendel, *Calvin*, tr. Philip Mairet (London: Collins, 1963), p. 104.
69) 파커, 상게서, p. 263.

이라도 싫어한 까닭에 성당을 빼앗는 행위나 형상들을 불태우고 십자가를 폭력적으로 제거하는 일 등을 삼가도록 경고하였다. 그는 무슨 일에나 절제와 겸손으로 행하기를 원했다.[70]

한편 종교개혁자 칼빈은 겸손하고 헌신된 목자였다. 그는 교회를 새롭게 조직하고 개혁하며 연합 운동을 위해 동분서주하는 가운데서도 성도들간에 서로 사랑하고 보살피는 일에도 헌신적이었다. 그래서 성도들간에 재물을 나누는 일을 강조하였고, 누가 병들면 달려가 위로하고 간병인을 사서 간호케 하고, 죽으면 장례비를 부담하기도 했으며, 가난한 자를 입원시키기도 했다. 거처가 없는 자에게는 잠잘 방을, 일자리가 없는 자에게는 직업을, 결혼 적령기의 젊은이에게는 적당한 배필을 소개하기도 할 만큼 칼빈은 자상하고 사랑이 많은 목자였다.[71]

(4) 칼빈의 사회생활

칼빈의 경건은 그의 가정생활과 목회생활에서 뿐만 아니라 사회생활에서도 잘 나타났다. 가정에서의 칼빈을 보면 아내를 향하여 가슴이 따뜻하고 사랑이 넘친 남편이고, 형제들과 친척들을 향해서도 비록 그들이 말썽을 부릴지라도 끝까지 보살피는 좋은 가장이었다. 그리고 목회자로서의 칼빈을 보면 하나님께 영광 돌리고 찬양하며 감사하는 마음으로 충만해 있는가 하면, 교회를 생명처럼 아끼고 사랑하며 성도들을 향하여 열린 마음을 가지고 사랑으로 보살피는 헌신적인 목자였다.

그러나 그는 가정과 교회에서 뿐만 아니라 사회생활에서도 항상

---

70) 스토페르, 상게서, pp. 83-85.
71) 상게서, pp. 87-89.

열린 마음으로 신실하게 살았다. 그는 개인의 자유가 침해되는 것을 싫어했고, 모든 성도들이 동일하게 섬김을 받게 하며 편애하는 일을 용납하지 아니했다.[72] 그래서 칼빈은 어린 시절부터 청장년에 이르기까지 좋은 친구들을 사귀며 지냈다. 어린시절의 친구들로는 로렁 드 노르망디와 마투렝 꼬르디에, 청년 시절의 친구들로는 베자, 볼마르, 콥 그리고 청장년 시절의 친구들로는 파렐, 비레, 멜랑히톤, 불링거 등이 있었다. 그에게 이처럼 좋은 친구들이 많이 있었던 것은 그가 사랑이 많고 마음이 열려 있으며, 진실하고 솔직하며 자신의 결점을 인정하기를 주저하지 아니했기 때문이었을 것이다. 그는 친구들에게서 용서받기를 좋아했다.[73]

칼빈은 정이 많은 사람인지라 동료의 죽음을 당하면 깊은 슬픔에 빠지곤 하였다. 어거스틴 수도원의 수도사로 종교개혁에 가담하여 제네바에서 복음의 설교가로 칼빈과 함께 동역하다가 제네바 의회에게 추방을 당해 다른 곳에서 목회 활동을 하다 죽은 엘리 코로(Elie Coraud)의 죽음을 인하여 그는 아무 일도 할 수 없을 만큼 슬픔을 가누지 못했다.[74]

칼빈은 특별히 파렐과 비레와 아주 절친하였다. 칼빈을 적대하는 자들은 그들을 가리켜 '삼발이'(trepied)라고 할 정도였다. 이 세 사람은 출신지가 다르고 연령도 다르며 사역지도 달랐지만(칼빈이 피카다리 출신으로서 30대 초반에 제네바에서 일할 때 도피네 출신의 파렐은 50대로서 뇌샤텔에서 그리고 보(Vaud) 출신의 비레는 20대 후반의 시역자로서 로산에서 각기 일했다), 서로 가끔 만나고 서신으로 왕래하면서 그리스도의 몸의 지체로서 하나임을 알고 사생활까

---

72) 파커, 상게서, pp. 199, 202.
73) 상게서, pp. 208, 297, 299.
74) 상게서, pp. 51-54.

지 의논하며 지냈다.[75] 그래서 파렐이 69세의 나이에 젊은 처녀와 사랑에 빠져 결혼하려 하자 종교개혁의 대의에 먹칠 할 위험이 있다고 생각되어 극구 반대하였으나, 파렐의 결혼이 그들의 우정을 금가게 하지는 못했다. 칼빈은 죽음이 임박하자 파렐에게 "내가 죽고난 후에도 당신이 남아 있는 것을 하나님이 기뻐하실진대, 우리의 우정과 연합을 기억하면서 살아가십시오"라는 마지막 편지를 보냈다.[76] 이 편지를 받은 파렐은 급하게 칼빈을 찾아와 위로하였고 칼빈은 며칠 후 죽었다.

칼빈은 또한 비레가 1546년 부인을 잃었을 때 그를 제네바로 초청하여 위로하였고, 그가 재혼하여 자녀들을 얻게 되자 굉장히 기뻐하였다. 그래서 그를 또 초청하여 한 주간 함께 시골로 여행하면서 휴식을 얻도록 하는 일도 배려할 정도였다.[77] 이렇듯 친구와 함께 슬픔과 기쁨을 나누며, 하늘나라에 가서까지도 그들의 우정을 기억할 수 있기를 소망할 정도로 친구를 향하여 마음이 따스하고 열려 있는 사람이었다.

(5) 칼빈의 경제생활

칼빈은 하나님을 경외하고 사랑하며 내세를 소망하여 땅에 속한 재물을 전혀 사랑하지 아니하였으나, 재물에 대하여 그는 하나님의 선물로 알고 감사한 마음으로 받아 사용할 것을 가르쳤다. 칼빈에게 있어서 재물은 하나님이 자신의 섭리를 베푸시는 데 사용한 도구이고, 돈은 이 도구 중에 대표적인 것이다. 따라서 돈은 인간의 생존을 지원하기 위해 필요한 것을 공급해 주는 데 하나님이 사용하시는 대

---

75) 상게서, pp. 51-54.
76) 상게서, pp. 56-58.
77) 상게서, pp. 59-60.

표적 도구이다. 다시 말해서 돈은 하나님이 자기의 자녀들을 생존케 하고 삶을 부요하게 하는 하나님의 은총의 표시이다.[78]

경제와 관련하여 칼빈의 사회적 개인주의 사상을 먼저 고려해 둘 필요가 있다. 칼빈은 그리스도 안에서 서로를 연합시키는 형제애적인 사귐과 섬김을 통해서 인간의 개인 생활이 꽃피도록 개인의 권리와 존엄성을 보장하는 것을 중요하게 여겼다. 이를 위해 부(富)의 재분배와 검소하고 근면한 삶을 강조하는가 하면 노동에 대한 대가로서의 임금의 적정한 지불을 주장했다.[79]

칼빈에 의하면 부의 재분배의 동기는 사랑이다. 사랑은 부유한 자로부터 가난한 자에게로 사심없는 선물이 전달되도록 동기를 부여한다. 부유한 자는 그리스도의 사랑 안에서 자기의 재산을 자신만을 위하여 사용할 것이 아니라 가난한 자들과 함께 나눌 책임이 있으며, 이로써 부의 균형이 이루어지도록 해야 한다. 이런 점에서 부자는 가난한 자를 섬기는 자이다. 한편 가난한 자는 부자의 믿음과 사랑이 사심없이 실천될 수 있도록 좋은 이웃이 되어야 한다. 부자의 것을 도둑질하거나 함부로 탐내서는 안 되는 것이다.[80]

사회를 건강하게 유지하고 보존하는 데 필요한 하나님의 도구인 돈이 하나님의 선물로서 거룩하게 구별되고 이웃을 위해 선하게 사용될 수 있기 위해서는 우선 인간이 돈을 다스릴 수 있어야 한다고 칼빈은 말한다. 돈은 주인의 자리에 앉게 되면 폭군이 되고, 종의 자리에 서게 되면 많은 유익을 끼친다. 그래서 칼빈은 돈이 주인되어 폭군노릇하시 못하노록 사치와 과소비, 탐욕, 독점 등 사회악을 타파하고, 돈이 종이 되어 하나님과 이웃을 성령과 진리로 섬길 수 있도록

---

78) 앙드레 비엘레, 『칼빈의 경제윤리』, 홍치모 역(성광문화사, 1991), pp. 55-56.
79) 상게서, p. 50.
80) 상게서, pp. 58-61.

독특한 형태의 금욕주의를 창안하였다. 이 금욕주의는 성화와 구원의 결과이고 결코 전제조건이 아니다. 칼빈은 돈과 관련해서도 자아에 대하여 죽고 그리스도의 몸인 교회를 세우는 데 헌신되어야 할 것을 가르친 것이다.[81] 즉 자기의 소유물을 이웃에게 사랑으로 나눔으로써 성도의 교제가 이루어지고, 이로써 교회가 튼튼하게 세워져 간다고 했다.[82]

이를 위해 칼빈은 집사제도를 세웠고, 구빈원을 설립하여 병든자와 가난한 자들을 돕도록 했다. 거듭 강조하고자 하는 것은 부의 재분배를 통한 형제 사랑이 이루어져 우리의 성화된 모습이 드러나기 위해서는, 상품의 매점매석이나 독과점을 타파하고 사치와 낭비를 지양하며 매우 검소하게 살아야 하는 것이다. 칼빈과 그의 동역자들은 궁핍에 가까운 거의 최저의 생활을 한 것으로 알려져 있다.[83] 칼빈은 경제생활에서도 철저하게 자기를 부인하고 가난과 궁핍이라고 하는 십자가를 달게 지며 하나님을 사랑하고 이웃을 또한 생각하며 감사와 만족 속에서 거룩한 삶을 살았던 것이다.

칼빈은 노동력을 착취하는 일을 죄악으로 간주하여 강하게 비난했다. 노동착취는 동료들의 피땀을 빨아먹는 것과 같다고 여겼다.[84] 그래서 1539년 리용에서 인쇄공들의 파업이 일어나 프랑스 전역으로 확산될 기미가 보이자 정부당국이 임금 상한제(ceiling salaries)를 강요하였고, 1559년 제네바에서도 노동자 임금 상한제와 유사한 법을 만들고 노조 결성을 차단하여 노동력과 임금을 착취하는 일이 있게 되자 칼빈은 적극적으로 중재에 나섰다. 칼빈은 임금이 계약에 의

---

81) 상게서, p. 66.
82) 상게서, p. 69.
83) 상게서, pp. 70-71.
84) 상게서, p. 82; 프레드 그래함, 『건설적인 혁명가 칼빈』, 김영배 역(생명의 말씀사, 1993), pp. 120-121.

하여 정당하게 보장되어야 한다고 생각했다.[85] 칼빈은 폭력적인 파업은 불법이라고 하면서도 비폭력적 저항과 파업을 반대하지 아니했다. 그는 여러 차례 정부당국을 방문하여 노동자들을 위해 봉급 인상을 요구하기도 했다.[86] 칼빈은 이처럼 약하고 가난한 자들을 섬기는데 헌신적이었던 것이다.

4. 결론

칼빈은 종교개혁자로서 하나님의 나라와 교회를 위해 크게 일하였는데, 그가 그렇게 일할 수 있었던 것은 경건의 능력이 있는 하나님의 일꾼이었기 때문이다. 그는 경건의 신학자로 널리 알려질 만큼 경건에 대하여 깊이 이해하고 있었기에 그의 『기독교강요』는 신학강요가 아니라 경건강요라고 불리우며, 그는 이론 체계적 신학자일 뿐 아니라 경건한 삶의 사람이었다. 그의 신앙은 경건의 능력이 있는 말씀묵상을 통한 기도와 철저한 자기 부인과 십자가를 달게 지는 생활에서 단련된 것이었다.

칼빈의 생애는 교회 역사에 잘 나타나 있는 대로 처음부터 끝까지 하나님의 말씀인 성경을 연구하고 묵상하며 그 말씀의 권위에 철저하게 순종하여 성경이 말씀하는 것만 말하고, 성경이 침묵하는 부분에 대해서는 결코 말하지 않았다. 그가 성경의 권위를 위해서 생명을 걸고 중세 로마 카톨릭 교회와 투쟁한 것도 성경을 사랑한 까닭이었다.

그는 하나님의 나라와 교회를 위하여 자기를 철저하게 부인하였던 까닭에 파렐의 권유를 받아 종교개혁 운동에 참여하였으며, 말년

---

85) 상게서, pp. 90-92.
86) 상게서, pp. 88-89.

에는 폐결핵, 치질, 관절염 그리고 4일마다 발병하는 고열에도 불구하고 『기독교강요』 최종판을 집필하고 성경을 강해하는 일을 위해 그의 몸을 아끼지 아니하였다. 그런가 하면 교회를 개혁하여 조직하고 훈련하며 약하고 가난한 자들을 보살피는 일에도 목자로서 최선을 다했다.

칼빈은 스스로 경건의 능력을 체험한 까닭에 그의 『기독교강요』와 주해에서 확실하게 체계적으로 경건생활의 훈련을 잘 가르쳐 놓았다. 인생의 목적을 하나님의 영광에 두고, 말씀 묵상과 기도 그리고 자기를 부인하며 십자가를 지는 삶을 통해서 그리스도인들이 경건의 능력을 얻을 수 있도록 칼빈은 일상생활, 가정생활, 목회생활, 사회생활, 경제생활 등 모든 삶의 영역에서 스스로 좋은 모범을 보였을 뿐 아니라 체계적인 가르침을 남겨 놓은 것이다. 이처럼 칼빈의 생활 전반에 나타나 있는 그의 경건이 바로 그의 영성이요, 경건을 위한 그의 신령한 신앙적 방법은 영성 계발을 위한 훈련인 것이다.[87]

---

87) 요셉 리차드, 『칼빈의 영성』(기독교문화사, 1997), p. 131.

※※ 제10장 ※※

가정생활과 영성

영성 훈련을 위한 하나님의 주요한 은혜의 방편은 하나님의 말씀 묵상과 기도이고, 또한 그 말씀 묵상과 기도에 기초한 사귐(코이노니아)과 섬김(디아코니아)이다. 말씀 묵상과 기도가 사귐과 섬김을 통해서 우리의 영성을 성숙케 하는 것이다.

그런데 말씀 묵상과 기도를 위한 가장 효과적인 시간은 새벽이고, 교회에서 갖는 새벽기도회는 그 새벽이 영적으로 충만케 되는 가장 복된 자리이다. 그리고 사귐과 섬김을 위한 가장 기초적이면서도 효과적인 자리는 가정이다. 따라서 가정에서 사귐과 섬김이 잘 이루어질 수 있도록 새벽에 말씀을 묵상하고 기도하는 시간을 갖는 것은 우리의 생활 영성(the Spirituality of everyday life) 훈련을 위해 아주 적절한 방편인 것이다.

행복한 가정을 위한 새벽기도회를 효과적으로 할 수 있도록 기독교가정사역연구소(약칭, 기가연)에서 "새벽과 함께 여는 행복의 가정학교"[1] 프로그램을 만들어 놓은 바 있다. 이 프로그램에 기초하여

---

1) 이동원·송길원, 『새벽과 함께 여는 행복의 가정학교』(기가연, 1999)

"행복의 40일 특별 새벽기도회"를 다음과 같이 실시하면 크게 유익함을 얻게 된다.

우선 목회자 자신이 먼저 기도로 준비하고, 성도들로 하여금 1주일 이상 또한 준비하게 한다. 목회자는 아침 한 끼 금식하면 크게 유익할 수 있다. 40일을 여섯 단위로 나누어 특정한 주제에 따라서 말씀을 묵상하고 기도하게 한다. 그리고 주일 새벽에는 감사헌금을 드리도록 한다.

목회자는 기가연이 마련한 책자의 내용을 숙지하되, 성경본문과 찬송가를 확인하고 책자의 내용을 자신이 섬기는 교회의 형편에 알맞게 변화를 주는 것이 좋다. 기도회 순서를 진행함에 있어서는 새벽시간임을 감안하여 간결하면서도 풍성하게 이끌어간다. 그리고 성도들의 출석을 독려하기 위해 출석부를 만들어 확인하고, 40일이 끝나는 대로 몇 가정을 추첨하여 시상하고, 참석한 자들 전체에게 증서와 상품도 마련해 주면 좋을 것이다.

1. 가정의 기초

첫 번째 한 주간은 가정의 기초를 놓는 일을 위해 말씀을 전하고 기도케 한다. 준비할 찬송으로는 "사철에 봄바람 불어잇고", "오늘 모여 찬송함은", "하늘에 가득 찬 영광의 하나님", "아침 해가 돋을 때", "사랑하는 주님 앞에", "예수께로 가면 나는 기뻐요", "주 예수님 내 맘에 오사" 등을 하나씩 순서대로 택하여 목회자의 기도 순서 전에 부르고, 복음성가로 "목마른 사슴 시냇물을 찾아 헤매이듯이"를 택하여 성경 본문을 읽기 전에 한 주간 부른다.

성경본문으로는 창세기 2:18; 전도서 9:9; 창세기 2:19-23; 창세기 2:24-25; 창세기 2:23, 30; 창세기 2:18 그리고 로마서 12:10 등을 택하여 순서대로 묵상할 수 있다.

첫째 날에는 창세기 2:18을 읽고, 가정을 설계하여 만드신 분이 하나님이심을 강조한다. 아름다워야 할 가정이 심하게 훼손되어 있는 오늘의 슬픈 현실을 소개하면서 가정의 회복이야말로 하나님이 가장 기뻐하시는 행복의 원천임을 지적한다. "집과 재물은 조상에게서 상속하거니와 슬기로운 아내는 여호와께로서 말미암느니라"(잠 19:14), "남자는 그의 옆구리로부터 나온 갈빗대를 갖지 못하는 동안은 휴식할 수 없고, 여자는 그녀가 나온 남자의 팔을 베개삼지 않으면 휴식하지 못한다"는 말씀도 곁들여 소개하면 좋다. 독처하는 남자를 위한 하나님의 해결책은 열 명의 남자 친구를 만들어 주는 것이 아니라 한 명의 아내를 만들어 주는 것이었음을 상기시키고, 자신의 아내에게서 만족을 얻지 못하는 남자는 어디에서도 만족을 얻을 수 없다는 사실을 역설함으로써, 가정에서 부부간에 말씀과 기도로 사귐과 섬김을 갖는 것이 성경적 영성의 첫걸음임을 알게 한다.

둘째 날에는 전도서 9:9을 읽고, "목적을 가진 가정"을 강조한다. "집 떠나면 고생뿐이다"라는 옛 어른들의 말과 함께, 가정은 보금자리이기에 집을 떠나서는 어디에서도 행복이나 만족을 얻을 수 없음을 언급하고, 가정 중심의 신앙생활이 성숙한 영성의 밑거름임을 소개한다. 그리고 보금자리가 되어야 할 가정을 훼손하는 요인으로, 가문의 전통이나 족보를 존중하는 것, 부모에게 지나치게 의존하고 맹종하는 것, 돈만을 위해서 사는 것, 일만을 알고 사는 것 그리고 큰 집에서 사는 것을 자랑하는 것 등이 있음을 알게 하고, 이같은 육신적이고 세속적인 것들을 탈피하고 하나님께 목적을 둔 삶을 살도록 권면한다. 하나님께서 가정을 보금자리로 만드신 목적을 알고 아내와 함께 하나님께 감사하고 즐거워하는 것이 성령 충만한 삶의 첫걸음인 것이다.

셋째 날에는 창세기 2:19-23을 읽고, "하나님의 가정 설계"를 강조한다. 행복의 보금자리인 가정이 여러 가지 이유로 많이 훼손되고 상처투성이다. 심지어는 가정이 깨져 있다. 교통사고, 질병, 죽음,

이혼 등으로 가정이 깨져 행복을 잃은 것이다. 이처럼 상처투성이의 깨진 가정에 대한 하나님의 목적과 뜻이 무엇인지를 알게 함으로 성령으로 위로와 힘을 얻게 한다. 깨진 기타도 아름다운 소리를 낼 수 있는 것처럼 하나님은 깨진 가정을 통해서도 영광을 받으신다는 것을 일깨워준다. 우리는 깨진 가정을 하나님께 맡겨 하나님이 선하게 싸매 주시도록 기도한다.

넷째 날에는 창세기 2:24-25을 읽고, "아름다운 참 사랑"을 강조한다. 행복은 아름다운 참 사랑에서 얻어진다. 그리고 이 행복은 하나님의 성령의 선물이다. 하나님은 어떤 환경에서도 하나됨을 지키는 부부에게 이 행복을 주신다는 사실을 깨닫게 한다. 종교개혁자 칼빈은 결혼한 지 5년이 지나서 얻은 아들을 태어나자마자 곧 잃었고, 그 아들을 어렵게 낳다가 생긴 후유증으로 그 아내마저 4년쯤 지나 잃고 나자, 그 자신도 건강을 잃게 되어 더 이상 잃을 것이 없게 되었다. 그러나 먼저 하늘나라로 간 아들과 아내를 그리워하면서 그는 하나님께 감사하며 살았다. 아내와 하나임을 체험한 칼빈에게 하나님이 성령으로 위로와 행복을 맛보게 한 바 있음을 예로 들어 아름다운 참 사랑을 나누게 한다. 그리고 부부가 하나된 것은 특별히 성적 교제와 관련하여 깊은 애정을 나누어야 함도 일깨워 준다. 부부간의 애정이 넘치는 성적 깊은 교제는 부부가 누리는 축복이요 특권이며 행복의 샘이요, 성령 충만한 삶을 위한 필요조건인 것이다.

다섯째 날에는 창세기 2:23, 30을 읽고, "가장의 권위를 세워 주는 기정"을 강조한다. 어떤 분들은 아내가 남편을 하늘 이상으로 받들어야 한다고 말하기도 하지만, 성경이 남자와 여자의 위치를 가르치는 바를 정확하게 설명함으로 남자와 여자가 서로 조화를 이루며 존중하게 한다. 성경이 가르치는 바에 의하면, 남자는 '집의 어른'으로서 권위와 책임이 있는 자요, 여자의 내조를 필요로 하는 자이며 여자의 몸통이다. 따라서 여자는 남자의 권위를 세워주어야 하며, 남자를 앞지르거나 제치면 안 된다. 그리고 여자는 남자의 머리도 아니요 물론 종도 아니며, 남자의 가장 잘 어울리는 짝이요 젖가슴을 가진 어머니이다. 여자는 '안주인'으로서 생명을 잉태하고 생산하며 양육하는 생명의 샘터인 것이다.

여섯째 날에는 창세기 2:18을 읽고, "돕는 배필이 되는 아내"를 강조한다. 죄로 인하여 남녀의 관계가 뒤틀리게 되면 여자가 남자의 권위를 무시하고 성적 만족을 위하여 남자를 주관하려 하고 뜯어고치려 한다. 그러나 여자는 남자를 돕는 배필로서 남자의 날개와도 같다. 남자의 품위를 갖추게 하고, 힘을 실어주며, 하나님을 향해 높이 날게 하고, 위험에서 보호하며, 유혹을 받아 추락하지 않도록 해야 한다. 아내의 헌신과 땀방울이 남자를 남자되게 하는 것이다.

일곱째 날에는 로마서 12:10을 읽고, "가정을 세우는 두 기둥"을 강조한다. 가정을 튼튼하게 세우는 데는 어머니의 모성적 애정과 아버지의 부성적 권위라는 두 기둥이 필요하다. 즉 어머니를 통해서 경험되는 우애, 곧 가족간의 사랑이 기둥이 되어야 한다. 어머니가 가슴으로 품어 안는 가운데 느끼게 하는 친밀한 인격적 접촉에서 오는 사랑이 행복의 원천이다. 여자의 따스한 품에서 가정의 행복이 열매를 맺는 것이다. 아들도, 딸도, 남편도 자기의 어머니요 아내인 여자의 품안에서 가슴을 만지며 애정을 느끼고 행복을 맛본다. 그리고 아버지의 권위를 통해서 체험하는 가족간의 존경이 또 하나의 기둥이 되어야 한다. 서로간에 먼저 그리고 중요하게 생각해 주어야 하는 것이다. 우애와 존경이라는 두 기둥이 가정을 받쳐 준다.

행복한 가정의 기초가 놓여진 곳에 하나님을 예배하며 안식을 누릴 수 있고, 일용할 양식을 감사함으로 받아 먹으며 자연의 풍요함을 맛볼 수 있고, 하나님이 주신 일터에서 열심히 일하는 가운데 자신의 존재 가치를 알게 되고, 하나님과의 깊은 사랑의 교제를 나누며 하나님을 즐기고 그에게 영광을 돌릴 수 있는 것이다. 이로써 성령 충만한 삶이 가능하다.

2. 행복한 남자의 영성

두 번째 주간은 행복한 남성과 아버지를 위해 말씀을 전하고 기도케 한다. 가정의 행복은 아버지의 역할에 달려 있다. 하나님의 복이 가정에 넘치는 것은 아버지가 하기 나름이다. 가정의 영적 성숙을 위해서는 무엇보다 먼저 아버지가 자기의 역할을 잘 해야 하므로 말씀과 기도로 남성과 아버지를 세워 주도록 한다. 준비할 찬송으로는 "예수로 나의 구주 삼고", "주 하나님 지으신 모든 세계", "나 같은 죄인 살리신", "주 예수 내 맘에 들어와 계신 후", "구주를 생각만 해도", "내 주되신 주를 참 사랑하고", "주의 진리 위해 십자가 군기" 등을 하나씩 순서대로 택하여 목회자의 기도 순서 전에 부르고, 복음성가로 "나의 하나님 나의 하나님 나와 함께 하신 하나님"을 택하여 성경 본문을 읽기 전에 한 주간 부른다.

성경 본문으로는 디모데전서 3:4-5; 고린도전서 16:13-14; 빌립보서 2:19-22; 에스더 2:7-11; 창세기 48:15-16; 베드로전서 3:7 그리고 창세기 35:1-8 등을 택하여 순서대로 묵상할 수 있다.

첫째 날에는 디모데전서 3:4-5을 읽고, 가정을 다스릴 줄 아는 남자를 다룬다. 행복한 아버지는 가정에서 하나님의 제사장으로서 가정예배와 기도회를 인도하고, 찬양과 기도와 성경 말씀으로 가정을 다스릴 줄 알아야 한다. 가정을 하나님의 말씀과 뜻대로 안내하고 인도하며, 기도와 찬양으로 보호하고 품을 수 있어야 하는 것이다. 아내가 병들어 아무도 간호해 줄 사람이 없을 때는 남편은 자기의 직장을 포기하고서라도 아내를 보호할 수 있어야 하고, 아들의 정서적 안정을 위해서는 아버지의 일터와 하는 일을 직접 보고 이해하게 하여 아버지와 친밀한 관계 속에서 사랑을 느끼며 살 수 있게 안내하고 지도할 수 있어야 한다는 것을 가르쳐 준다.

둘째 날에는 고린도전서 16:13-14을 읽고, 하나님이 기뻐하시는 남자를 다룬다. 하나님이 기뻐하시는 남자는 다윗처럼 하나님의 마음에 합한자로서 남자다움이 있는 자이다. 남자다움다는 것은 영적으로 깨어 있어 이 세대를 진단하고 성경 말씀으로 자기를 점검하여 몸과 마음을 깨끗하게 하는 것을 가리킨다. 또한 믿음에 굳게 서서 어두움의 환경을 극복하고 빛을 발해야 한다. 그리고 모든 일을 사랑으로 행해야 한다는 것을 뜻한다. 아버지는 자녀의 허물을 깊은 애정으로 바로잡아 주고 품에 안아야 하는 것이다. 참된 남자의 권위는 따스한 사랑에서 나온다는 점을 강조하여, 모든 남성들이 하나님이 기뻐하시는 남자로 세움을 받을 수 있도록 기도해 준다.

셋째 날에는 빌립보서 2:19-22을 읽고, 하나님이 즐겨 사용하시는 남자를 다룬다. 행복한 아버지는 다른 사람들의 사정을 진실하게 염려하며, 다른 사람의 아픔이나 어려움을 보면 마음에서 우러나 사랑으로 살펴 주어야 한다는 점을 강조한다. 또한 행복한 남자는 고통이나 시련 앞에서 쉽게 무너지지 않고 이겨내야 한다는 점도 일깨워 준다.

넷째 날에는 에스더 2:7-11을 읽고, 아버지의 자리를 지키는 남자를 다룬다. 아버지의 자리를 지킨다는 것은 자녀들에게 날마다 관심과 애정을 나타내 보이는 것을 뜻한다. 자녀들의 형편을 부지런히 살피는 것이 바로 아버지의 자리를 지키는 것임을 소개해 준다.

다섯째 날에는 창세기 48:15-16을 읽고, 자녀를 축복하는 아버지를 다룬다. 축복한다는 것이 무엇인지를 설명한다. 즉 손으로 자녀들의 어깨나 머리를 만지면서 또는 품에 안고서 손으로 어루만지며 좋은 말로 격려하고 하나님의 뜻이 자녀에게서 이루어지도록 빌어주는 것이 바로 축복하는 것이다. 우리의 자녀는 아버지의 축복의 손 끝에서 행복을 맛본다는 사실을 강조한다. 자녀는 아버지의 억압과 통제 속에서 성장하는 것이 아니라 축복 속에서 건강하게 자라나는 것이다.

여섯째 날에는 베드로전서 3:7을 읽고, 아내를 사랑할 줄 아는 남자를 다룬다. 아버지가 자녀를 행복하게 해 줄 수 있는 가장 좋은 방법은 그들의 어머니인 자기의 아내를 사랑해 주는 것임을 일깨워 준다. 여자는 질그릇과 같아서 남편의 거친 말 한마디에 쉽게 상처를 받는가 하면 또 남편의 부드럽고 달콤한 한마디에 쉽게 감동을 받기도 한다. 아내가 행복해 하면 자녀가 복을 받게 되고, 남편도 곱빼기로 행복해진다는 사실을 가르쳐 준다. 아내를 사랑하는 남자는 육체적으로 건강하게 살게 되고, 하나님께 가까이 나아가는 자유를 누리며 기도의 능력도 있는 것이다. 성령 충만한 자는 아내를 깊이 사랑할 줄 안다.

일곱째 날에는 창세기 35:1-8을 읽고, 하나님께 예배하는 아버지를 소개한다. 훌륭한 아버지는 비록 야곱처럼 과거에 여자와 재물과 권세를 탐하며 인간적인 투지와 성실로 삶을 살아 온 허물이 있을지라도, 온전히 깨끗한 몸과 마음으로 하나님께 예배를 드리는 남자임을 역설한다. 그리고 훌륭한 아버지는 자녀들에게 어려운 일이 생겼을 때 자녀에게 책임을 묻는 대신에 자신이 책임을 지며 하나님 앞에 무릎을 꿇어야 하는 것이다.

가정의 제사장으로서 하나님 앞에 늘 무릎을 꿇고 기도하며, 하나님의 말씀과 기도로 가정을 다스리고 자녀들을 보호하고 안내하고 지도하는 아버지의 역할을 통해서 가정이 성령으로 충만케 된다.

3. 행복한 여자의 영성

세 번째 주간은 행복한 여성과 어머니를 위해 말씀을 전하고 기도케 한다. "누가 현숙한 여인을 찾아 얻겠느냐 그 값은 진주보다 더하니라"(잠 31:10). 말씀대로 현숙한 아내는 가정의 행복의 샘터와 같다. 현숙한 여인이란 재덕을 겸비한 유능한 아내를 일컫는다. 재덕이 있고 유능한 아내의 역할에 따라서 가정의 행복이 좌우되는 것이다. 준비할 찬송으로는 "주 사랑하는 자 다 찬송할 때에", "주께로 한 걸음씩", "예수 사랑하심은 거룩하신 말일세", "네 맘과 정성을 다하여서", "주의 말씀 듣고서 준행하는 자는", "내 주되신 주를 참 살아하고", "아침해가 돋을 때" 등을 하나씩 순서대로 택하여 목회자의 기도 순서 전에 부르고, 복음성가로 "우리에게 향하신 여호와의 인자하심이"를 택하여 성경 본문을 읽기 전에 한 주간 부른다.

성경 본문으로는 에베소서 5:33; 잠언 31:10-12; 16:24; 창세기 2:18; 룻기 1:16-17; 잠언 31:1-2; 31:30 등을 택하여 한 주간 순서대로 묵상할 수 있다.

첫째 날에는 에베소서 5:33을 읽고, 남편을 존중하는 아내를 다룬다. 남편을 존중하는 아내는 사라처럼 마음이 온화하다(gentle and quiet, 벧전 3:4). 이러한 여자는 하나님 보시기에 참으로 귀하다(벧전 3:6). 사실 아브라함이 사라의 가슴을 멍들게 한 일이 있었고 가슴에 못을 박은 일이 몇 번 있었는데도(창 12:15; 16:5), 사라는 아브라함을 주인으로 정성껏 따뜻이 섬겼다. 늙은 아브라함을 통하여 아들을 낳게 해 주시겠다고 하나님이 말씀하시던 때 사라는 그 남편이 늙었어도 결코 무시하지 않고 존중했다. 남편에게 허물이 좀 있고 늙어 힘이 없어 보여도 사라처럼 항상 남편의 권위를 세워주고 기를 살려주는 여자가 온화한 성품의 복있는 여자인 것이다.

둘째 날에는 잠언 31:10-12을 읽고, 남편과 협력하는 아내를 다룬다. 유능한 아내, 재덕이 겸비된 아내는 남편과 협력할 줄 안다. 잠언 31:10-30까지의 말씀을 살펴보면, 유능한 여자는 부지런히 손으로 일하고(17절), 재산을 증식시킬 줄 알며(16, 18절), 사람을 적절하게 부릴 줄 알고(15절), 가난한 자에게 베풀 줄 알며(20절), 남편과 자녀들의 품위를 갖춰 주고(21절), 자신을 우아하게 꾸밀 줄도 알며(22절), 남편이 사회적으로 지위를 갖도록 내조하고(23절), 미래를 대비하며(25절), 지혜롭고 자애로운 말을 가려서 하고(26절), 그리고 여호와를 경외할 줄 안다(30절).

셋째 날에는 잠언 16:24을 읽고, 따뜻한 말로 격려하는 아내를 다룬다. 때에 맞는 말은 아름답고 기쁨을 주며(잠 15:23), 마음에 달고 뼈에 양약이 되며(잠 16:24), 아로새긴 은쟁반에 금사과와도 같다(잠 25:11). 복 있는 아내는 이처럼 경우에 맞는 따뜻한 말로 남편과 자녀들을 격려할 줄 아는 여자인 것이다. 의사들의 말에 의하면, 여자의 성대의 길이는 남자의 것보다 3배가 짧기 때문에 구조적으로 여자가 남자보다 말하는 데 순발력이 뛰어나 감미롭고 따뜻한 말을 잘 할 수 있도록 하나님이 만들어 놓으셨다고 한다.

넷째 날에는 창세기 2:18을 읽고, 가정을 아름답게 가꾸는 여성을 다룬다. 복 있는 아내는 가정의 안주인으로서 가정을 아름답게 가꾸는 여자이다. 여자도 직장을 가지고 사회적으로 활동할 수 있으나, 집주인인 남자와 함께 안주인으로서 가정을 가꾸는 데 우선순위를 두어야 하는 것이다. 집안을 작은 꽃동산, 에덴동산처럼 만들어야 한다.

다섯째 날에는 룻기 1:16-17을 시부모님을 잘 섬기는 아내를 다룬다. 시어머니를 잘 섬긴 룻의 경우를 보면, 그의 시어머니인 나오미는 기근 때문에 모압 지방으로 이사갔다가 거기서 남편과 두 아들을 다 잃은 참으로 불행한 여자였다. 그리고 사사시대의 이스라엘 사람들은 신앙심도 형편없고 윤리적으로도 무질서하기 짝이 없었다. 그러기에 그러한 형편없는 이스라엘 백성의 불행한 한 여자인 시어머니와 그가 섬기던 하나님을 믿고 따르기로 결심하는 것은 참으로 아름다운 믿음이 아닐 수 없다. 이로 보건대 시어머니가 불행한 여자이고, 그가 속한 가문이나 사람들이 신앙적으로나 도덕적으로 형편없어 보여도 시어머니를 친정어머니처럼 섬기는 여자가 행복한 것이다. 시어머니를 잘 섬기기 위해서는 시어머니의 어린 시절을 알아두고, 시댁의 문화를 잘 이해하며, 시어머니와 함께 목욕탕에도 가는 등 피부 접촉 기회를 갖는 것이 효과적이다.

여섯째 날에는 잠언 31:1-2을 읽고, 자녀를 잘 키우는 여성을 다룬다. 어머니가 자녀에게 먼저 가르쳐야 할 것은 술과 여자를 삼가하게 하는 것이다. 여러 여자를 사랑하는 대신 한 여자만을 사랑하도록 해야 한다(잠 31:3). 그리고 정신을 흐리게 하는 독한 술을 피하게 해야 한다(잠 31:5, 참조, 사 5:22; 잠 23:29-35). 한편 여자가 자녀의 정서를 길러주는 비결은 자녀와 농담을 함께 주고 받으며, 책을 읽어주고, 음식을 집에서 손수 만들어 먹이며, 시간을 함께 나누며 놀아주고, 신앙을 심어주는 것 등이다.

일곱째 날에는 잠언 31:30을 읽고, 하나님을 경외하는 여성을 다룬다. 여자의 화려한 외모는 얼핏 보아 매력적일 수 있으나 화장을 지우고 보면 별 것 아닐 수 있으며, 여자의 미모는 젊은 시절에는 상큼하지만 늙어지면 주름살이 생겨나 그 매력을 잃게 된다. 그러나 주님을 경외하는 자는 사람들에게 늘 칭찬을 받게 되는 것이다. 땅만 내려다보고 사는 사람은 네 발 가진 짐승과도 같으나, 하늘을 쳐다보고 사는 사람들은 사람다운 사람이 될 수 있는 것이다.

4. 행복한 자녀의 영성

네 번째 주간은 행복한 자녀 교육을 위해 말씀을 전하고 기도케 한다. 하나님께서 우리의 자녀들에게 반드시 좋을 일이 있도록 역사하실 것을 믿으며 한 주간 자녀교육을 위해 말씀을 묵상하고 기도한다. 준비할 찬송으로는 "나의 사랑하는 책 비록 해어졌으나", "내 진정 사모하는 친구가 되시는", "주님의 마음을 본받는 자", "주의 말씀 받은 그날", "세상 모든 풍파 너를 흔들어", "어머니의 넓은 사랑 귀하고 귀하다", "네 맘과 정성을 다하여서" 등을 택하여 목회자의 기도 순서 전에 부르고, 복음성가로 "이와 같은 때엔 난 노래하네 사랑을 노래하네"를 택하여 성경 본문을 읽기 전에 한 주간 부른다.

첫째 날과 둘째 날에는 가정을 학교로 만들라는 주제를 놓고 시편 127:3-5과 에베소서 6:4에 근거하여 말씀을 전한다. 우리의 자녀들이 참으로 행복하고 쓸모 있는 좋은 사람들이 되게 하려면 가정에서 부모가 자녀들을 교육해야 한다. 자녀 교육을 기성의 학교에만 전적으로 맡겨서는 안 된다. 기성의 학교만이 교육의 마당이고, 가정은 밥 먹고 잠자며 가끔 시간 있을 때 쉬는 곳으로 생각하면 안 된다. 우리는 가정에서 자녀들에게 '오냐'와 '지지'를 함께 가르쳐 주어야 하는 것이다. 즉 칭찬과 격려와 수용하는 말을 해 줄 뿐 아니라, 때를 따라서는 훼초리로 종아리를 때려 키워야 한다. 자녀들은 '오냐' 속에서 애정과 사랑을 배우고, '지지' 속에서 도덕과 규율을 배운다(참조, 잠 13:24; 23:13-14). 자녀들에게 '안 돼', '하지마', '틀렸어', '나빠'라는 거부(rejective) 언어보다는 '괜찮아', '그렇구나', '그럴 수도 있지'라는 수용(receptive) 언어를 사용하여 양육하면 건강하게 된다는 점을 강조해 준다.

셋째 날과 넷째 날에는 부모가 말이 아니라 모범으로 교육해야 한다는 주제로 고린도전서 4:15-16과 이사야서 50:4에 근거하여 말씀을 전한다. 자녀들은 말을 통해서 배우기보다는 눈으로 본 대로 본받아 행하기 때문에 부모는 말보다는 모범으로 자녀를 교육시켜야 한다는 점을 강조한다. 성경 읽고 기도하는 생활과 봉사생활에 본을 보이는 것이 무엇보다 중요하다. 그리고 대화할 때에도 모범을 보여야 한다. 혹 자녀가 저녁 늦게 집에 들어왔을 경우 "이렇게 늦을 것 같으면 전화 한 통 못 하냐?", "너 때문에 잠도 못자고 기다렸잖아"라고 말하기보다는 "많이 늦었구나!", "전화도 없으니까 걱정이 좀 되었다"는 식으로 말하는 것이 좋을 것이다.

다섯째 날에는 좋은 습관을 심어주라는 주제로 삼인 22:6에 근거하여 말씀을 전한다. '세 살 적 버릇이 여든까지 간다'는 말이 있듯이 좋은 습관이 좋은 사람을 만든다는 점을 일깨워 준다. '자식을 잠깐 키우려면 지식을 가르치고, 큰 인물로 키우려면 좋은 습관을 가르치라'는 말도 있음을 알게 한다.

스티븐 코비의 『일곱 가지의 습관』이라는 책을 성경적으로 요약해서 자녀들에게 소개해 주는 것도 좋을 것이다. 그 책에 따르면, ① 주도적 또는 적극적이 되라. ② 목적 의식 또는 소명감을 가지고 행동하라. ③ 소중한 것부터 먼저하라. ④ 상호 이익을 추구하라. ⑤ 상대방을 경청한 다음에 이해시키라. ⑥ 합력하라. ⑦ 심신을 단련하라 등 일곱 가지 습관을 길러야 한다.

첫 세 가지 습관은 책임적 존재로서 자녀를 성숙케 하고, 나중 세 가지 습관은 공동체적 존재로서 자녀를 성숙케 하는 것들이며, 이 여섯 가지 습관이 성공적이 되려면 심신을 잘 단련해야 하는 것이다. 심신 단련과 관련하여 영적 차원에서는 성경읽기, 기도생활, 봉사생활을 습관화하고, 정신적 차원에서는 스스로 생각하고 판단할 수 있도록 하며, 사회적 차원에서는 정리, 정돈, 청소, 청결을 생활화하게 한다.

여섯째 날에는 '하나님은 하실 수 있다'는 주제로 로마서 8:28, 36-39에 근거하여 말씀을 전한다. 참조로 창세기 45:4-8; 사무엘상 17:45-49; 빌립보서 4:11-13 말씀도 곁들이면 좋을 것이다.

일곱째 날에는 가정에 대한 자부심을 키워주라는 주제로 잠언 24:3-4에 근거하여 말씀을 전한다. 청소년 시절에 자녀들이 탈선하지 않도록 막아주는 가장 확실한 방어막은 가족사랑, 곧 자기 가정에 대한 자부심을 갖게 하는 것이다. 가정에 대한 자부심을 키워주는 좋은 방법으로는 그 가정만의 가족문화(예, 가족여행, 생일 모임 등)를 만드는 것, 가족사랑의 범위를 이웃까지 확대하는 것, 자녀들의 장래에 대해 가족끼리 서로 의논하여 자녀 스스로 결정할 수 있게 도와주는 것 또는 친족 중에 상을 당하거나 혼례가 있을 때 알려주고 때로는 함께 참여하는 것 등이 있다.

끝으로, 가정에서의 규모있는 교육과 좋은 습관을 하나님의 말씀과 기도로 갖게 하면 좋은 자녀, 쓸모 있는 자녀, 성령의 사람으로 성장케 될 수 있을 것이다.

5. 행복한 노인의 영성

다섯 번째 주간은 행복한 노인을 위해 말씀을 전하고 기도케 한다. 사람이 태어날 때는 스스로 하는 준비가 전혀 없어도 이 세상에 나오지만, 떠날 때는 준비하지 아니하면 안 된다. 태어날 때는 부모님을 비롯해서 많은 사람들이 철저하게 준비해 주기 때문에 대체로 큰 문제없이 이 세상에 나올 수 있다. 그러나 이 세상을 떠날 때는 스스로 준비하지 않으면 안 된다. 태어날 때는 10개월이라는 정해진 기한에 맞추어 차분히 준비할 수 있지만, 떠날 때는 그 시기가 언제인지 본인이나 다른 아무도 모르기 때문에 미리서 준비해야 되는 것이다. 따라서 아름다운 노년을 위해서는 반드시 알뜰한 준비가 필요하다는 점을 강조한다. 오늘이라도 하나님이 부르시면 천국에서 하나님 앞에서 하나님과 함께 영생과 영광을 누리게 되는 것을 확신 할 수 있도록 준비되어야 한다.

한 주간을 위해 준비할 찬송으로는 "저 장미꽃 위에 이슬", "나 이제 주님의 새생명 얻은 몸", "내 영혼이 은총 입어", "구주를 생각만 해도", "너 예수께 조용히 나가", "귀하신 친구 내게 계시니", "빛나고 높은 보좌와 그 위에 앉으신" 등을 하나씩 순서대로 택하여 목회자의 기도 순서 전에 부르고, 복음성가로는 "좋으신 하나님 좋으신 하나님"을 한 주간 부른다. 그리고 성경 본문으로는 잠언 16:31; 시편 90:10-12; 말라기 4:2; 시편 92:12 15; 히브리서 11:21; 빌립보서 4:10-13; 히브리서 11:13-16 등을 순서대로 택하여 묵상한다.

첫째 날에는 잠언 16:31을 읽고, 노년을 당당하게 맞는 지혜에 대하여 말씀을 전한다. 노인의 백발은 영화의 면류관이요, 한평생 살아온 삶 속에서 훈장처럼 빛나는 존경과 축복의 징표이지만, 사람들은 늙어가면서 신체적인 상실감, 사회적인 상실감, 경제적인 상실감 등을 인하여 노년을 부정적으로 흔히 생각하는 경향이 있다는 점을 유의한다. 그리스도인의 경우 겉사람은 후패하여도 속 사람은 날로 새로워진다는 사실과, 천국을 소망하는 사람들에게는 늙어가는 것이 큰 축복임을 아는 확신을 갖도록 한다. 늙음은 좌절이 아니라 영화의 면류관임을 알 때 우리는 당당하게 노년을 맞을 수 있다.

둘째 날에는 시편 90:10-12을 읽고, 늙음을 준비하는 지혜를 주제로 하여 말씀을 준비한다. 준비가 없이는 좋은 죽음을 맞이할 수가 없고, 하나님 앞에서 영생과 영광을 누릴 확신을 가질 수 없게 된다는 점을 강조한다. 노인이 되면 자식들에게도 짐이 되고 천덕꾸러기가 되는 것을 염려하지 않으려면 신중한 자세로 노년의 미래를 미리서 준비해야 하는 것이다.

노년을 준비하는 지혜 가운데는 우선 건강을 준비하는 지혜가 필요하다. 건강하려면 하체의 힘을 계속 길러야 하기 때문에 걷기나 등산 등을 규칙적으로 하는 것이 좋다. 그리고 부부간의 성적 교제를 적당하게 지속하는 데 노력을 기울여야 하는 것이다. 둘째로는 노욕을 버려야 한다. 야곱이 믿음의 조상으로서 노년을 아름답게 보낼 수 있었던 것은 노욕을 버렸기 때문이다(참조, 창 35:1-3; 43:1-2). 셋째로는 신앙생활에 정진하는 지혜를 가져야 한다. 성경읽고 기도하며 봉사하고 전도 또는 심방하는 일을 지속해야 한다. 넷째로 자기 힘에 맞는 일을 찾아서 한다. 다섯째로 경제적으로 노년을 대비하여 저축해 둔다.

셋째 날에는 말라기 4:2을 읽고, 연약함을 치료하는 지혜에 대하여 말씀을 전한다. 자신의 연약함을 치료하는 길은 어떠한 과거의 상처도 주안에서 빨리 잊고 정리해 버리는 것이다. 그리고 새로운 미래를 꿈꾸어야 한다. 외양간에서 풀려난 송아지가 햇살을 받으며 기뻐 뛰는 것처럼, 모든 과거를 청산해 버리고 우리 앞에 활짝 열린 새로운 세상을 향해 성령의 소망 가운데 전진할 때 우리의 연약함이 치료되는 것이다.

넷째 날에는 시편 92:12-15을 읽고, 노년을 건강하게 보내는 지혜에 대하여 말씀을 더 깊이 묵상한다. 이를 위해서는 첫째로 은퇴

후에도 계속 일을 해야 한다. 일을 계속하지 않을 경우 1년 내에 죽음을 맞이하는 비율이 통계로 보면 전체 은퇴자 가운데 20%나 된다. 둘째로 규칙적으로 운동을 해야 한다. 하루에 적어도 2km 이상을 걷는 것이 필요하다. 셋째로 얼굴을 밝게 하고 넉넉한 웃음을 웃는다. 적당한 일과 운동과 넉넉한 웃음이 노년을 건강하게 하는 지혜인 것이다.

다섯째 날에는 히브리서 11:21을 읽고, 자녀를 축복할 줄 아는 부모에 대하여 말씀을 전한다. 자녀를 위해 끊임없이 기도할 수 있고 축복을 빌어주는 것이야말로 참된 부모의 모습이다. 노년의 야곱은 하나님의 사랑과 은혜가 아니면 그리고 하나님의 축복이 없이는 인생이 아무것도 아님을 깨달았기에 자녀들에게 하나님의 사랑과 복을 빌어 주었던 것이다. 축복을 빌어 주는 것은 바로 성령의 역사이다. 이것이 성령의 사람의 아름답고 성숙한 모습인 것이다.

여섯째 날에는 빌립보서 4:10-13을 읽고, 만족하며 사는 지혜에 대하여 말씀을 전한다. 자연은 작은 것으로도 곧잘 만족하는 데 반해서 사람은 많은 것으로도 만족할 줄 모른다. 그러나 사실은 작은 것으로 자족하는 사람이 가장 부요한 자인 것이다. 만족의 원리는, 첫째로 다른 사람과 비교하지 않는 것이다. 어떠한 형편에든지 자족할 수 있어야 한다. 둘째로 주님의 도우심을 의지하는 것이다. 그리하면 우리에게 능력 주시는 자 안에서 자족할 수 있게 된다. 지금의 상황이 아무리 부정적이라 해도 주님이 주시는 능력으로 우리는 환경을 변화시키며 자족할 수 있어야 한다.

일곱째 날에는 천국을 바라보는 지혜에 대하여 히브리서 11:11-13에 근거하여 말씀을 전한다. 믿음의 조상들인 아브라함, 이삭, 야곱 그리고 요셉을 보면 나그네된 땅에 살면서 더 나은 본향인 하나님의 나라를 희망하였다. 십자가 상의 한 강도도 죽음의 순간에 낙원을 바라보았다. 사도 바울도 죽음 이후에 받아 쓸 의의 면류관을 소원하였다. 종교개혁자 칼빈도 연약한 건강 때문에 내세를 더욱 강렬하게 묵상하며 살았다. 천국에 가서 하나님 앞에서 영광과 영생을 누릴 소망을 갖는 것처럼 귀한 믿음은 없다. 그러나 어떤 성도들은 죽음을 두려워한다. 이는 그리스도 예수의 십자가에 우리의 죄 보따리를 이미 못박아 버린 사실을 확신하지 못한 까닭이다.

우리가 천국에 갈 때 그 죄 보따리를 챙겨 가지고 갈 생각을 하는 대신에, 이 땅에서 예수 그리스도로 말미암아 하나님께로부터 받은 은혜와 축복을 잘 챙겨 보따리에 싸 가지고 천국에 가서 하나님 앞에 풀어 놓고 감사하며 찬송할 생각을 하면 되는 것이다. 그러면 하나님 앞에 감사함으로 설 수 있고, 죽음도 기쁨으로 평안함 중에 맞을 수 있게 된다. 내세 천국을 소망하는 가운데 죽음을 잘 준비하는 것은 참으로 아름답고 귀한 믿음이다.

노년에는 건강의 상실, 사회적 활동의 위축, 경제적 여유의 상실 등으로 인하여 웃음을 잃기 쉽고 자신감도 잃을 수 있지만, 그럼에도 불구하고 천국에 가까이 왔음을 알고서 넉넉한 웃음을 웃으며 살고, 자녀들을 품에 안고서 축복하여 기도하고, 또 하나님이 주신 복들을 챙기는 가운데 감사하며 살면 그 노년의 삶은 더욱 빛나고 아름답게 된다. 노년을 아름답게 소망 가운데 맞이하는 것만큼 영적으로 성숙한 삶은 없다. 그러기에 노년은 영광스러운 것이다.

6. 행복한 가정의 비전

"행복의 40일 특별 새벽기도회"의 마지막 5일은 행복한 가정의 비전을 위해 말씀을 전하고 기도케 한다. 새벽기도회는 하나님의 말씀과 기도와 찬양이 어울어지고, 특별히 시간적으로 이른 새벽이어서 조용한 분위기로 인하여 새벽 이슬 같은 신선한 성령의 감동과 충만을 경험하기에 아주 적합하다. 더욱이 행복한 가정을 놓고 말씀을 나누고 집중적으로 기도하기 때문에 성령의 섬김과 사귐의 역사를 피부로 경험할 수 있어서 효과적이기도 하다.

마지막 5일을 준비하는 찬송으로는 "예수 사랑하심은 거룩하신 말일세", "내 영혼의 그윽히 깊은 데서", "옳은 길 따르라 의의 길을", "사철의 봄바람 불어잇고", "값비싼 향유를 주께 드린" 등을 하나씩 순서대로 택하여 목회자의 기도순서 전에 부르고, 복음성가로 "나의 사랑 나의 생명 나의 예수님"을 성경 봉독하기 전에 조용하게 두세 번씩 매일 새벽에 부른다. 그리고 성경 본문으로는 창세기 32:9-12; 45:1-9; 로마서 16:3-4; 사도행전 10:1-3 그리고 요한복음 12:1-11 등을 순서대로 읽고 전한다.

첫째 날에는 창세기 32:9-12을 읽고, 비전이 있는 가정을 주제로 하여 말씀을 전한다. 진정한 비전은 하나님의 약속을 붙잡고 믿는 믿음이다. 이 비전이 있는 가정은 기도로 인내하면서 기필코 이루어 나간다. 비전이 없는 가정이나 개인은 장래가 없기 때문에 결코 성공도, 행복도 할 수가 없다.

둘째 날에는 창세기 45:1-9을 읽고, 치유와 회복이 있는 가정에 대하여 말씀을 묵상케 한다. 치유와 회복은 서로 있는 그대로의 모습을 사랑하며 살 때 가능하다. 다른 사람을 변화시키려 노력하기 전에 자기가 먼저 변화되기를 위해 노력하고, 자신은 의롭다 생각하고 상대방에게 문제가 있다고 여기는 대신에 자신의 허물을 볼 수 있어야 한다. 자신을 의롭다고 생각하는 한 절대로 변화될 수가 없으며, 그렇게 생각하면 스스로 상처만 많이 입을 뿐 아니라 다른 사람들에게도 엄청난 상처를 주게 된다.

한편 우리가 상대방으로부터, 아니면 어떤 경우에 상처를 입게 되었으면 그것을 신앙을 연단시키는 시련으로 여기고 이겨내야 하며, 오히려 하나님을 사랑하고 즐거워할 수 있어야 하는 것이다. 그리고 상처있는 과거를 빨리 잊고 정리해야 한다.

셋째 날에는 로마서 16:3-4을 읽고, 더불어 성장하는 가정에 대하여 말씀을 전한다. 행복한 가정은 성령과 믿음 안에서 더불어 성장한다. 서로 믿어주고, 서로 채워주고, 서로 밀어준다. 특별히 아내가 하나님의 말씀을 잘 배워 교회에서 좋은 일꾼으로 쓰임받을 수 있도록 남편이 잘 밀어준다. 남편과 아내가 브리스가와 아굴라처럼 함께 같은 신앙으로 성장하여 하나님께 쓰임받는 가정은 행복하다는 점을 강조한다.

넷째 날에는 사도행전 10:1-3을 읽고, 하나님을 경외하는 가정에 대하여 말씀을 전한다. 신약성경에서 하나님을 모범적으로 경외하는 가정 가운데 고넬료의 가정을 예로 든다. 이 가정에는 사랑과 순종의 두 기둥과 이해와 용서의 두 창문과 이웃을 향해 늘 열려 있는 관용의 문이 있을 뿐 아니라, 아름다운 신앙생활로 잘 엮어진 견고한 지붕이 있다. 그 가정은 예배와 기도에 힘쓰고 구제하며, 온 집으로 더불어 하나님을 섬기고, 하나님께 그 믿음을 인정받았다는 사실을 깨닫게 한다.

마지막 날에는 요한복음 12:1-11을 읽고, 향유 내음 가득한 집을 소개함으로 40일 새벽기도회를 마무리한다. 이날에는 장로 또는 중진 집사로 하여금 기도케 하고 한 가정을 미리 준비시켜 특송하게 한다. 그리고 성도들도 두 곡 정도 찬송을 더 부르며 하나님께 감사하고 즐거워하게 한다.

신약성경에 보면, 마리아의 집이 행복하고 향유 내음 가득한 가정이다. 이는 죽었다가 그리스도의 은혜로 살아난 나사로의 신앙간증이 있고, 조용하게 섬기는 마르다의 봉사가 있으며, 아름답고 향내나는 마리아의 헌신이 있기 때문이다. 신앙간증과 봉사와 사랑의 헌신이 있는 가정이 행복한 가정, 성령으로 인도함받고 영적으로 성숙한 가정임을 강조함으로 새로운 시작을 위한 발판을 마련하여 영성 훈련을 지속할 수 있게 한다.

말씀 묵상과 새벽기도를 통한 성령의 섬김과 사귐이 있는 곳에 충만한 영성이 있다. 말씀은 생명의 꼴이요, 기도는 하나님과 이웃을 향한 문을 여는 열쇠이다. 그 말씀과 기도가 우리를 성령으로 충만케 하는 것이다. 또한 하나님께 영광을 돌리고 그를 영원토록 즐거워할 수 있게 한다. 그리고 마침내 내세 천국에서 하나님 앞에서 영생과 영광을 누릴 소망을 확신케 해 준다. 한편 이 땅에 사는 동안에는 자기를 부인하고 십자가를 날마다 지면서도, 범사에 감사하고 항상 기뻐하며 주님과 이웃을 열심히 사랑하며 살게 하는 것이다.

부 록

Ⅰ. 기독교의 영성과 성화에 대한 소고
강경림(안양대학교 신학과, 교회사)

Ⅱ. 단 한 번뿐인 첫사랑을 찾습니다

I

기독교의 영성과 성화에 대한 소고

강경림(안양대학교 신학과, 교회사)

1. 서론

1970년대에 미국 교회에서 영성이란 말을 사용하기 시작하면서 한국 교회에도 1980년대부터 본격적으로 영성에 대한 논의가 활발히 일어났고, 교회역사에서 영성이란 말이 왜 등장했는지에 대한 확실한 이해 없이 한국 개신교 신학자들도 기독교의 전통적 가르침을 영성이란 명목 아래 신학적으로 재정리하는 현상이 일어났다. 이 면에 있어서는 한국 카톨릭 교회와 한국 개신교는 자연스러운 신학적 교류 내지 일치 운동(?)이 일어나고 있는 셈이다.

'영성'이라는 단어는 개혁주의 신학자들의 저작들에서 발견되지 않으며, 오히려 '경건' 혹은 '성화'가 강조되고 있다.[1] '영성'이라고 할 때, 일반인들뿐만 아니라 개신교도들에게는 '육'에 대립되는 개념으로서의 '영'으로, 현실 세계와는 다른 어떤 영적인 세계 소위 영계

---

1) Howard L. Rice, 『개혁주의 영성』, 황성철 역(서울: 기독교문서선교회, 1995) 6 & 58 참조

를 사모하는 마음 또는 영적인 세계를 중시하는 마음으로, 그리고 우리 인간의 이성과는 다른 것으로 받아들여지고 있다.[2] 영성이란 단어 그 자체의 어감도 그렇다. 한국 개신교 교회에서 영성을 이야기하는 이들의 주장이나 실천을 살펴보면, 로마 카톨릭의 영성주의자들의 견해와 거의 차이가 없다. 한국 개신교 신학자들은 로마 카톨릭 신학자들의 영성이론의 틀에 짜서 맞추는 인상을 지울 수 없다. 그리고 로마 카톨릭 교회의 영성이론과 차별화시켜 진정한 개신교 영성 신학을 말하려 하는 이들도 있으나 독자들은 경건과 성화를 가르쳐온 기존의 신학적 전통과 무엇이 다른지 구별하기란 그리 쉽지 않고 오히려 혼란만 가중시키는 것 같다.

개신교 교회는 나름대로 좋은 신학적 전통을 가지고 있으나, 로마 카톨릭 신학을 성경에 근거하여 다시 쇄신시킨 그 전통을 살려서, 성경의 빛 아래 쇄신 내지 보충 작업을 끊임없이 진행시켜 왔다(ecclesia semper reformata reofrmanda est). 그러나 종교개혁자들이 이해하여 전해준 성화론이나 경건이해는 오늘날 우리가 다 감당하지도 못하고 있는 실정이며, 영성이란 새 옷으로 치장할 이유가 없는 부분이다. 영성 운동이 등장하기 전에 한국교회가 안고 있었던 문제, 예를 들면 교회가 경건을 강조하고 성화의 삶을 강조하였으나 신자들이 이 세상에 대한 책임을 등한시하고, 그리스도인으로서의 삶을 실천하지 못하여, 새로운 영성 운동을 통하여 변화를 시도했어야 했다면, 그렇다면 그 문제는 지금도 여전히 상존하고 있으며, 여전히 교회의 영적 분위기는 혼란스럽고, 오히려 교회의 성장은 둔화되고 있음은 우리 모두가 주지하고 있는 사실이다.

따라서 본 소고는 한국 개신교회가 영성을 무분별하게 사용하는

---

[2] 정용석, "기독교 영성: 개론적 고찰", in: 정용석 외 『기독교 영성의 역사』(서울: 은성, 1997) 17-20 참조

것에 대하여 비판적 시각으로 접근하고자 한다. 본고는 우선 로마 카톨릭 신학자들의 영성이해와 개신교 신학자들의 영성이해를 나란히 소개하므로 독자로 하여금 도대체 양자간에 무슨 차이가 있는지를 판단하게 하고, 지면관계상 개혁주의 신학의 성화론을 소개하므로 구원받은 그리스도인이 어떤 삶을 살아야 하는지를 확인하게 하고, 마지막으로 카톨릭 교회의 영성이해의 뿌리를 소개하면서 로마 카톨릭의 영성이해와 개신교의 성화론이 공존할 수 없는 근본적인 이유를 소개하고자 한다. 그리하여 독자로 하여금 지금까지 한국 개신교 내에 무분별하게 사용하고 있는 영성을 재고하게 하는 데 일조하고자 한다.

2. 기독교 영성 이론

영성이라는 말을 제일 먼저 사용한 이는 리에츠 지방의 감독이던 파우스투스(Faustus of Riez)이다. 그는 "영성의 발전을 위하여 행동하라"(Age ut in spiritualitate proficias)는 말을 하였는데, 이 영성이라는 말은 사도 바울의 말대로 성령을 따르라는 뜻으로 사용되고 있다. 9세기 풀다의 수도사이던 칸디두스(Candidus)는 spiritualitas를 육체성(corporalitas) 또는 물질성(materialitas)과 반대되는 개념으로 사용하였다. 이후로 영성이라는 말은 육체성 또는 물질성과 대립되어 쓰이는 전초가 되었다.

아퀴나스(Thomas Aquinas)는 처음에 "성령을 따르라"는 의미로 영성이라는 단어를 사용하였지만, 후반부에 가서는 대부분 칸디두스와 마찬가지로 육체적인 것이나 물질적인 것과 반대되는 개념으로 사용했다. 17세기에 프랑스에서 spiritualité라는 말을 경건한 종교적 삶을 가리키는 말로 사용하였다. 1930년대 및 40년대에 질송

(Étienne Gilson)이 "영성의 신학과 역사"라는 강의를 하면서 영성이라는 말이 활발하게 사용되었고, 그 영향으로 영어권에서 spirituality라는 용어 사용이 점차 확산되었다.[3]

(1) 로마 카톨릭의 영성론

'영성'이라는 말은 로마 카톨릭 신학자들에 의해 기독교 내에 처음으로 등장하게 되었다. 홀트(Bradley P. Holt)에 따르면, 18세기와 19세기에는 신비가들의 생각들을 다루는 "신비신학"과 기독교인의 영성 훈련을 다루는 "수덕신학"[4]이 구분되어 오다가, 20세기 접어들면서 이 두 학문이 통합되어 "영성 신학" 혹은 "영성"이 되었다고 한다. 아울러 영성에 관한 학파들도 많이 생겨났으며, 이들은 각기 유명한 수도회의 사상을 따른 것으로서, 예수회의 영성, 프란체스코회의 영성, 갈멜 수도회 영성 등이 등장하게 되었다는 것이다. 20세기 초엽에 로마 카톨릭 신학자들은 로마 카톨릭 신자만이 진정한 기독교인이며, 영성은 교리로부터 반드시 성장하고, 수도회의 수사들은 평신도보다 완전함에 이르는 길을 알고 있으며, 영성의 목표는 하나님에 대한 신비적 관조라는 주장들을 하였다는 것이다.[5]

카톨릭 신학자인 발타자르(Hans Urs von Balthasar)는 영성에 대하여, "인간의 근본적인 실천적 또는 더욱 일반적으로 말해서 자신이 윤리적으로 사는 존재임을 이해하는 방식의 결과요 표현이다. 그리고 인간이 삶을 통하여 자신의 객관적이고 궁극적인 통찰력과

---

3) 정용석, 같은 글, 25-26.
4) '수덕적'이라는 용어는 어떤 기술, 특히 운동기술을 숙달하기 위해 연습하고 훈련한다는 의미를 지닌 'askeein'이라는 헬라어에서 유래한다.
5) Bradley P. Holt, 『기독교영성사』, 엄성옥 역(서울: 은성, 1996〔1994〕) 20-21.

결정에 따라 습관적으로 행동하고 반응하는 방식이다"라고 정의하고 있다.[6] 제2차 바티칸 공의회는 모든 사람에게는 단 하나의 영성이 있으며, 또 이것은 그리스도의 신비에 참여하는 데 있다고 하였다. 즉 그리스도인의 영성은 믿음과 사랑과 이 밖의 다른 덕행들로 말미암아 작용하는 은총의 내적 생활을 통해서 그리스도의 신비에 참여하는 것이라고 한다.[7]

오만(Jordan Aumann)은 영성 신학이란 "신적인 계시 진리와 개개인의 종교체험에서 시작하여, 초자연적 생활의 본질을 밝히고, 그 성장과 발전을 위한 지침을 규정하며, 영성생활의 시초에서 완성에 이르기까지의 영혼들의 진보과정을 설명하는 신학의 한 영역이다"라고 정의한다. 따라서 영성 신학은 영성체험의 심리학적 자료와 신학원리의 적용 및 크리스천의 완덕의 관점에서 본 영성생활의 진보에 관한 실천적 지침 등 세 요소를 포함하고 있다는 것이다.[8]

오만은 계속하여 영성 신학의 자료를 언급하고 있다. 그 일차적인 자료는 성경과 전통이라고 한다. 성경은 인간의 최후 목적을 계시하면서 하나님을 체험하기 위해 타락된 상태에서 벗어나려는 인간의 생리적 욕망에 응답하므로 성경은 모든 참된 영성의 규범이며 표준이 된다고 한다. 전통은 세기를 통하여 계시진리를 선포하고 설명하며 응용하는 교회의 교도권에 의해, 한 세대에서 다른 세대로 전달되는 신앙의 유산이기도 하며, 교회의 살아 있는 전통은 오류를 범할 수 있는 순수한 인간적 전통과는 달리 신앙의 본질적 내용에 관한 한 오류가 없는 것이므로 영성의 일차적인 자료가 된다는 것이다.[9]

---

6) 정용석, 같은 글, 28.
7) Jordan Aumann, 『영성신학』, 이홍근 역(경북, 왜관: 분도출판사, 1994 〈1987〉) 19.
8) 같은 책, 25.
9) 같은 책, 30-31.

그는 또한 제2차 바티칸 공의회에서 공표한 바대로 "성전(聖傳)과 성경과 교회의 교도권은 하느님의 가장 현명하신 계획에 의하여, 어느 하나가 없으면 다른 것이 성립될 수 없고, 이 세 가지가 동시에 또한 각각 고유한 방법으로 한 성신의 작용 아래 영혼들의 구원을 위하여 효과적으로 기여하도록 상호간에 연관되어 있고 결합되어 있음은 명백"하기 때문에 교회의 교도권도 영성생활과 크리스천의 완덕연구에 일차적인 신학적 자료라고 한다.[10] 또한 전례를 통하여 신앙을 표현하고 하나님 안에 사는 생활의 체험도 누리게 되므로 전례 역시 영성 신학의 자료가 된다고 한다. 아울러 영성 신학은 교의신학과 윤리신학의 자료와 결론뿐만 아니라, 성인들과 신비가들의 저술 및 개인적인 체험과 심리학의 제 분야와 같은 순수한 경험적 자료들도 이용한다고 한다.[11]

오만은 영성생활의 목표 혹은 인간 노력의 목표로써 세 가지를 제시하고 있다. 즉 그는 영성생활의 궁극적 목표로써 하나님의 영광을 가까운 목표로써 인간의 성화와 구원을 들고 있다. 첫째, 하나님의 영광이란 우주의 아름다움이나 개인의 선행에서 반영되는 하나님의 완전성을 인정함으로써 고무되는 흠숭과 찬미를 뜻한다고 한다. 오만은 그리스도인들이 완덕의 길을 따라 나아갈 때 그들의 개인적 성화와 하늘에서 누릴 완전한 행복까지도 영성생활의 궁극 목표가 아니며, 오히려 개인의 성화와 구원은 성삼위께 영광을 드리는 가장 탁월하고 유효한 방법일 뿐이라고 한다.[12] 둘째, 구원이란 "인간의 궁극적인 행복", "영생" 및 "영광 속의 삶"을 말하는 것으로써, 이는 축복받은 즉 구원받은 이들이 삼위 하나님의 아름다움을 영원히 누리게 될 사후의 영광스러운 삶에서만 얻게 된다고 한다. 구원의 은총의 상

---

10) 같은 책, 31-32.
11) 같은 책, 32-35.
12) 같은 책, 40-42.

태에서 죽은 모든 이가 얻게 되지만 아직 정화될 필요가 있는 이들은 정화가 끝난 때라야 비로소 천국에 간다는 것이다.[13]

그러나 은총(지복직관)을 인간에게 베푸시는 하나님이 인간의 협력없이 은총을 온전히 꽃피게 하는 것은 당신의 뜻이 아니라고 한다.[14] 셋째, 성화란 모든 그리스도인들이 성경의 가르침에 따라 자신의 영성생활의 완성을 위해 노력해야 함을 뜻한다고 한다. 영성생활의 완성이나 성덕의 정도는 그리스도인 개인이 하나님의 성성과 완전성에 참여하는 정도에 의거한다고 한다.

성화은총은 하나님의 본성과 생명에 참여하는 것이고, 본질상 완덕의 증거가 지향한다고 한다. 그러므로 영성생활에 있어서 하나님과의 일치 정도 및 완덕의 정도는 영혼이 은총과 결합된 정도에 의존한다는 것이다. 그리고 현세의 의인들이 처한 상태를 서술할 때, 완덕이란 말을 쓸 수 있다는 것은 최소의 성화은총만으로도 기본적인 완성을 이룩하기 때문이라고 한다.

트라피스트 수도사였던 머튼(Thomas Merton)은 하나의 영성 모델을 제시하고 있다. 그는 기도를 세 단계로 나눈다. 그 첫 번째 단계는 자신을 깊이 성찰하면서 사고를 훈련시키는 **자기 성찰의 기도**(reflexive prayer)이다. 이 기도는 하나님을 상대로 하며 대화적인 기도를 드리는 것이며, 진리와 성령으로 기도드리는 것이 아니라 인격적인 주체인 (나)의 생각과 욕망을 간구하는 것이라 한다. 이 기도는 하나님과 진정한 합일에 이르기 위한 준비요, 시작이라고 한

---

13) H. Denzinger & Schönmetzer, *Enchiridon Sumbolorum* (Freiburg: Herder, 1963), 857, 925, 990, 1000, 1067, 1305, in Aumann, 같은 책, 44-46. 연옥의 교리에 대하여는 다음 책을 참조하라: Reginald Garrigou-Lagrange, *The Three Ages of the Interior Life*, trans. Timothea Doyle (St. Louis: B. Herder, 1948), 649.

14) Aumann, 같은 책, 50.

다. 머튼은 두 번째 단계는 **묵상기도**(meditative prayer or meditation)라고 하는데, 이 기도는 단절로부터 시작한다고 한다. 이 기도는 자기의 이상이나 주장, 심지어 자기 구원조차도 단절하며 모든 세상사와 단절하면서 오직 하나님의 뜻을 발견하고 깨달으려는 적극적인 마음 자세로 묵상하는 것이라 한다.

세 번째로는 **관상의 기도**(contemplative prayer or contemplation)로서 완전히 자신을 비우고 정화하여 하나님의 은총의 현존과 성령의 뜻과 그리스도의 의지에 완전히 의탁하여 그분의 뜻과 일치하려는 기다림의 기도라 한다. 이 기도는 기도자가 하나님을 위해 무엇을 해드린다는 어떠한 인간의 의지도 포기해 버린다고 한다. 기도자는 자신을 비우고 하나님께서 자기 안에 살아서 말씀해 주시는 것을 빈 마음으로 기다린다고 한다. 또한 깊은 관상 기도자는 이 세상의 죄악된 모습을 하나님의 입장에서 보며, 기도자를 통해 이 죄악된 세상을 구원하시고자 하심을 깨닫기 때문에 이 세상을 구하기 위해 행동하지 않을 수 없다는 것이다.[15]

(2) 개신교의 영성론

개신교는 1960년대부터 카톨릭의 영향으로 영성이라는 용어를 사용하기 시작하였으며, 나름대로 영성에 대한 연구를 발전시켜 왔다. 『웨스터민스터 기독교 영성사전』에서 고든 웨이크필드(G. S. Wakefield)는 영성을 다음과 같이 정의하고 있다.

> 영성, 이것은 사람들의 삶에 활기를 주고 사람들이 초지각적인 실체들과 접촉하는 일을 도와주는 태도, 신념, 관습 등을 묘사하기 위

---

15) 오성춘, 『영성과 목회』(서울: 장로회신학대학출판부, 1990), 66-69; 김경재 "토마스 머튼의 영성신학" 『기독교사상』1986년 7월호, 127-145.

하여 크게 유행한 단어이다…이것은 기독교 영성이 단순히 "내면 생활"이나 속사람만을 위한 것이 아님을 뜻한다. 그것은 영을 위한 것인만큼 몸을 위한 것이기도 하며, 하나님을 사랑하고 이웃을 사랑하라고 하신 그리스도의 두 계명의 이행을 지향한다. 진정으로 우리의 사랑도 하나님의 사랑과 마찬가지로 모든 피조물에게까지 확대되어야 한다. 진정한 기독교 영성은 인간과 자연 모두를 포함한다.16)

감리교 목사인 샤우척(Norman Schawchuck)은 "기독교 영성은 주 예수님과의 인격적 교제 가운데서 경험하는 삶의 변화인데, 이것은 하나님이 선물로 주시는 것이다"라고 정의하고 있다. 이 정의는 세 가지를 강조하는데, 첫째, 기독교 영성은 주 예수 그리스도와의 영적인 교제라는 관계성을 강조한다고 한다. 샤우척은 기독교 영성의 핵심은 신자들의 새로운 성품을 개발하는 것이 아니라, 그리스도와의 인격적인 관계성을 형성하는 것으로 보고 있다. 둘째, 기독교 영성은 예수 그리스도와의 인격적인 만남을 통한 삶의 변화를 가져온다는 사실을 강조한다. 셋째, 이 모든 과정은 하나님의 은혜의 선물임을 강조한다.17)

옥스퍼드 대학의 교수인 맥쿼리(John Macquarrie)는 인간을 하나님께 영을 분배받은 영적인 존재로 이해함으로 하나님의 성령의 역사에 동참할 수 있는 가능성을 암시했으며, 인간의 영의 역동적 성격을 "exience", 곧 자기를 초월하여 밖으로 나가는 능력으로 보았다. 그는 인간이 자기 초월의 능력으로 감정적, 체험적인 황홀경을 경험하며 동시에 성령의 은사와 열매 등의 윤리적인 인격을 창출할 수 있다고 본다. 맥쿼리는 하나님의 성령을 기독론적으로 이해하

---

16) Gordon S. Wakefied, ed. *Westminster Dictionary of Christian Spirituality* (Philadelphia: Westminster, 1983), 361-62.
17) 같은 책, 50.

여 기독교 영성을 '인간의 자기초월의 영과 그리스도에게서 나오는 그리스도의 영과의 만남을 통해서 인간 속에 그리스도의 성품이 이루어지고 그리스도를 따르는 삶을 사는 것'이라고 정의하고 있다. 그런데 맥쿼리는 창조의 영역을 성령의 영역으로 보고 진정한 기독교 영성은 그리스도인의 삶의 회복만이 아니라 피조된 전 우주의 회복에까지 확장시키고 있다.[18]

컬리(Iris Cully)는 다른 학자들과 마찬가지로 영성을 하나님과의 깊이 있는 관계의 측면에서 보고 있으나, 하나님과의 관계의 삶은 바로 예수 그리스도의 삶을 따라 사는 삶이라는 사실을 강조하며, 하나님과의 관계를 기초로 하여 어떻게 인간과의 관계의 삶을 정의, 사랑, 평화의 관계로 회복할 것인가 하는 점에 중점을 두며, 영성은 성령의 역사임이 분명하나 인간의 응답을 개발하는 교육과 육성을 통해서만 진정한 영성에 도달할 수 있다는 영성의 교육적 측면을 강조하고 있다.[19]

오성춘 교수는 기독교 영성에 대하여 다음 세 가지로 정의하고 있다. 첫째, 기독교 영성은 본질이 아니라 관계성이다. 동양적인 영성의 주류가 인간의 성품의 수양과 변화에 중점을 두고 있다면, 기독교의 영성은 인격자이신 하나님과 관계를 맺고 사는 삶을 강조한다는 것이다. 둘째, 하나님과의 인격적인 관계의 삶은 초월의 체험을 가져오며, 새로운 의식, 의식의 확장, 새 삶의 출발 등의 전환을 가져온다. 셋째, 기독교 영성은 하나님과의 인격적인 관계의 체험을 통하여 변화된 삶을 구체적인 역사현장 가운데서 구현시켜나가는 것이다. 그는 기독교 영성을 초월자와의 인격적인 관계―변화의 체험―역사현장에의 참여라는 3각 도식으로 설명하고 있다.

---

18) John Macquarrie, 『영성에의 길』 장기천 역(서울: 전망사), 62-78, in: 오성춘, 같은 책, 59f.
19) 오성춘, 같은 책, 65f.

김경재 교수는 그의 『그리스도인의 영성 훈련』이라는 책에서 영성이란 "다차원적 존재로서 인간이 자신의 생명을 둘러싸고 또한 구성하는 자연, 사회, 동료 인간과 신과의 교통과 만남 속에서 창출해 내는 전인적 생명 약동이요 반응이다"라고 정의하고 있다.

그는 기독교 영성에 대하여 정의하기를 "그리스도인 자신의 삶 속에, 교회 공동체 삶 속에 그리고 이 세상 역사의 과정 속에 임재하는 하나님의 창조적 입김을 심도 깊게 체험하면서 삶의 전영역을 자유, 사랑, 공의, 평화로 변하게 하는 창조적 변혁의 힘"이라고 한다. 즉 기독교 영성은 바로 기독교 신앙에 입각한 삶 자체, 삶의 방향이라 말할 수 있다는 것이며 신앙의 체험, 훈련, 실천으로 이루어지는 전인격, 총체적 삶이라 한다.[20]

3. 개혁주의적 성화론

개혁주의 신학은 종교개혁 당시의 교회가 회복시킨 성경주석의 원리들에 특별한 빚을 지고 있다. 이는 칼빈의 작업과 연관되어 있으며 이후에는 오웬(John Owen)과 굿윈(Thomas Goodwin), 후커(Thomas Hooker)와 코턴(John Cotton) 등과 같은 17세기의 청교도들에 의해 발전되었다. 이후 많은 그리스도인들은 개혁주의 신학의 전통에 특별한 빚을 지고 있다. 조지 휫필드(George Whitefield), C. H. 스펄전(C. H. Spurgeon), D. M. 로이드 존스(D. Martyn Lloyd-Jones) 등과 같은 설교가들, 조나단 에드워즈(Jonathan Edwards), 찰스 핫지(Charles Hodge), 아브라함 카이퍼(Abraham Kuyper), B. B. 워필드(B. B. Warfield) 등과 같은 신학자들, J.

---

20) 정용석, 앞의 글, 28-29.

그레샴(J. Gresham), 프란시스 쉐퍼(Francis Scaeffer) 등과 같은 유명한 20세기 크리스천 지도자들이 이에 속한다.[21]

상기인들의 저작들에서 우리가 발견할 수 있는 것은 개혁주의 신학은 성화론에 매우 큰 비중을 두고 있다는 점이다.

개혁주의 신학에서는 신학과 실천, 교리와 삶 사이를 하나님께서 짝지어 주었음을 강조하고 있다. 그것들은 결코 분리될 수 없는 것이다. 성경적 교리와 거룩한 삶 사이에 필연적 관계는 성경적이며 사도적 사고방식에 필수불가결한 것이다. 사실상 우리의 신앙의 도리와 삶의 방법 사이의 밀월 관계에 관하여는 칼빈의 『기독교강요』로부터 도움을 많이 받는다. 주지하다시피 『기독교강요』는 그 초판의 제목, 즉 *Christianae Religionis Institutio, totan fere pietatis summa, & quicquid est in doctrina salutis cognitu necessarium, conplectens: omnibus pietatis studiosis lectu dignissimum opus, ac recens editum*에서 알 수 있듯이 『경건대전』이다.[22] 이 점은 pietatis summa와 Summa Theologiae 사이를 구별시켜주는 것이기도 하다. 그러므로 개혁주의 신학은 처음부터 지속적으로 성화를 강조해온 것이다.

개혁파 성화론에는 두 가지 특징이 있다. 첫 번째는 예수 그리스도 자신이 우리의 성화 혹은 거룩함이라는 것이고(고전 1:30), 두 번째로는 그리스도와의 연합함을 통하여 우리 안에 성화가 성취된다는 것이다. 칼빈이 언급하고 있듯이, "첫째로 우리가 반드시 알아야

---

21) Sinclair B. Ferguson, *The Reformed View of Sanctification,* in *Christian Spirituality: Five Views of Sanctification,* ed. by Donald L. Alexander(Downers Grove, Illinois: Inter Varsity Press, 1988), 47.
22) B. A. Gerrish, Grace and Gratitude: The Eucharistic Theology of John Calvin(Minneapolis: Fortress, 1993), 18. 게리쉬는 칼빈이 경건의 범위 내에서만 신학하기로 결심했다는 점을 강조하고 있다.

할 것은 그리스도께서 우리 밖에 머물러 계시고 우리가 그분과 분리되어 있는 한, 그분이 우리를 위해 고난받으시고 인류의 구원을 위해 행하신 모든 일이 우리에게 쓸모 없는 무가치한 것이 되고 만다는 점이다."[23]

신약성경은 우리에게 '믿음의 주'이신 그리스도께서(행 3:15; 5:31; 히 12:2)는 인성적 측면에서 처음으로 유일하게 충분히 거룩하게 되신 분(행 5:31; 요 17:17-19; 히 12:1; 눅 1:35; 요 19:30; 17:4; 히 7:16)이심을 말해 주고 있다. 따라서 그분은 우리가 우리 자신의 삶 속에서 성화의 발달을 위해 저장하고 있는 유일하고도 적합한 보고이시다.

성화는 신적인 명령에 의해 우리 속에서 이루어지는 것이 아니다. 그리스도의 삶과 죽으심, 부활과 승천은 우리가 필요로 하는 모든 것을 공급해 준다. 그리스도와의 연합 때문에 우리는 그의 보고를 나누게 되는 것이다. 이것이 바로 그리스도께서 우리의 성화가 되신다는 말의 뜻이다. 칼빈은 "우리가 성화를 추구한다면, 그것은 그리스도의 희생제물 되심 가운데 놓여 있다…그리스도 안에는 온갖 종류의 보화가 가득히 저장되어 있기 때문에 우리는 다른 곳에서가 아니라 바로 이 샘에서 퍼마시자"[24]라고 한 점을 우리가 받아들인다면, 성화 즉 그리스도인의 전 삶을 위한 역동성은 그리스도와의 연합 안에서 찾아질 수 있다.

우리 자신 속에 결여되어 있는 성화는 그리스도의 '말씀으로 오시고, 고난당하시고, 부활하시고, 영화롭게 되신 인성' 가운데 놓여 있다. 그런데 문제는 어떻게 우리가 그리스도의 성화와 성화에 대한 우리의 필요가 공존하는가 하는 점이다. 신약성경에 따르면 성화는 하

---

23) Inst. 3. 1. 1.
24) 같은 책, 2. 16. 19.

나님의 영의 사역과 신자의 믿음의 실행에 의해 가능하다고 한다. 그리스도와의 연합은 성령께서 사역하시는 주된 목적이시다. 예수님께서는 성령이 "내 영광을 나타내리니 내 것을 가지고 너희에게 알리셨음이니라"(요 16:14)고 강조하셨다. 이는 성부 하나님께서 사도들에게 영원히 그들과 함께 하실 보혜사 성령을 보내주셨을 때 실현되었다(요 14:20 참조). 오순절에 성령이 임하신 것은 제자들이 그리스도와 연합되었다는 의미이다.[25]

그런데 지금 우리가 그리스도와의 연합이 가능하게 되는 것은 믿음으로 말미암는 것이다. 믿음은 마치 그리스도의 보고가 우리의 것인양 그것들을 신뢰하는 것이다. 칼빈은 이 믿음에 대하여, 우리에게 의를 전가시켜 주어 하나님의 의를 갖게 해 주는, 즉 그리스도와의 연합의 자리로 우리를 인도해 주는 구원의 믿음이라고 한다.[26] 그는 믿음은 "성령의 독특하고도 고유한 선물"로서 오는 것이요, 본질상 "우리의 양자됨에 대한 서약"을 포함하고 있다고 한다.[27] 칼빈은 계속하여 믿음은 필연적으로 열매를 맺게 되며, 열매 없는 믿음을 "구원하는 믿음"이라 할 수 없다고 한다. 그는 그 열매가 칭의와 성화 모두를 포함한다고 한다.[28] 우리를 그리스도와 연합시키는 참된 "구원의 믿음"은 본질적으로 "경건한 성향"[29]을 갖기 때문이다.

칼빈은 믿음과 성화를 분리할 수 없는 관계에 대하여 "성령으로 말미암는 성화와 분리해서는 그리스도를 알 수 없다"[30]고 단호히 말한다. 우리를 의롭게 하기 위해 그리스도와 연합하게 하는 믿음의 역

---

25) Ferguson, 앞의 글, 49-51.
26) Inst. 3. 2. 30.
27) 『하박국주석』, 2장 4절, in: 원종천, 『칼빈과 청교도 영성』(서울: 하나, 1994), 42.
28) Inst. 3. 11. 1.
29) 같은 책, 3. 2. 8.
30) 같은 곳.

사는 성화되고 경건한 삶과 함께 시작한다. 이는 모든 참된 "구원의 믿음"은 본질적으로 성화의 영을 가지며, 이것을 거룩한 삶으로 자연스럽게 표현하기 때문이다.[31]

칼빈에 따르면, "신자들이 하나님께 온전히 헌신하기 시작할 때, 하나님께서는 그들의 마음을 마치 흠없고 완전한 것처럼 여기시고 높이 평가하신다. 왜냐하면 믿음은 인간과 하나님 사이를 화목하게 할 뿐 아니라 인간의 불완전한 모든 것을 거룩하게 해 주기 때문이다."[32]

이러한 그리스도와의 연합은 성화에 어떤 의미를 지니는가? 그리스도와의 연합이 심오한 의미를 지니고 있다는 사실은 신약성경의 수면 위에 드러나 있다(요 14:20; 15:1-4; 17:23; 롬 6:1-14; 갈 2:20-21; 엡 2:1-6; 골 2:6-3:17). 이러한 성경구절에 근거하여 『웨스트민스터 신앙고백서』도 "효과적으로 부르심을 받고 중생한 자들은 그들 안에 창조된 새로운 마음과 새로운 영을 소유하기 때문에 그리스도의 죽으심과 부활의 은덕을 통하여 실제적으로 인격적으로 거룩해진다"[33]라고 언급하고 있다.

이것에 대하여 가장 논리적으로 발전시켜 놓은 것이 로마서 6:1-14이다. 바울은 이 구절에서 구속사의 핵심적인 사실을 상술하고 있다. 바울은 죄사함은 진공상태에서가 아니라 그리스도와의 연합에서 얻는 것임을 강조하고 있다. 문제는 그리스도인이 그리스도와 함께 죄에 대하여 죽었고 마찬가지로 새생명 가운데로 일으킴을 받은 자들이, 그리스도 안에서 죄사함을 받고 그리스도와 연합된자들이 어떻게 죄 안에 계속 거하는가 하는 점이다.

사도 바울은 그럴 수 없다는 것이다(롬 6:2). 왜냐하면 그들은 죄

---

31) 원종천, 앞의 책, 43.
32) 『시편주석』(32:11), in 원종천, 같은 곳.
33) *The Westminster Confession of Faith* 13, 1.

에 대하여 죽었기 때문이라는 것이다. 바울의 논리를 다음과 같이 정리할 수 있을 것이다.

1. 우리는 그리스도를 통해서 죄사함을 받는다.
2. 이 수납은 그리스도께 연합되었음을 내포한다.
3. 우리가 연합된 그리스도는 죄에 대하여 죽으셨다.
4. 우리가 그리스도와 연합되었다면, 우리 역시 죄에 대하여 죽었다.
5. 우리가 죄에 대하여 죽었다면, 우리는 죄 안에 계속 거할 수 없다.
6. 그러므로 우리는 은혜를 더 하려고 죄 안에 계속 거할 수 없다.

칭의는 믿음으로 얻는다. 그러나 믿음은 우리를 그리스도와 연합시키기 때문에 칭의와 성화는 분리될 수 없다.

우리가 '죄에 대하여 죽고' '하나님께 대하여 산다'는 개념(롬 6:11)은 성경적 성화론의 심장부에 놓여 있다. '죄에 대한 죽음'과 '하나님께 대한 삶'이 성화인 것이다. '죄에 대한 죽음'은 우리가 더 이상 죄를 지을 수 없다는 말이 아니다. "죄로 왕노릇하지 못하게 하라"는 말과 "너희 지체를 죄에 드리지 말며"라는 말은 그리스도인들이 지속적으로 죄와 더불어 싸운다는 점을 나타내 보여 주고 있는 것이라 하겠다.[34]

"죽은 자가 죄에서 벗어나"(롬 6:7)라는 말을 해석하는 데 있어서 개혁파 진영에는 크게 두 가지로 나뉜다. 첫째는 협의적으로 해석한 것으로서 "죽은 자는 그의 죄로부터 의롭게 된다"라는 것이다. 둘째는 "죽은 자는 단지 의롭게 되는 것뿐만 아니라 죄의 지배로부터 벗어나 있다"는 것이다. 두 번째 해석이 보다 보편적으로 받아들여지고 있다.

'죄에 대하여 죽음'은 죄의 지배로부터의 구출일 뿐만 아니라, 모

---

34) Ferguson, 앞의 글, 55.

든 그리스도인에게 있어서 성화의 주요한 보편적인 원리가 된다.[35]

그리스도는 부활을 통하여 새 시대의 첫 사람이요, 새로운 인성의 머리가 되셨다. 은혜와 믿음으로 우리는 그리스도께 속한다. 우리 역시 새로운 인성에 동참한다. 우리가 그리스도 안에 있으면, 우리는 새 피조물에 동참하며(고후 5:17), 우리는 더 이상 "육신 안에" 사는 것이 아니라 "성령 안에" 산다. 부활 시대의 삶과 권능은 이미 우리 삶 가운데 그 임재를 느끼도록 해 주기 시작했다. 성화는 그리스도 안에서의 새로운 피조물의 끊임없는 실천적 소산이다.[36]

성화의 과정은 긴장 혹은 투쟁으로 특징지워 진다. 투쟁이라는 말은 신앙심이 부족해서 생기는 것으로 볼 필요는 없다. 오히려 투쟁은 하나님께서 우리를 위해 이미 행하신 그 영광의 본질 속에 들어 있는 것이다. 광대한 은혜는 타락한 세상에서 타락한 인성을 접하실 때 불가피한 투쟁을 유발시킨다(엡 2:1-3; 4:17; 딤후 3:1-9 참조). 사탄은 끊임없이 그리스도인들을 넘어뜨리려 하기 때문이다. 그리스도인들은 마지막 때의 종말론적인 전투에 참여하고 있다. 따라서 악한 날이 임할 때에 우리가 든든히 서기 위하여는 하나님의 전신갑주를 입어야 할 것이다.[37]

이러한 영적 투쟁은 금욕의 필요성을 요구한다. 그리스도인들은 옛 사람을 벗어버리고 새 사람을 입었기 때문에 그것에 합당한 삶을 살아야 한다(골 3:9-11). 하나님의 약속을 가진 자들은 "하나님을 두려워하는 가운데서 거룩함을 온전히 이루어 육과 영의 온갖 더러운 것에서" 자신을 깨끗케 하는 자들이다. "주가 나타내심이 되면 우리가 그와 같을 줄을 아는 것은 그의 계신 그대로 볼 것을 인함이니, 주를 향하여 이 소망을 가진 자마다 그의 깨끗하심과 같이 자기를 깨

---

35) 같은 글, 56.
36) 같은 글, 60.
37) 같은 글, 60-62.

끗하게 하느니라"(요일 3:1-3). 하나님의 미래의 왕국의 선물로서 성령을 이미 소유하고 있는 자는 성령에 의하여 "몸의 행실을 죽이는" 자다(롬 8:13). "그리스도 예수의 사람들은 육체와 함께 그 정과 욕심을 십자가에 못박았느니라"(갈 5:24). 은혜는 금욕을 요구한다. 그것 없이 성화 없다.

금욕은 죄에 대하여 죽으신 그리스도에게 우리가 연합한 그 소산인 것이다. 그러나 그것이 우리의 내면적 삶을 제한해서는 안 된다. 그리스도와의 연합은 내적 신비주의가 아니다. 그것은 전인격에 영향을 주는 것이다.[38]

성화는 그리스도를 본받음을 내포한다. 그것의 목표는 그리스도를 통하여 얻어지는 참된 인성이다. 아브라함 카이퍼는 "구속받은 영혼이 필요로 하는 것은 인간의 거룩함"[39]이라고 하였다. 하나님의 형상을 참된 인간성에로 회복하는 것은 하나님께서 자기 백성을 향한 궁극적인 목적이다. 이러한 변형의 모델과 출처는 진정으로 거룩한 사람이 되신 예수 그리스도의 인성에서 발견된다.[40]

개혁주의 신학에서는 성화를 결단코 우리가 노력을 해서 거룩함을 얻게 되는 그 어떤 신비적 체험으로 말하지 않는다. 하나님께서 우리의 마음과 의지와 감정과 행동에 관여함으로써 거룩함을 증가시켜 주시는 것이다. 개혁주의 신학은 성화의 은혜(그리스도의 사역: 하나님의 은혜)와 의무(우리의 신앙적 응답: 우리의 의무)가 조화를 이루는 네 가지 은혜의 수단을 가르친다.[41]

---

38) Louis Berkhof, *Systematic Theology* (Grands Rapids, Mich.: Eerdmans, 1978), 451; Ferguson, 64-65.
39) Abraham Kuyper, *The Work of the Holy Spirit*, trans. H. De Vries (new York: Funk & Wagnalls, 1900), 461, in: Ferguson, 66.
40) Ferguson, 같은 글, 66-67.
41) H. B. Swete, 『신약 속의 성령』(서울: 은성, 1986), 412-415.

첫째는 **말씀**이다. 하나님의 말씀은 제일 주요한 수단이다. 하나님의 말씀은 중생에서 발생하는 첫 씻음(요 15:3)과 그리스도인의 전 삶을 통하여 지속되는 성화(요 17:17)의 도구이다. 하나님은 말씀을 사용하신다. 말씀은 "성령의 검"이다(엡 6:17). 말씀에 의해 우리의 삶이 변화된다. 그것은 "교훈과 책망과 바르게 함과 의로 교육하기에 유익"(딤후 3:16)하도록 하나님의 감동으로 된 것이다. 말씀은 마음을 교훈하고, 깨끗한 생각으로 인도하며, 양심을 지도하고, 하나님의 뜻에 우리를 순응하게 하는 능력을 지니고 있다. 이것이 바로 개혁주의 신학에서 하나님의 율법이 성화에서 주요한 역할을 하는 것으로 보이는 이유이다.

율법의 세 가지 기능은 이미 잘 알려져 있다. 즉 죄의 판결과 행악자들의 억제와 신자들의 교육이 그것이다. 개혁주의 신학은 세 번째 기능을 중요시 여긴다.[42] 성화의 도구로 말씀을 강조하는 것은 개혁주의 신학이 성화의 도구로서 설교를 강조하는 이유를 설명하는 데 도움이 된다. 청자로서의 회중의 마음을 사로잡은 주해 설교는 주요 종교개혁자들의 특징적인 면이었다. 설교에 대한 강조는 하나님께서 설교를 통하여 자기 백성들을 거룩하게 하신다는 확신에 근거한다(행 20:32; 딤후 3:16; 4:2).[43]

둘째는 **섭리**다. 하나님의 섭리 또한 성화의 목적을 위해 행사된다. 구속사에서 주요 인물로 활약한 이들 가운데에서 우리는 하나님의 섭리가 그들의 인물됨을 주조해 내신 것을 추적해 낼 수 있다. 사람들이나 마귀들이 악을 위해 고안하나 하나님은 선을 위해 고안하신다(창 50:20). 시련은 그릇 행하는 자에게 하나님의 경고로 활용된다(시 119:67). 오직 하나님을 사랑하고 그의 뜻대로 부르심을 입은

---

42) Inst. 2. 7. 12.
43) Ferguson, 같은 글, 68-70.

자들에게는 모든 것이 합력하여 선을 이룬다 하셨기 때문이다.

　신자들은 하나님의 영이 그의 변화시키는 사역에 자기들을 불러주셨다는 사실을 알기 때문에 그 어떠한 환경 속에서도 적극적으로 반응할 수 있는 것이다. 따라서 섭리 가운데서 신자는 하나님의 행사를 기대하고, 하나님의 자비에 순종하는 것이다. 그리스도와 연합되었기 때문에 우리는 다음의 말로 섭리를 이해할 수 있다: "그리스도의 고난이 우리에게 넘친 것같이 우리의 위로도 그리스도로 말미암아 넘치는도다"(고후 1:5).[44]

　셋째는 **교회의 교제**다. 교회의 교제는 성화가 자라는 정황이다. 이런 의미에서 교회의 교제는 성화 발전의 수단이 된다. 성화는 다른 사람들과 관계된 우리의 태도와 행동을 뜻하기 때문이다. '그리스도를 본받음'의 핵심인 사랑은 고립주의화가 될 수 없으며, 이기적인 사랑의 포기 여부는 이 교제에서 판가름이 난다. 사도 바울은 우리에게 참된 성화의 모습이 어떤 것인지 보여 준다: "우리 강한 자가 마땅히 연약한 자의 약점을 담당하고 자기를 기쁘게 하지 아니할 것이라. 우리 각 사람이 이웃을 기쁘게 하되 선을 이루고 덕을 세우도록 할지니라. 그리스도께서 자기를 기쁘게 하지 아니하셨나니…"(롬 15:1-3).

　개혁주의 신학은 교회를 전파하는 공동체, 고난받는 공동체로 본다. 이러한 수단으로 교회는 거룩하게 되고, 그리스도의 모양으로 변화되며, 세상에서 증거하는 삶을 산다. 그러나 몇 가지 다른 요소들도 참된 교회를 나타낸다. 즉, 교회는 돌보는 공동체요(고전 12:7; 엡 4:16; 골 3:16), 기도하는 공동체이다. 이러한 요소들도 우리의 성화를 도울 것이다.[45]

---

44) 같은 글, 71.
45) 같은 글, 72-73.

넷째는 **성례**이다. 개혁주의 신학은 성례를 성화에서 중요한 역할을 하는 것으로 강조하고 있다. 개혁주의 신학에서 성례는 교류적 표지이다. 성례는 우리를 우리 자신으로부터 그리스도에게로 주의를 이동하는 것이지만, 성례는 역시 그리스도께서 우리와 더불어 교통하시고, 우리가 그리스도와 더불어 교통하는 가시적이고, 실체가 있는 하나의 수단이다. 성례는 그리스도의 은혜와 성례 안에서 이루어지는 그리스도와 우리와의 하나됨과 교통을 보여 준다.

성례는 교회와 세상 사이의 구분을 우리에게 상기시켜 준다(롬 6:1-4; 고전 10:16, 21). 그렇게 함으로써 성례는 '그리스도 닮음'과 성화에 대한 자극을 유발시킨다. 성례는 하나님의 말씀과 분리될 수 없다. 아울러 성경의 메시지 안에서 우리가 찾지 못하는 성례는 그리스도로부터 거룩하게 하는 은혜를 제공하지 못한다. 성경과 성례는 동일한 그리스도를 가리킨다. 성례는 우리와 그리스도와의 연합과 교통을 신선하게 실현시켜주는 수단이기 때문에 정확하게 성화를 도운다. 성례는 우리로 하여금 그것의 토대를 되돌아보게 하고, 영광 중에 있는 그것의 절정을 바라보게 한다.

개혁주의 성례론의 토대는 '그리스도와의 연합'에 있다. 우리는 그리스도와 합하는 세례를 받고, 그의 죽으심과 부활에 동참하고, 우리가 떡을 떼고 포도즙을 마실 때 우리는 그 연합 때문에 다음과 같이 말할 수 있다: "내가 그리스도와 함께 십자가에 못박혔나니 그런즉 이제는 내가 산 것이 아니요 오직 내 안에 그리스도께서 사신 것이라 이제 내가 육체 가운데 사는 것은 나를 사랑하사 나를 위하여 자기 몸을 버리신 하나님의 아들을 믿는 믿음 안에서 사는 것이라"(갈 2:2). 성화는 이러한 교통의 산물이다. 개혁주의 신학에서 성화는 그리스도처럼 되는 것을 뜻한다.[46]

---

46) 같은 글, 73-74.

4. 영성 운동에 대한 반성

바울은 그리스도인은 날마다 성령을 좇아 행할 것을 명한다(갈 5:16-25). 즉 날마다 성령의 감동하심과 인도하심을 따라 사는 자가 되라는 것이다. 요즈음 영적인 은혜를 추구하는 사람들 가운데 영성이란 단어를 많이 쓰는 것을 본다.

영성 훈련이라는 말과 영성 계발이란 말도 한다. 성령을 좇아, 성령의 인도하심을 따라 사는 삶, 성령의 충만함을 받아 사는 삶이란 성경의 용어 대신 영성 훈련이니 영성 계발이니 하는 말을 사용하는 것은 무슨 이유인가?

영성이란 단어는 성경에 나오지 않는다. 사실 영성이란 단어는 중세 신비주의에 그 뿌리를 두고 있다. 13, 14세기의 신비주의는 소위 영성을 강조하였다. 하나님과 사람이 하나가 되는 것을 말하고 그것을 지향한 신비주의자들은 성령에 대해서도 잘못된 이해를 하고 있다. 교회는 성령이 하나님 아버지와 아들에게서 나오시는 분으로 고백하고 있는데, 신비주의자들은 성령을 삼위일체 교리에 따라 이해하지 않았다.

에크하르트(Meister Eckhart von Hochheim, c. 1260-1327)라는 신비주의자는 하나님은 피조세계의 복잡성과 심지어 삼위일체의 개념마저 초월하는 절대자로 생각했다. 때로는 이 세상을 유출설에 입각하여 설명하기도 하였다. 즉 우주는 최고선인 빛으로부터 흘러 나옴으로써 단계적으로 생성되었다고 한다.

마지막 모상(模像)인 물질은 악하므로, 이 물질 세계로부터 멀리 떠나 세계혼으로부터 자아 속의 이데아로, 이데아로부터 이성 등으로 단계적으로 되돌아가야 하고, 마침내 만물의 근원인 '일자'($\tau\grave{o}$ $\rlap{/}{\varepsilon}\nu$) 또는 '빛'을 관조함으로써 '신비적 합일'(unio mystica)의 최고 경지에 이르게 된다는 것이다.

중세의 많은 신비주의자들은 이러한 신플라톤주의 또는 플로티누

스주의에 빠져 소위 속세를 떠나 '본질적인 자아를 통한 빛의 관조', 곧 '본질을 통한 신의 관조'(visio Dei per essentiam)을 일삼는 일이 많았다. 에크하르트의 제자인 수소(Henry Suso, c. 1295-1366)는 스승의 범신론적 경향을 극복하려고 노력하였으나, 그리스도의 고난을 명상하는 고행주의적 신비주의에 몰입되었다. 신비주의자들처럼 우리의 영혼에 신성의 눈으로 하늘로 올라가 하나님을 직접 보고자 하는 것은 성령이 그리스도의 은혜로 우리에게로 오시는 일과 정면으로 대립된다. 신비주의는 사람의 명상과 고행으로 위로, 하늘로 올라가고자 하나, 성경에 약속된 성령은 그리스도의 무한한 은혜로 위로부터 우리에게 오시는 것이다.[47]

신비주의자들이 말하는 신과의 '신비적인 합일'은 성경과 초대 교회의 교부들이 말한 성령으로 말미암아 '신성에 참여하는 것'과는 전혀 다른 것이다. 삼위일체 신관에 근거하지 않는 성령이해나 성령의 은사추구는 신비주의에 빠질 위험이 항시 도사리고 있다.[48]

중세의 신비주의적 영성추구는 수도원과 스콜라 신학자들에게도 만연되었다. 초기의 신비주의는 주로 인간의 영혼이 황홀경을 통하여 하나님과 연합하는 것이라고 가르쳤는데, 후에 일어난 정숙주의적 신비주의에서는 가만히 있어 자기를 비움으로써 하나님과의 연합에 이른다는 것이다. 하여튼 이런 신비주의 운동은 평신도들의 경건 운동에도 많은 영향을 미쳤는데, 특히 정숙주의는 평신도들로 하여금 제도적인 교회를 소홀히 여기는 경향을 낳게 하였다. 그들 가운데는 교회를 대항하는 집단들도 생겨나게 되었다.

13세기에는 그러한 현상이 현저하였다. 정숙주의에서는 영혼이 스스로를 완전히 비우게 되면 하나님께서 스스로 그 영혼 안으로

---

47) 차영배, 『성령론』(서울: 엠마오, 1997), 114-116.
48) 김영재, "성령론에 대한 역사적 고찰", 『신학정론』, 제15권 1호(1975. 5), 92-93.

들어오신다는 것이며, 따라서 영혼의 신격화가 이루어진다고 한다. 따라서 충만한 신비주의자는 신의 부분이요, 신과 같이 된다는 것이다.[49]

  헬라철학이나 동방의 신비주의자들은 우주에는 선과 악이 극한적으로 대립하여 싸우고 있는 것으로 생각하였다. 그리고 사람의 영혼은 선에 속하고, 사람의 육체는 악에 속했다고 하였다. 그리하여 영혼은 육체라는 감옥에 갇혀 있는데, 육체의 감옥을 벗어나면 영혼은 자유를 얻는다고 가르쳤다. 그래서 영이 쉽게 해방을 얻는 길은 자살이라 생각하여 그것을 실천한 이들도 있었다. 그런데 중세의 신비주의자들은 명상을 통하여 점점 빛으로 가까이 나아가고 나중에는 신과 합일의 경지에 이른다고 하였다.

  영성 훈련 혹은 영성 계발이라는 말은 내 안에 있는 나의 영이 선한 씨를 배태하고 있다는 것을 전제하는 말이다. 비록 영이 육체에 가리워 제 기능을 발휘하지 못하지만 기도와 명상과 금식이나 고행을 통하여 점점 영이 가진 기능을 발휘하게 된다는 뜻을 함축한다. 우리의 구원은 그리스도 안에서 우리를 의롭다고 하시는 하나님의 전적인 은혜임에도 불구하고 중세교회의 전통과 가르침을 그대로 계승하고 있는 로마 카톨릭에서는 여전히 선한 행위를 통하여 구원을 받는다고 가르치는 것이 역시 영성을 인정하고 말하기 때문이다. 오늘날 개신교에서도 로마 카톨릭에서 말하는 영성이라는 말을 차용하여 예사로 사용함으로써 성령에 대한 이해를 흐려놓고 있다.

  중세의 신비주의에 뿌리를 두고 있는 영성이라는 개념은 성경이 가르치는 '성령 충만'과는 구별된다. 영성 훈련 혹은 영성 계발이라는 말은 성경적인 말이 아니기 때문에 더욱 성령 충만과 구별된다. 한국교회 내에도 QT가 널리 퍼져 있다. 그러나 그 뿌리는 영성 신

---

49) 같은 글, 93.

학에 두고 있는 것이다. 하나님의 말씀을 읽고 묵상하는 것은 물론 유익하다.

그런데 영성을 말하는 이들이 영적인 경험을 강조하고 인격의 완성을 지향하는 점은 성령의 충만을 말하는 경우와 비슷한 것 같으나 그 실제적인 결과는 다르게 나타남을 본다. 그들은 개인적인 인격의 완성을 강조하며, 제도적인 교회에 대하여 부정적인 자세를 취하고 정숙주의처럼 종파 운동으로 이탈하는 경우가 많다.

영성을 말하는 집단들에서 개인적인 묵상 혹은 명상을 장려하지만, 영성을 추구하는 명상과 성령 충만을 간구하는 기도는 다르다. 명상은 마음을 비움으로써 자신의 영혼이 신적인 세계의 영과 접촉하고 신적인 존재와의 합일을 지향하는 반면, 기도는 살아 계신 인격적인 하나님께 당신께서 영광을 받으시고 우리의 감사와 찬송을 받으시며 당신의 뜻을 이루시도록 그리고 당신의 뜻 가운데서 우리의 간구를 들어주시도록 아뢰는 것이다. 성경이 말하는 성령 충만은 교회를 돌아보고 세우는 일을 하도록 전도자들과 성도들에게 오시는 성령의 일하심이요 내주하심이다.

성령께서는 오순절에 제자들에게 강림하셔서 그들로 하여금 예루살렘에 그리스도의 교회를 세우게 하시고, 복음을 전파하게 하셨으며, 계속 교회를 세우시며 유지하신다. 바울은 성령의 은사를 교회론을 중심으로 말하며, 교회에 유익이 되는, 교회를 섬기기 위한 은사임을 말한다. 성경이 가르치는 성화 역시 개인적인 인격수련을 의미하기보다는 성도가 서로 교제하는 가운데 하나님의 거룩한 성전으로 함께 지어져 가는 것을 말하는 것이다.[50]

성령을 좇아 사는 삶, 즉 성령의 인도하심을 받아 사는 삶은 예수 그리스도를 구주로 믿고 성령을 통하여 주신 하나님의 말씀을 믿고 배우고 순종하며 사는 삶이다. 바울의 말씀처럼(갈 5:24) 성령을 좇

---

50) 같은 글, 93-94.

아 사는 그리스도의 사람은 그리스도의 십자가를 바라보며 날마다 죄 씻음을 받고 정결함을 얻는 삶을 사는 것이다. 바울은 율법을 이루는 선한 열매들은 우리의 영성이 맺는 열매가 아니고 성령의 열매임을 강조한다(갈 5:19-23). 물론 우리는 성령의 감화로 날마다 새 사람으로 변화함을 입어서 그리스도를 닮아가며 성령의 열매를 맺는 것이지만, 그것은 결코 내가 맺는 나의 열매가 아니고 성령께서 우리 안에서 맺으신다는 뜻이다.

우리는 성령으로 거듭나서 죄를 회개하고 의롭다 함을 받는다. 이는 우리가 본질적으로 의로워지는 것이 아니고, 예수 그리스도로 말미암아 그리스도 안에서 주시는 하나님의 의를 받아 의롭다 여김을 받는 것이다. 즉, 성화의 과정에서 우리는 성령의 도움을 받아 자신들이 선한 열매를 맺는 것이 아니고, 성령께서 우리 안에 역사하셔서 맺게 해주시는 열매, 본래 성령께 속한 열매를 성령의 감화하심을 통하여 우리가 맺게 된다는 뜻이다. 성령께서 한시도 우리와 함께 하시지 않으시거나 인도하시지 않으시면 우리는 범죄할 수밖에 없는 연약한 인생이다. 영성 계발을 통하여 명상과 묵상을 통하여 어떤 영적인 경지에 이른다거나, 하나님과 합일이 되는 지경에 이른다는 것은 성경의 가르침과 거리가 멀다 아니할 수 없다.

5. 결론

로마 카톨릭의 영성이해는 인간이 노력하여 성취하는 것에 무게를 싣고 있다. 개혁주의적 성화론의 핵심은 전적으로 하나님, 곧 성령의 사역에 놓여 있다.[51] 이 양자 사이는 하늘과 땅만큼이나 다르

---

51) M. J. Erickson, 『복음주의 조직신학(하)』, 신경수 역(서울: 크리스챤다이제스트, 1995), 152-155.

다. 영성 운동은 그 어감 때문에 아무리 그럴듯한 아름다운 이론으로 치장하여도 기독신자들에게 신비주의적 이해에로 인도할 수밖에 없을 것이다. 신학의 방법과 내용이 근본적으로 다른, 로마 카톨릭의 영성이해와 개신교의 성화이론을 조화시키는 것은 혼란만 가중시킬 뿐이다. 이는 마치 칼빈의 칭의, 성화, 영화 이론을 로마 카톨릭의 영성의 세 단계인 정화, 조명, 합일과 같은 선상에서 이야기하는 경우와 같다.[52]

인간의 노력으로 구원의 그 무엇을 이루리라고 생각한다면 그것은 자연종교에서나 할 법한 이야기이지, 계시종교에서는 어불성설이다. 기독교는 계시종교이다. 곧 하나님의 계시인 성경말씀에 의존하여 신앙하고, 생각하며, 실천하는 종교이다. 교회가 영적으로 침체의 늪으로 빠져들고 윤리적으로 퇴폐해져 갈 때마다, 그리하여 믿음만으로 구원을 얻는다는 칭의론이 희박해질 때마다 수도원 운동, 경건주의 운동, 열광적인 종파 운동 등이 일어나서 교회를 더 어지럽게 한 것은 교회사에서 한두 번이 아님을 우리는 잘 알고 있다. 비록 교회가 영적으로 어려운 지경에 처한다 하여 하나님의 말씀과 전통적인 신앙고백으로 철저히 검증받지 않은 방법들을 동원하는 것은 오히려 기독교를 계시종교로 회복시킨 종교개혁의 전통까지도 위태롭게 만들 수 있다.

교회가 침체될수록 하나님께서 일으키시는 건전한 부흥 운동, 즉 건전한 대각성 운동이 일어나 교회가 회복되도록 우리는 기도하고 힘써야 할 것이다. 혼합주의적이며 신비주의적인 성격을 띠고 있는 로마 카톨릭의 영성 운동을 무분별하게 받아들이게 된다면 우리의 정체성은 무너지고 만다. 신학자들은 영성이론의 내용을 타종교나 타종파와 차별시켜 이해할 능력이 있다고 하나, 상대적으로 신학적 훈련이

---

52) L. Joseph Richard, 『칼빈의 영성』(서울: 기독교문화사, 1993〔1986〕), 236.

덜 된 목회자들이나 평신도들은 영성 운동을 신비주의적으로 이해할 소지가 다분하다.

그러므로 한국교회는 한갓 유행에 그치고 교회의 전폭적인 지지를 얻지 못하는 주제 신학들에 관심을 쏟고 몰려 다니는 현상을 지양하고, 성화를 위해 노력했던 기존의 한국교회의 좋은 전통인 경건훈련, 곧 성경공부, 교회 중심의 기도생활, 전도, 봉사와 같은 좋은 전통을 계속 이어받아 다시 교회의 활성화를 가져오도록 추구해야 할 것이다. 그리하여 개인의 구원뿐만 아니라 이 세계에의 봉사에도 적극적인 관심을 쏟는, 즉 거룩한 이기주의를 배격하는 그리스도인들이 배출되도록 해야 할 것이다.

II

단 한 번뿐인 첫사랑을 찾습니다

아담과 하와
- 이는 내 뼈 중의 뼈요 살 중의 살이라.
우리의 첫사랑은 "하늘의 선물"입니다.
혼자서는 살아갈 수 없다는 것을 알았습니다.
누군가 돕지 않는다면 일이 되어지지 않는다는 것을,
또 보기에도 좋지 않다는 것을…
내 뼈와 내 살로 이루어진 또 하나의 나.
우리의 만남은 이렇게 시작되었습니다.
벌거벗고 있었으나 부끄러운 줄도 몰랐습니다.
우리의 사랑은 깨끗하고 투명했습니다.
처음 우리의 사랑은…

이삭과 리브가
- 예, 함께 가겠습니다.
우리의 첫사랑은 "위로"입니다.

주위에 좋은 사람이 많다는 건 행복한 일입니다.
우리의 사랑을 위해 수고한 많은 손길들.
먼 길을 마다 않고 달려온 소중한 사랑이 있습니다.
더 오랜 시간이 걸렸을지도 모르는
이 만남이 그저 기쁠 뿐입니다.
살아가면서 닥치는 어려움과 슬픔들은 우리의
사랑으로 인해 그 흔적을 지웁니다.
오랫동안 마음 한 구석에 남아 있던 슬픔의 잔재까지
당신으로 인해 큰 위로를 얻습니다.

야곱과 라헬
　- 그를 연애하는 까닭에 십사 년을 수일같이.
우리의 첫사랑은 "인내"입니다.
두려움과 공포 속에서 헤매고 있었습니다.
쫓기는 삶 속에서 빛으로 다가온 만남.
아리땁고 고운 당신의 모습을 기억합니다.
7년 후…
이루지 못한 첫사랑에 남은 대가를 지불합니다.
7일, 그리고 또 7년…
힘든 생활 속에서도 참고 견딜 수 있는 힘이 되는 사랑.
일생을 다 바쳐서라도 얻을 수 있다면 결코 포기하지 않습니다.

보아스와 룻
　- 여기서 떠나지 말고 함께 있으라.
우리의 첫사랑은 "순종"입니다.
겸손, 성실 그리고 지혜…

그저 서로의 자리에서 최선을 다했을 뿐입니다.
아무런 이유없이 그저 하라는 대로 했을 뿐입니다.
가슴 졸이며 아파하거나 안타까워하지도 않았습니다.
그저 믿고 기다렸습니다.
사랑한다는 단순한 사실 하나만으로…
나와 내 가족 그리고 우리를 있게 하신
그 하나님을 잠잠히 바라보았습니다.

다윗과 아비가일
　- 너를 보내어 나를 영접케 하신 여호와를 찬송할지로다.
우리의 첫사랑은 "존경"입니다.
서로가 너무 다르다고 생각했습니다.
내 생각과는 상관없이 일어나는 일들에 대해서
현명함으로, 지혜로움으로 대처할 수 있다면…
이해심이 많고 용모가 아름다운 여인,
품은 소망 하나만으로 며칠 만에 이루어주신
첫사랑으로 인하여 행복합니다.
서로가 너무 다르다고 생각했지만
이제는 서로를 축복할 수 있게 되었습니다.
종이 되어 섬기겠다는 그 고백이 더욱 사랑스럽습니다.

솔로몬과 술람미 여인
　- 나의 사랑, 나의 어여쁜 자야 일어나 함께 가자.
우리의 첫사랑은 "성숙"입니다.
말없는 침묵 속에서도 전할 수 있는 것이
사랑이라는 것을 알고 있습니다.

그러나 우리는 노래합니다.
검게 그을린 얼굴 위로 흐르는 땀.
보잘것없는 모습 그대로를 사랑한 우리 만남의
기쁨을, 행복을 노래합니다.
그리고 달려가는 길에서 만나는
많은 갈등과 오해 속에서도
우리는 노래합니다.
성숙된 사랑을 기대하며
여물어 가는 우리의 사랑을 노래합니다.

호세아와 고멜
  - 다른 남자를 좇지 말라 나도 네게 그리하리라.
우리의 첫사랑은 "기다림"입니다.
내 뜻은 아니었습니다.
정결하고 깨끗한 사랑을 원했던 것은 아니지만
타락한 세상만큼 타락한 사람과의 만남은
가슴을 아프게 합니다.
그러나 떠나지 않겠습니다.
우리의 만남은 내 것이 아님을 알고 있습니다.
잠시 떨어져 있어도 기다리겠습니다.
'우리'는 세상을 향한 그분의 한없는 사랑,
함께 있을 때 변화하는 세상을
바라볼 수 있기 때문입니다.

그리고 예수님과 우리…
  - 그러므로 어디서 떨어진 것을 생각하고 회개하여 처음 행위를

가지라.
우리의 첫사랑은 "보혈"입니다.
잊고 있었는지도 모르겠습니다.
너무 쉽게 얻었던 첫사랑에 대해서,
셀 수도 없는 큰 대가를 지불했다는 사실에 대해서도…
다시 시작하고 싶습니다.
아직 남아 있는 불씨를 찾아
언젠가처럼 훨훨 타오르던
붉은 사랑 꽃 피우고 싶습니다.
단 한 번뿐인 첫사랑
기억을 더듬어, 삶을 더듬어 다시 찾고 싶습니다….

CHRISTIAN LITERATURE CRUSADE

기독교문서선교회는 청교도적 복음주의신학과 신앙을 선포하는 국제적, 초교파적, 비영리 문서선교기관입니다.

기독교문서선교회는 한국교회를 위한 교육, 전도, 교화에 힘쓰고 있습니다.

만일 당신이 예수 그리스도와 그리스도인의 생활에 대하여 알기를 원하시면 지체말고 서신연락을 주십시오. 주 안에서 기쁜 마음으로 도움을 드리겠습니다.

서울 서초구 방배동 983~2
Tel. 586-8761~3

기독교문서선교회

영성과 경건

Spirituality and Piety

1999년 9월 15일 초판 발행
2008년 6월 30일 초판 2쇄

지은이 | 나 용 화

펴낸곳 | 사) 기독교문서선교회
등록 | 제16~25호(1980. 1. 18)
주소 | 서울시 서초구 방배동 983-2
전화 | 02) 586-8761~3(본사) 031) 923-8762~3(영업부)
팩스 | 02) 523-0131(본사) 031) 923-8761(영업부)
홈페이지 | www.clcbook.com
이메일 | clc@clcbook.com
온라인 | 기업은행 073-000308-04-020, 국민은행 043-01-0379-646
　　　　예금주: 사)기독교문서선교회

ISBN 978-89-341-0651-7(93230)

* 낙장 · 파본은 교환해 드립니다.

CALVIN AND REFORMED THEOLOGY

칼빈과 개혁신학

CLC 도서안내

나용화 지음
신국판 | 340면

오늘의 시대는 사상적으로 혼란에 빠져 있어 보이며, 그 배후에는 인간의 자율을 앞세우는 인본주의가 있다. 이 인본주의는 하나님과 그의 계시의 말씀인 성경의 권위 및 성령의 은사인 신앙을 거부하여 예수 그리스도를 하나님으로 아는 대신 모범적 인간으로만 생각한다. 이 같은 까닭에 인간은 진리를 알지 못하며 따라서 참된 자유를 누리지 못한다. 빛과 생명 대신 어두움과 죽음만을 맛보게 되는 것이다.

성경이 그 권위를 상실한 세대는 사상적 혼란에 빠지며 소견에 좋을 대로 행하여 무정부상태를 초래한다. 인간의 자율을 앞세우는 인본주의를 물리칠 수 있는 사상은 하나님의 주권과 그의 말씀의 권위를 높이는 개혁 신학뿐이다.

본서는 저자가 신학교에서 특강한 내용과 잡지, 신문 등에 기고한 글들을 모은 것이다. 개혁주의 입장에서 모두 23편의 내용들을 다루고 있다.

www.clcbook.com **기독교문서선교회**

CALVIN: INSTITUTES OF THE CHRISTIAN RELIGION

칼빈의 기독교강요 개설

CLC
도서안내

나용화 지음
신국판 | 320면

오늘의 시대는 권위부재의 현상이 두드러진다. 하나님도, 성경도 그 권위를 인정받지 못하고 어떠한 인간의 권위도 거부되고 있다. 이로써 범신론적 혼합주의가 득세하고, 자기 목소리를 갖는 사람이 출세하며, 사람마다 자기 생각에 좋을 대로 편리하게 살려고 한다. 그런 까닭에 참종교가 변질되고 가치기준이 흔들리며 도덕도 타락되어 가고 있는 것이다.

오늘의 사회병리 현상을 치료하는 길은 성경과 그것의 저자이신 하나님의 권위회복 운동에 있다. 이 같은 운동은 칼빈의 『기독교강요』에 대한 깊은 연구와 이해를 요구한다.

본서는 권위주의의 노예가 되어 불법과 타락과 사치와 방탕의 늪에 빠져 있던 중세 로마 카톨릭 교회를 개혁하기 위해 일어난 칼빈의 저서 『기독교강요』를 일반 독자들이 쉽게 접근하고 이해할 수 있도록 개략적인 설명을 시도하였다.

www.clcbook.com **기독교문서선교회**

A GUIDE TO THE CORE OF SCRIPTURES

성경핵심입문

CLC 도서안내

나용화 지음
신국판 | 292면

하나님께서 자기의 피로 값주고 사신 교회가 흥왕하고 힘이 있으려면 무엇보다도 하나님의 말씀의 권세를 힘입어야 한다. 그래서 오늘의 교회도 하나님의 말씀인 성경에 관심이 많은 것이다. 지금까지 성경의 내용을 쉽게 이해할 수 있게 하는 데 도움을 주는 양서들이 많이 출판된 바 있다.

그러나 성경을 전체적이면서도 각권의 특징과 주제를 비교적 잘 이해할 수 있도록 하는 데 있어서는 다소 미흡한 듯하다. 본서는 신구약 성경 66권을 전체적으로뿐만 아니라 각 권마다 한눈에 보고 이해할 수 있도록 전체 개요를 살피었고, 주요 부분마다 핵심을 조직적으로 소개해 놓았다.

본서가 성경을 사랑하고 체계적이고도 깊이 있게 읽고 연구하기를 원하는 성도들에게 영적으로 도움이 되고, 한국교회의 힘찬 성장을 위해 다소나마 이바지할 수 있게 되기를 소원한다.

www.clcbook.com   **기독교문서선교회**